高麗前期軍制研究

저자 약력

연세대학교 문과대학 사학과 졸업
연세대학교 대학원 석사·박사과정 졸업
연세대학교 대학원 문학박사학위 취득
연세대학교, 단국대학교, 총신대학교 강사 역임
현재 한광여자고등학교 교장

주요 논문
「고려이군육위제의 성격」
「고려군반씨족제설의 학설적 의의와 한계」
「고려경군 내 상층군인 검토」 등

高麗前期軍制研究

洪元基 著

초판 1쇄 인쇄·2001년 8월 7일
초판 1쇄 발행·2001년 8월 10일

발행처·도서출판 혜안
발행인·오일주
등록번호·제22 - 471호
등록일자·1993년 7월 30일
121 - 836 서울 마포구 서교동 326 - 26
전화·02) 3141 - 3711, 3712
팩시밀리·02) 3141 - 3710

값 16,000원

ISBN 89 - 8494 - 139 - 5 93910

高麗前期軍制研究

洪元基 著

혜안

간 행 사

　高麗軍人이 어떠한 성격의 군인인가 하는 문제를 둘러싸고는 오래 전부터 연구가 진행되어 왔다. 고려 군인의 사회적 신분에 대해서는 '주로 農民層으로 이루어진 兵農一致의 군인'이라고 보는 府兵制說의 설명과 '下級官僚層이나마 지배층에 속하는 專門軍人'이라고 보는 軍班氏族制說의 입장이 오랫동안 평행선을 달리며 논의를 펼쳐 왔다.

　이들 부병제설과 군반씨족제설은 각기 치밀한 논증과 성실한 학문적 입장에 입각하였고, 그러한 까닭에 학계에서 오랜 기간 주요한 쟁점으로 주목받아 왔고 그에 대한 공감의 폭도 넓혀 온 것이 사실이다.

　그러나 동일 시기의 군인을 서로 상반되게 파악하는 이해가 하나의 일치점을 찾지 못한 채 지속적으로 양립됨으로써 그 동안 고려사회를 설명하는 데에 적지않은 부담을 초래하였다. 따라서 이에 대한 해명은 반드시 필요하며 이 작업은 빠르면 빠를수록 좋을 것이다.

　필자는 고려사회의 군인에 대한 이해가 이처럼 대단히 상반되어 있다는 점에 대해 시종 의문을 품고 늘 관심을 가지고 있었다. 그리고 결국 부병제설과 군반씨족제설을 가감 없이 이해하기 위해서는

고려 군인이 어떠한 형태의 사람들로 구성되어 왔는가를 근원에서
부터 추구해 보는 것이 가장 확실한 문제 해결의 열쇠라고 판단하
였다. 이에 고려 초의 복잡하고 예민한 정치상황 속에서 형성된 군
인들이 어떤 성격을 지닌 군인들이었는지를 밝혀 보고자 하였다.

이러한 문제의식 아래 연구를 추진한 결과, 高麗京軍인 二軍六
衛의 밑그림을 어느 정도 그릴 수 있었고 이것에 입각하여 고려 군
인의 성격에 대해서도 거칠게나마 윤곽을 잡을 수 있게 되었다. 이
모든 작업은 고려 군인에 대한 기존의 상반된 견해를 검토하는 과
정에서 이루어진 것이었다. 따라서 그만큼 연구 작업은 조심스러웠
고 사실로서 구체적으로 입증할 수 없는 부분도 적지 않았음을 밝
혀 둔다. 그러나 기존의 부병제설과 군반씨족제설로는 결코 설명할
수 없는 고려 군인의 상반된 모습은 해명되어야 할 역사적 과제로
서, 반드시 제기되고 정리되어야 할 것임을 감안한다면 필자의 다
소 무모해 보이는 시도도 전혀 무익하지만은 않을 것이라고 생각한
다.

보잘것없는 글을 책으로 엮어 낼 수 있게 된 것은 순전히 하현강
선생님, 이희덕 선생님의 관심과 채근 때문이며, 도현철 교수의 도
움이 있었기 때문이다. 깊은 감사의 마음을 전하고 싶다. 변변치 못
한 글을 기꺼이 아담한 책으로 만들어 주신 오일주 사장님과 모난
글을 다듬어준 김현숙 님을 비롯한 혜안의 모든 분들께도 감사드린
다.

2001년 2월

차 례

간행사 5

제1장 서 론 11

제2장 二軍의 성립과 軍班氏族 25
  1. 二軍과 六衛의 분리성 검토 25
  2. 新羅下代의 豪族과 私兵 30
  3. 高麗初 王權과 親衛軍 34
    1) 太祖·惠宗·定宗代의 親衛軍 34
    2) 光宗·景宗代의 친위군 48
    3) 成宗代의 親衛軍과 二軍의 성립 53
  4. 軍班氏族과 親衛軍 60
    1) 親衛軍과 軍班氏族과의 관계 60
    2) 軍班氏族과 二軍과의 관계 72
    3) 二軍의 역할과 경제적 기반 82

제3장 六衛의 성립과 그 성격 89
  1. 六衛의 기원과 구성 89
  2. 六衛 特殊領의 설치 102
  3. 六衛 特殊領의 구성원 107

제4장 州縣軍·州鎭軍의 성립과 六衛의 保勝·精勇 115

　1. 州縣軍의 성립과 六衛의 保勝·精勇 115

　　1) 고려초 지방호족의 私兵과 중앙집권력의 강화 115

　　2) 호족 사병의 公兵組織으로의 편제 118

　　　(1) 州縣軍과 六衛의 保勝·精勇 118

　　　(2) 州縣軍의 一品軍 124

　　3) 州縣軍의 임무와 경제적 토대 126

　2. 州鎭軍의 성립과 六衛의 保勝·精勇 131

　　1) 州鎭軍의 설치 131

　　2) 州鎭軍의 編制와 軍額 137

　　3) 州鎭軍과 六衛의 保勝·精勇 144

　　4) 州鎭軍의 임무 148

　　5) 州鎭軍의 경제적 토대 150

제5장 高麗軍制의 특징과 그 변화 153

　1. 二軍과 六衛의 상이성 153

　2. 高麗軍制의 특징 165

　3. 高麗軍制의 변화 174

　　1) 田柴科 동요와 상층군인 174

　　2) 農民番上軍의 苦役化 179

　　3) 二軍六衛制의 虛實化 181

제6장 高麗 軍班氏族制說의 성과와 과제 185

　1. 고려 태조 직속군의 성격 185

　2. 왕건의 중앙군과 군반씨족과의 관계 191

　3. 府兵制說과 麗末 高麗兵制에 관한 諸說과의 相馳問題에 대한 검토 194

　4. 軍班氏族制說의 학설사적 의의 204

제7장 결 론 209

부록 : 新羅 六頭品 및 重位制에 대한 검토 217

　1. 머리말 217

　2. 六頭品 소속 가문에 대한 재검토 218

　　1) 薛氏 219

　　2) 崔氏 223

　　3) 金氏 226

　　4) 기타 육두품 성씨 227

　　　(1) 强首 227

　　　(2) 李氏 228

　　　(3) 張氏 229

　　5) 六姓과 六頭品과의 관계 231

　3. 六頭品 이하 신분의 유동성 236

　　1) 得難의 의미 237

　　2) 第一骨과 第二骨 238

　　3) 官等昇級의 제한과 重位制度의 의미 239

　4. 맺음말 244

참고문헌 247

Abstract 261

찾아보기 265

제1장 서 론

高麗社會는 통일신라 말 고려 건국 초기에 지방의 호족세력들이 독자적인 성향을 가지고 있었고, 독립된 행정조직 등을 통해 지방 분권적인 형태로 자리하고 있었음을 감안할 때 봉건제적인 사회구성의 측면에서 중세적인 성격의 사회라고 볼 수 있을 것이다. 특히 서양의 騎士階級과 일본의 武士階級에 견주어 볼 수 있는 전문적인 軍人階級의 존재는 이를 더욱 뒷받침한다. 이러한 점에서 高麗軍制의 연구는 군제 그 자체에 대한 제도사적 규명에 머물러서는 안 되며 근본적으로는 고려사회의 성격을 해명하는 데 기여할 수 있는 과제를 포함해야 할 것이다.

高麗軍制에 대해서는 상당히 많은 연구성과가 축적되어 있으나 고려의 二軍六衛에 대해서는 그 사회적 신분을 둘러싸고 상반된 견해가 주장되고 있다. 즉 '주로 농민층으로 이루어진 兵農一致의 군인'이라는 견해와 '下級官僚層이나마 지배층에 속하는 전문군인'이라는 견해가 그것이다. 이는 바꾸어 말해 府兵制說과 軍班氏族制說의 대립이라고 할 수 있다.

본래 軍班氏族制說이 제기되기 전까지는 고려 군제를 府兵制로 보아 왔다. 예컨대 『高麗史』 兵志 序에서는 고려의 兵制를 唐의 부병제와 비슷한 것으로 서술하였다.[1] 兵志 序에 이은 兵志의 다른 부분에서도[2] 고려 병제를 부병제에 입각하여 서술하고 있으며, 이 밖에 『高麗圖經』,[3] 『宋史』,[4] 『三峰集』,[5] 『彙纂麗史』,[6] 『磻溪隨錄』,[7] 『增補文獻備考』[8] 등의 기록 역시 『高麗史』兵志의 부병제설과 별반 차이를 보이고 있지 않다. 그러므로 후대의 연구자들이 고려 병제를 부병제로 본 것[9]은 이러한 前代의 기록을 고려할 때 자연스러운 귀결이었으며, 이를 통해 부병제설은 1950년대 중반 이전까지 학계의 일반적인 定說로 자리잡았던 것이다.

그러나 종래 부병제로 이해되어 온 고려 군제에 대해, 최소한 京軍만큼은 兵農一致의 부병제 원리에 입각한 것이 아니라 전문적인 군인계급으로 이루어졌으며, 이들은 일반 농민과는 구별되는 존재라고 하는 軍班氏族制說이 제기되었다.[10]

---

1) 『高麗史』 권81, 志35 兵1 序, "高麗太祖統一三韓 始置六衛衛有三十八 領 領有千人 上下相維 體統相屬 庶幾乎唐府衛之制矣".

2) 『高麗史』 권83, 志37 兵3 州縣軍 序, "高麗兵制 大抵皆倣唐之府衛 則 兵之散在縣者 意亦皆屬乎六衛 非六衛外別有州縣軍也 然無可考 始 以此目之".

3) 『高麗圖經』 권11, 仗衛 序, "臣聞 高麗王城仗衛 比他郡最盛 蓋驍勇卒 於此 當中朝使至 盡出之以示榮觀焉 其制 民十六以上 充軍役 其六軍 上衛 常留官府 餘軍皆給田受業 有警則執兵赴敵 任事則執役服勞 事 已則復歸田畝".

4) 『宋史』 권487, 列傳264 外國 高麗, "國無私田 民計口授業 十六以上則 充軍 六軍三衛 常留官府 三歲以選".

5) 『三峰集』 권6, 經濟文鑑(下) 衛兵, "前朝盛時 府兵頗得唐制之義".

6) 『彙纂麗史』 권17, 兵志, "麗祖六衛三十八領 體統相維 頗以唐府兵爲 法".

7) 『磻溪隨錄』 권23, 兵制攷說, "高麗兵制 大槩倣唐府兵之制".

8) 『增補文獻備考』 권109, 兵考 制置, "柳馨遠曰 高麗兵制 大槩倣唐府兵 之制".

9) 內藤雋輔, 1934, 「高麗兵制管見」, 『靑丘學叢』 15·16/1961, 『朝鮮史硏 究』; 白南雲, 1937, 『朝鮮封建社會經濟史(上)』, 改造社.

軍班氏族制說을 표방한 최초의 연구는 李基白의 「高麗京軍考」다.[11] 이 논문에서 이기백은 고려 군제를 과연 부병제로 이해할 수 있을 것인가 하는 의문을 제시하였다. 그의 논문은 兵權의 집중이라는 측면에서 二軍六衛의 형성과 편성을 논한 것이었지만, 보다 중요한 것은 군인계급을 형성한 人的 토대가 어디에 있고 그것이 어떻게 고정되는지를 파악한 부분이었다. 이 부분에서 이기백은, 군인은 원칙적으로 전문적인 兵士였으며 비록 최하위의 지위나마 관료체계의 한 모퉁이를 차지한 존재라고 주장함으로써 전통적으로 고려 군인은 병농일치의 농민이라고 보아 왔던 부병제설은 비판되어야 한다는 견해를 표명하였다.

이어서 이기백은 「高麗初期 兵制에 關한 後代 諸說의 檢討」를 통해[12] 이제까지 고려 군제를 부병제로 이해해 온 것은 정확한 근거에 입각한 것이 아님을 입증하고자 했다. 즉『高麗史』撰者의 부병제설은 고려말 개혁론자들의 부병제설을 계승한 것에 불과하며, 이들이 표방한 부병제는 그들의 목표였지 역사적 사실은 아니었다고 주장했다. 그리고 그 동안 부병제설을 뒷받침해 줄 수 있는 근거

---

10) 李基白, 1956, 「高麗京軍考」,『李丙燾博士華甲紀念論叢』/1968,『高麗兵制史研究』. 새로 제기된 군반씨족제설은 그 동안 전문적인 군인계급의 부재가 한국사에는 봉건사회가 존재하지 않았다는 인상을 주어 왔다는 점에서, 이들 전문 군인계급이 존재했다는 사실을 입증함으로써 역사발전 단계상 한국사에서도 서양과 일본과 같은 중세사회를 설정하는 것이 가능하다는 것을 보여주려는 의도도 있을 것이다. 서양이나 일본에서의 무사계급의 존재는 중세 봉건사회의 형성에 중요한 요소로 고려되어 왔다. 李基白, 1968, 「高麗初期 兵制에 관한 後代 諸說의 檢討」,『高麗兵制史研究』, 5쪽.

11) 李基白, 1956, 「高麗京軍考」,『李丙燾博士華甲紀念論叢』.

12) 李基白, 1958, 「高麗兵制에 關한 後代 諸說의 檢討」,『亞細亞研究』1-2.

로 제시되었던 恭愍王敎書의 選軍給田說, 對蒙交涉에 나타난 軍
民無別 상태,『高麗圖經』에 보이는 宋人의 고려 군제에 대한 이해
등은, 고려 군제가 부병제임을 뒷받침해 주는 증거라기보다는 상이
한 시대적 배경 속에서 상이한 인물들에 의해 상이한 목적을 위해
주장된 것들이라고 피력하였다. 그리고 이러한 잘못된 시각을 바로
잡아 고려 군제를 올바르게 검토하는 데 열쇠가 되는 것은 고려 초
기의 사료뿐이므로 후대의 諸說에 혼란되지 말고 초기 사료에 입
각하여 고려 군제를 분석해 나갈 것을 주장하였다.

　이기백의 이러한 부병제설 비판은「高麗軍人考」13)에서 보다 심
화되었다. 여기서는 군인에 대한 稱號, 軍戶, 軍籍, 選軍 등에 대해
치밀한 연구를 시도함으로써 고려의 中央軍인 二軍六衛가 사회적
으로 과연 어떠한 존재였는가를 구체적으로 규명하고자 했다. 이
연구에서 특히 주목할 만한 성과는 고려의 근간이 되는 군인은 중
앙군인 京軍과 지방군인 外軍으로 구별되어야 하며, 京軍 소속의
군인은 軍府로부터 番上侍衛하는 唐나라의 부병과 같은 존재가 아
니라 養戶를 지급받고 收租權을 행사하는 軍班氏族으로서의 전문
군인이었다는 지적이다. 고려 중앙군의 인적 구성에 대해 새로운
견해를 제시한 이기백의 군반씨족제설은 그것이 내포한 부병제설
비판으로 말미암아 高麗前期 軍制에 대한 논쟁을 본격화시키는 계
기가 되었다.

　가장 먼저 군반씨족제설에 이의를 제기한 것은 姜晉哲이었다. 강
진철은 이제까지 특별한 연구 성과 없이 단순히 고려 전기의 군제
를 부병제라고 보아 왔던 차원에서 벗어나 고려 전기의 군제를 府
兵制로 볼 수 있는 구체적인 연구를 시도하였다. 먼저 강진철은

---

13) 李基白, 1960,「高麗軍人考」,『震檀學報』21.

「高麗初期의 軍人田」에서 "『高麗史』食貨志 田制 田柴科條에 給田의 대상으로 등장하는 사람 중에 농민층에 속하는 것이 바로 軍人"이라고 하여[14] 軍人田에 대한 연구야말로 고려 초기의 농민이 놓인 사회경제적 위치를 파악하는 데 중요한 고리가 된다고 보았다. 강진철이 田柴科 軍人田의 지급대상자를 농민으로 본 것은, 군인이 일종의 지배층으로서 관료체제에 속한다고 본 이기백의 견해와 정면으로 상치되는 것이다. 강진철은 '兵農一致'의 의미를 꼭 전 농민이 부병으로 동원되어야 하는 것이 아니라 "비록 극소수의 농민만이 軍役에 복무하더라도 軍役 그 자체가 농민이 부담하여야 할 徭役 의무의 변형된 특수 형태를 의미하며, 국가가 요역의 일부로서 군역을 파악하는 것이라면, 나는 이것을 부병제로 봄에 주저치 않을 것이다"[15]라고 함으로써 고려 군제를 부병제라고 주장하였다. 그리고 군반씨족제설을 비판하는 입장에서 군인이 주로 농민 출신이며 그 신분도 농민에 준하는 것은 물론 軍役이 賤役으로 간주되었다는 점을 들어, 과연 이러한 군인이 어떻게 군반씨족제설에서 주장하는 바와 같이 관료체계 속에 위치할 수 있는가 하는 의문을 제시하고 있다.[16] 이러한 요지를 골자로 하여 고려의 군제는 군반씨족제일 수 없으며 부병제로 보아야 할 여러 가지 요소를 밝힘으로써 자신의 견해를 확고한 실증적 토대 위에 올려 놓았다.

강진철의 이러한 부병제 옹호에 대하여 이기백은 다시 「高麗軍

---

14) 姜晉哲, 1963, 「高麗初期의 軍人田」, 『淑明女子大學校論文集』 3, 132쪽.

15) 姜晉哲, 1963, 「高麗初期의 軍人田」, 『淑明女子大學校論文集』 3, 159쪽.

16) 姜晉哲, 1963, 「高麗初期의 軍人田」, 『淑明女子大學校論文集』 3, 141쪽.

役考」17)에서 軍役의 내용, 軍役이 확보되는 형태 및 군인의 경제적인 기반인 軍人田을 고찰하여 전시과 속에 포함된 군인전의 지급 대상자는 일부 특수층인 군인이 아니라 京軍을 구성하는 일반 병사이며, 군인전은 일반 徭役과 동일한 의미의 역이 아니라 鄕役과 더불어 職役의 일종인 군역 부담자에게 지급된 토지로서 고려의 군인은 군인전의 耕作者가 아니라 그 收租權者임을 강조하였다.18) 그리고 「高麗 府兵制說의 批判」19)에서 부병제에 대한 개념의 통일을 꾀하고 부병제설을 설명하는 데 제시된 여러 사료가 반드시 부병제의 실시를 의미하는 것이 아님을 밝혔다. 그는 여기서 한 걸음 더 나아가 군인과 농민을 대비시켜, 당나라의 부병이나 일반 농민은 모두 均田制에 의해 토지를 급여받는 대상자가 되는 한편 府兵은 군역의 의무를 지고 그 외 농민은 군역 대신에 租·庸·調의 의무를 지는 데서만 차이가 났으므로 府兵과 그 밖의 농민은 동일한 성격의 군인이었으나, 고려의 경우에는 당나라와 달리 균전제가 실시되지 않았고, 고려의 병사는 농민이기 때문이 아니라 군인이기 때문에 토지를 받았다는 사실에 유의해야 할 것이라 하고 있다. 그렇다면 이 같은 내용의 토지를 받은 군인과, 그들과 동일한 성격의 토지를 받지 않은 농민을 동질시할 수 없으며 따라서 농민과 군인은 일치할 수 없다는 것이다.

「高麗 軍班制下의 軍人」20)은 고려 군제에 대한 이기백의 결론이다. 여기서 이기백은 병졸, 즉 군인이 독립된 신분으로서 어떠한 사회적 구실을 하였는가를 고찰함으로써 고려 초기의 군제에 그 역

---

17) 李基白, 1968, 「高麗軍役考」, 『高麗兵制史硏究』.
18) 金南奎, 1981, 「軍事制度」, 『韓國史論』 2.
19) 李基白, 1968, 「高麗 府兵制說의 批判」, 『高麗兵制史硏究』.
20) 李基白, 1968, 「高麗 軍班制下의 軍人」, 『高麗兵制史硏究』.

사적 의미를 부여하였다. 요컨대 그는 고려 군제를 군반씨족제로
규정하고, 그 군인의 사회적 신분은 아래로는 농민층과 연결되며
위로는 武班과 이어지는 사회적 신분유동의 매개체로서의 중간층
으로 보았다.

이기백의 고려 군제 연구는 위의 연구로 일단락되고 姜晉哲도
『高麗土地制度史研究』에서 이전의 견해를 재확인하였을 뿐 더 이
상의 새로운 언급은 없다.

이기백의 軍班氏族制說은 이제까지 구체적 연구 없이 고려의 군
제를 부병제로 보아 온 府兵制說에 커다란 자극을 주어 부병제에
대해 체계적인 연구가 이루어지는 계기를 부여하였다 그 결과 부병
제설과 군반씨족제설이 본격적인 논쟁점으로 부각되었고, 이 논의
의 진행은 두 설의 폭과 깊이를 더하여 주었다. 그러나 이 논쟁은
합의점을 찾지 못하고 현재까지 부병제설[21]과 군반씨족제설[22]로

---

21) 부병제설에 입각한 논고는 다음과 같다.
　　白南雲, 1937, 『朝鮮封建社會經濟史』; 韓㳓劤, 1958, 「麗代 足丁考」,
　　『歷史學報』 10 ; 姜晉哲, 1963, 「高麗初期의 軍人田」, 『淑明女子大學
　　校論文集』 3 ; 李佑成, 1965, 「高麗의 永業田」, 『歷史學報』 28 ; 姜晉
　　哲, 1980, 『高麗土地制度史研究』; 姜晉哲, 1991, 『改定高麗土地制度
　　史研究』; 末松保和, 1958, 「高麗四十二都部考略」, 『朝鮮學報』 14 ; 末
　　松保和, 1962, 「高麗式目形止案について」, 『朝鮮學報』 23 ; 內藤雋輔,
　　1934, 「高麗兵制管見」, 『靑丘學叢』 15 · 16.
22) 군반씨족제설에 입각한 논고는 다음과 같다.
　　金塘澤, 1983, 「高麗 初期 地方軍의 形成과 構造」, 『高麗軍制史』; 李
　　基白, 1958, 「高麗太祖時의 鎭」, 『歷史學報』 10 ; 李基白, 1960, 「高麗
　　二軍六衛 形成에 대한 再考」, 『黃義敦先生古稀記念史學論叢』; 李基
　　白, 1960, 「高麗軍人考」, 『震檀學報』 21 ; 李基白, 1965, 「高麗 地方制
　　度의 整備와 州縣軍의 成立」, 『趙明基博士華甲紀念佛敎史學論叢』;
　　李基白, 1965, 「高麗光軍考」, 『歷史學報』 27 ; 李基白, 1967, 「高麗史
　　兵志의 檢討」, 『震檀學報』 31 ; 李基白, 1968, 「高麗 軍班制下의 軍

첨예한 대립을 계속하고 있다.

강진철과 이기백으로 대표되는 두 설이 이제까지 고려 군제 연구에 기여한 바가 지대하다는 것은 분명하다. 그러나 동일한 시기의 군인의 성격이 이렇게 상반될 수 없음은 물론이다. 따라서 두 설 가운데 어느 한 입장을 취하든지 아니면 새로운 시각에서 문제에 접근하는 태도가 절실히 요청된다고 하겠다.[23]

이 때 전제해 둘 것은 부병제설과 군반씨족제설의 평행선을 달리는 대립이 二軍六衛의 성격을 둘러싼 이해의 차이에서 비롯되었으며, 二軍六衛를 구성하는 군인들의 성격에 대한 두 설의 이해가 타

人」, 『高麗兵制史研究』; 李基白, 1968, 「高麗軍役考」, 『高麗兵制史研究』; 李基白, 1968, 「高麗 府兵制說의 批判」, 『高麗兵制史研究』; 李基白, 1968, 「高麗 兩界의 州鎭軍」, 『高麗兵制史研究』; 李基白, 1968, 「高麗京軍考」, 『高麗兵制史研究』; 李基白, 1968, 「高麗別武班考」, 『金載元博士回甲論叢』; 李基白, 1968, 「高麗州縣軍考」, 『歷史學報』 29; 李基白, 1968, 「高麗初期 兵制에 關한 後代 諸說의 檢討」, 『高麗兵制史研究』; 李基白, 1975, 「軍士組織」, 『韓國史』 5; 李基白, 1978, 「韓國의 傳統社會와 兵制」, 『韓國史學의 方向』; 千寬宇, 1978, 「閑人考」, 『近世 朝鮮史 研究』; 洪承基, 1983, 「高麗初期 中央軍의 組織과 役割 - 京軍의 性格」, 『高麗軍制史』; 有井智德, 1958, 「高麗朝初期に於ける公田制」, 『朝鮮學報』 13; 金鍾國, 1958, 「高麗の府兵について」, 『立正史學』 23 등.

23) 최근에는 고려경군을 군반씨족과 농민부병이라는 이원적 성격으로 규명하고자 하는 시도가 이루어지고 있다. 張東翼, 1986, 「高麗 前期의 選軍 - 京軍 構成의 이해를 위한 一試論」, 『高麗史의 諸問題』, 三英社; 李惠玉, 1993, 「高麗前期의 軍役制」, 『國史館論叢』 46; 吳英善, 1992, 「高麗前期 軍人層의 構成과 圍宿軍의 性格」, 『韓國史論』 28; 鄭景鉉, 1992, 『高麗前期 二軍六衛制 研究』, 서울대학교 박사학위논문; 權寧國, 1995, 『高麗後期 軍事制度 研究』, 서울대학교 박사학위논문; 洪元基, 1990, 「高麗 二軍六衛制의 性格」, 『韓國史研究』 68; 洪元基, 1992, 「高麗軍班氏族制說의 學說的 意義와 限界」, 『軍士』 24; 洪元基, 1993, 「高麗 京軍內 上層軍人의 檢討」, 『東方學志』 77·78·79.

당한 것인가를 살피는 일은 고려 군제를 해명하는 데 지극히 중대한 관건이 된다는 점이다.

필자는 2군6위의 성격에 대한 대립되는 이 두 견해를 검토해 나가는 과정에서 두 설 중 어느 하나만이 전적으로 올바르다고는 볼 수 없지 않는가 하는 조심스러운 생각을 가지게 되었다.[24]

먼저 부병제설과 군반씨족제설이 각각 치밀하고 실증적인 연구에 입각하고 있음에도 불구하고 서로 상대설에 의해 비판을 받고 있다는 것은 두 설의 주장에는 타당성 못지않게 문제점도 있다는 사실을 의미한다. 그렇다면 두 설이 주장하듯이 2군·6위를 한결같이 동질의 성격을 갖는 군인으로 보는 기존의 시각은 재고될 필요가 있지 않을까 한다.

우선 먼저 짚고 넘어가야 할 것은 2군·6위를 모두 田柴科 軍人田의 지급대상이라고 볼 경우, 군인전으로 지급해야 할 田結의 數가 고려 초기의 전국 전결을 갖고도 충족시킬 수 없다는 문제가 있다. 이 문제는 이제까지 전시과 군인전의 지급 대상자로 이해해 왔

---

24) 필자가 주로 고려 초 경군의 형성 과정, 고려초 호족과 왕권과의 관계, 그리고 전시과 군인전의 지급 규정이 가지는 문제점을 종합적으로 고찰하여 고려경군이 군반씨족과 농민부병으로서의 이원적 성격을 갖고 있다고 본 데 비해, 장동익은 고려 초 이래 경군의 근간이 군반씨족을 중심으로 이루어져 왔고 농민을 바탕으로 하는 州縣軍의 番上이 북방 민족과의 항쟁 과정에서 본격화되었다고 본 점에서(張東翼, 1986, 「高麗 前期의 選軍-京軍 構成의 이해를 위한 一試論-」, 『高麗史의 諸問題』, 479쪽) 필자와 차이가 난다. 吳英善은 문종 30년 이후 기본적인 군사집단이었던 군반씨족을 대신하여 농민의 番上制度에 의한 부병제적인 구조가 제도화됨에 따라 군인층은 군반씨족과 농민 출신의 부병으로 이원화됨을 제시하고 있다(吳英善, 1992, 「高麗前期 軍人層의 構成과 圍宿軍의 性格」, 『韓國史論』 28, 82~83쪽). 이러한 입장은 부병제의 모색으로 농민 출신 부병이 등장하기 전까지 고려의 군인 구성을 주로 군반씨족층으로만 이해한 점에서 필자와 견해를 달리한다.

던 2군6위 모두가 전시과 군인전의 지급 대상이 될 수 없다는 사실을 확인시켜 준다고 하겠다. 2군·6위 모두가 전시과 군인전의 지급 대상이 될 수 없다는 점이 분명하다면, 2군과 6위의 구성원 안에는 전시과 군인전의 지급과 관련하여 전시과를 지급받는 군인과 그렇지 못한 군인의 구별이 있을 수밖에 없게 된다. 이 점은 2군과 6위가 결정적으로 동질의 군인이 아닐 수 있다는 점을 시사해 주는 것이 아닐까.

그러나 부병제설과 군반씨족제설의 주장과 같이 2군과 6위를 동질의 군인으로 보기 어려운 보다 근본적인 점은, 고려 초의 호족과 왕권의 정치적 역학관계 아래서 2군·6위가 성립되어 온 과정을 검토하는 과정에서 보다 분명해진다. 따라서 2군·6위의 성립 과정을 고찰하는 것은 고려 2군·6위의 성격을 설명하는 데 새로운 시각을 줄 수 있는 것으로, 현재 부병제설과 군반씨족제설로 나뉘어 대립되어 있는 고려 군제의 해명에도 하나의 단서가 될 수 있을 것이다.

이제까지 부병제설과 군반씨족제설에서 쟁점이 된 것은 전체적으로 2군·6위를 '병농일치적인 성격의 군인'으로 볼 것인가, 아니면 '전문적인 직업군인'으로 볼 것인가 하는 점이었다. 따라서 2군과 6위가 동질의 군인이 아니며, 그 사회적 신분을 달리하는 군인일 가능성에 대해서는 긍정적인 검토를 시도하지 못했다.

이 책에서는 주로 고려 초의 호족과 왕권과의 관계를 염두에 두면서 2군과 6위의 성립 과정을 살펴봄으로써 2군과 6위의 군인 성격이 지금까지 이해되어 왔던 것과는 다른 것임을 밝히고자 한다. 그리고 2군과 6위가 고려 초에 어떠한 필요성과 역학관계 아래 형성되었으며, 이들이 어떤 성격의 군인이고 이들을 구성하는 원리는 어떠했는지를 규명함으로써 2군6위제25) 아래서의 高麗軍制의 형태와 그 역사적 의미를 살펴보고자 한다.26)

연구의 대상 시기는 고려 초로부터 別武班이 등장하는 肅宗代까지로 국한하였다. 이는 별무반이 등장하기 이전까지의 고려 군제가 고려 집권층이 추구하고자 했던 고려 초의 군제 모습을 비교적 충실하게 가지고 있었다고 여겨지기 때문이다.

연구의 대상은 2군·6위를 중심으로 삼았다. 州縣軍의 保勝·精勇과 州鎭郡 가운데 京軍으로 防戍되어 온 군인들에 대해서는 중앙 6위의 보승·정용과 동일한 성격의 군인이라는 시각을 가지고 접근하였다.

제2장에서는 2군·6위가 상이성을 띠게 된 배경을 살폈다. 후삼국시대 말 호족들의 私兵에서 유래한 태조의 친위군이 惠宗, 定宗, 光宗代를 거쳐 成宗代에 친위군인 二軍으로 성립되는 과정과, 이들이 다름 아닌 군반씨족이라는 점을 밝힘으로써 친위군과 2군, 2군과 군반씨족과의 상호관계를 규명하고 이들이 역할과 경제적 기반을 살펴보았다.

---

25) 二軍六衛制는 肅宗代 別武班의 설치 등으로 점차 이완되어 간 것으로 보인다. 따라서 2군6위제를 특징으로 하는 고려군제란 주로 숙종 때까지의 군제 형태를 의미한다. 숙종대 이후 무인집권기와 고려 말의 군제 형태는 二軍六衛制가 비교적 유지되던 시기의 것과는 다른 것으로 보이므로 이들 시기의 고려 군제는 다른 측면에서 연구되어야 한다.

26) 軍制 연구는 제도 자체만의 연구로서는 별반 큰 의미가 없다. 궁극적으로 군제를 통하여 동원된 대다수에게 복무 그 자체가 국가에 의해 강제된 役의 한 형태라는 점, 軍役은 국가가 民을 지배하는 데 효과적인 수단이며 아울러 국가체제의 유지에 큰 비중을 차지한다는 점을 염두에 둘 때 의미를 갖는다. 따라서 군제 그 자체보다는 군역의 본질을 이해하는 것이 국가의 실체에 접근하는 길이 되며, 또 이를 통해서 당시 사회의 성격이 보다 선명히 드러날 것이다. 그러나 부병제설과 군반씨족제설에 대한 논의가 해결되지 않은 상황에서 군역의 실체를 논하는 것은 자칫 논의가 공허해질 가능성이 있으므로 먼저 군제에 대한 사실을 규명할 필요가 있을 것이다.

제3장에서는 六衛의 保勝·精勇이, 호족들의 사병이 중앙집권력이 확립되는 과정에서 해체되어 국가의 公兵으로 재편성된 農民番上 軍人이라는 점을 밝혔다. 6위 안의 보승·정용 외의 役領, 海領, 常領, 監門軍 등 6위 가운데 보이는 特殊領에 대해서는 이들이 만들어지게 된 배경과 아울러 그 구성원의 성격을 살펴봄으로써 이들 군인이 6위의 보승·정용과는 구별되며 신분적으로는 2군과 비슷한 성격의 군인이었음을 밝혔다.

제4장에서는 6위의 보승·정용이 州縣軍의 보승·정용으로서 相互 番上되고 主鎭의 防戍 役에 동원되고 있었다는 사실을 근거로 하여 6위의 보승·정용과 주현군 및 주진군이 어떻게 연결되어 있는지를 설명하였다.

제5장에서는 2군과 6위의 보승·정용이 상호 다른 성격의 군인이라는 사실을 보여주는 사례들을 제시하고, 이를 통해 고려 군제의 특징을 밝혔다. 그리고 전시과의 붕괴가 상층군인과 農民 番上軍 조직의 혼란을 초래함으로써 결국 고려 초에 성립된 2군6위제는 허실화되기에 이르렀음을 살펴보았다.

제6장에서는 지금까지 논의되어 온 군반씨족제설이 안고 있는 제반 문제점들을 살펴보고 이를 통해 고려 군인의 성격을 보다 구체적이고 사실적으로 이해해 보고자 하였다. 여기에서는 결과적으로 고려 군인의 성격을 파악하는 데 있어 군반씨족제설이 갖고 있는 이해의 한계점을 지적할 수밖에 없었으나, 군반씨족제설 역시 고려 군인의 성격의 일단을 설명해 주었다는 점에서 선구적인 면이 있고, 따라서 그 학설적인 의의는 일정하게 인정해야 하지 않는가 생각한다.

이상의 논의를 통해 기존 학계의 부병제설과 군반씨족제설의 팽팽한 대립 속에서 여전히 교착 상태를 벗어나지 못하고 있는 고려 군인의 성격 및 高麗前期 軍制의 특성을 밝히는 연구가 활발히 이루어지고, 나아가 이를 토대로 하여 고려 사회 軍制의 전체적인 모습을 밝히는 계기가 마련될 수 있다면, 다소나마 본 연구가 의의를 가질 것으로 생각한다.

제2장 二軍의 성립과 軍班氏族

1. 二軍과 六衛의 분리성 검토

二軍六衛의 성격에 대해서 府兵制說에서는 '兵農一治의 番上軍人'으로 보고 있고, 軍班氏族制說에서는 '하급관료층이나마 지배층에 속하는 專門軍人'으로 보고 있다. 이처럼 양 설의 고려 군인에 대한 이해는 서로 다르지만, 2군6위를 전체적으로 동질의 성격을 갖는 군인으로 보고 있다는 점에서는 공통된다고 하겠다.

그러나 2군6위가 양 설에서 이해하고 있는 것처럼 상호 아무런 차이가 없는 동질의 군인이라고는 생각되지 않는다. 부병제설과 군반씨족제설은 相對說에 대해 상호 예리한 비판을 가하고 있고 이들 비판은 일정하게 타당성을 갖고 있다. 이는 2군6위를 전체적으로 동일한 성격의 군인이라고 볼 경우 대단히 설명하기 힘든 문제가 아닐 수 없다. 즉 상대설에 대한 양 설의 비판이 일정하게 타당하다는 점은 각각의 설이 설득력을 갖고 있음을 의미하고, 그러한 점에서 고려 군인에게는 양 설이 주장하는 그러한 군인의 성격이 각각 존재하였음을 의미한다고 할 것이다.

예컨대 田柴科는 지배층을 대상으로 만들어진 것이다. 그렇다면 전시과를 지급받고 있는 군인은 결코 피지배층으로 볼 수 없으며 따라서 군인을 일률적으로 피지배 농민층으로 보고자 하는 부병제설의 문제점을 지적한 군반씨족제설의 비판은 이유가 있다. 즉 전시과를 지급받는 군인을 피지배층인 농민으로 구성되어 있었다고 보는 주장은 분명 무리가 있는 것이다.

그러나 다른 한편 중앙군인 2군6위를 전문적인 직업군인으로 간주하고 그들이 모두 開京에 거주하였다고 본 군반씨족제설의 주장을 그대로 수용할 경우, 개경에만 수만 명의 군인과 그에 딸린 군인 가족이 밀집해서 살았다는 결론이 나온다. 이는 어떻게 보아도 무리한 주장이다. 이 같은 무리를 범하면서까지 2군6위를 모두 동질의 전문적인 직업군인으로 보고자 하는 군반씨족제설은 분명 문제점을 안고 있다고 할 수 있다.

위의 설명은 부병제설과 군반씨족제설이 모두 고려 2군·6위의 성격을 이해하는 데 문제점을 갖고 있다는 것을 보여준다. 따라서 양 설 가운데 어느 한 쪽만의 견해를 가지고 2군·6위의 전체 성격을 설명할 경우 그 설명은 불완전해질 수밖에 없다. 그런 면에서 고려의 2군·6위를 일률적인 시각에서가 아니라 좀더 유연한 시각을 갖고 보아야 하지 않을까 한다.

고려 2군·6위 구성원의 성격이 부병제설이나 군반씨족제설이 주장하는 바와 같이 일원적이지 않을 수 있다는 것은 전시과의 군인전 지급규정에서도 볼 수 있다.

고려의 田柴科 軍人田 지급규정은 의문으로 가득 차 있는 규정이다. 예컨대 전시과로서 가장 완비된 형태라고 인정되는 文宗 30년의 更定田柴科에는 15科 馬軍에게 25結, 16科 役·步軍에게 22結, 17科 監門軍에게 20結씩을 지급하도록 되어 있다.[1] 따라서 2군

---

1) 『高麗史』 권78, 志32 食貨1 田制 田柴科.

·6위가 모두 전시과의 지급대상이 된다고 가정할 경우, 京軍 4만 5천 명에게 1인당 평균 22결[2]씩이 지급되어 그에 필요한 전결 수는 자그마치 99만 결이나 된다. 현재까지 알려진 바에 따르면 고려 초기의 전국 田結數는 100만 결을 상회할 수 없다.[3] 이 점을 고려하

---

2) 京軍 2군6위 중 監門軍을 가장 저급한 군인으로 전제할 때, 감문군이 20결을 받고 馬軍이 25결, 役步軍이 22결을 받은 점, 감문군의 수가 적 었다는 점을 고려한다면 1인당 평균 약 22결 정도 지급될 수 있었을 것이다(李基白, 1968, 「高麗軍役考」, 『高麗兵制史研究』, 157쪽). 강진철 은 이기백과 같이 군인전으로서 필요한 액수가 99만 결까지 된다고는 보지 않지만 줄잡아 50만 결 정도는 필요로 했을 것으로 보았다. 50만 결이라는 숫자는 2군6위 45,000명 가운데 규정대로 확보된 병력을 30,000명으로 파악하고 이들에게 17결(1足丁)씩이 지급되었다고 본 데 서 산출된 것이다. 그러나 그 역시 이렇게 방대한 전결의 군인전이 규 정대로 지급되었다고는 보지 않았다(姜晉哲, 1980, 『高麗土地制度史研 究』, 112쪽). 군인전으로 요구되는 전결 수가 현실적으로 마련될 수 없 는 것이므로, 양자 모두 전시과의 군인전 지급 규정을 지급 가능한 최 고 상한액으로 본 것은 자연스러운 귀결일 수밖에 없다.

3) 姜晉哲, 1963, 「高麗初期의 軍人田」, 『淑明女子大學校論文集』 3, 155 쪽. 結의 의미는 고려 전 시기를 통해 그 의미가 일정하지 않다. 먼저 고려 중기까지는 頃·畝와 같이 면적을 표시하는 단위였으나 중기 이 후에는 면적과 수확의 단위라는 이중적 성격을 띠게 되고 말기에는 그 이중적 성격이 더욱 뚜렷해졌다(金容燮, 1975, 「高麗時期의 量田制」, 『東方學志』 16 ; 姜晉哲, 1980, 『高麗土地制度史研究』). 結이 면적과 수확의 단위라는 이중적 성격을 띠게 됨에 따라 結의 實績은 축소되어 갔고, 고려말 荒遠田을 포함한 전결 수가 80만 결에 불과한 이상(『高麗 史』 권78, 食貨志1 田制 恭讓王 3年 5月 都評議使司 上書, 恭讓王 元 年 大司憲 趙浚이 上書한 바에 의하면, 六道觀察使가 파악하여 올린 전국의 墾田數는 50만 결 정도에 불과하였다) 고려 초의 전결 수는 荒 遠田을 포함한다 해도 80만 결 이상으로 보기는 어렵다. 물론 고려 말 의 田結 수에는 누락 부분도 있을 것이므로 꼭 80만 결이라고만은 볼 수 없다. 단 누락된 전결 수를 감안한다 해도 총 전결 수가 100만 결 이 상은 넘지 않았을 것이다. 그러므로 고려 초의 전결 수 역시 아무리 최

면 군인전 한 科目의 전결 수가 전국의 전결 수와 어깨를 나란히 한다는 결과가 나온다. 당연히 있을 수 없는 일이다. 요컨대 전시과에 규정된 결수대로 2군·6위에게 군인전을 지급하기는 도저히 불가능한 것이다.

그렇다면 전시과의 군인전 지급 규정은 허구에 불과한 것일까? 이 의문을 해결하기 위해 전시과의 군인전 지급 규정은 단지 지급될 수 있는 最高上限額을 규정한 데 불과하다는 견해가 피력되어 왔다.4)

만약 이러한 견해에 따라 전시과 군인전이 문무관료층에 대한 전시과 지급 규정과는 달리 최고 지급상한액에 대한 규정이라고 할 경우, 전시과 내에는 이중의 田地 지급 규정이 있었다는 이야기가 되는데, 너무 자의적인 견해가 아닐 수 없다. 만일 전시과의 군인전 지급액이 軍人田으로 지급될 수 있는 최고 상한액을 규정한 데 불과하다는 것이 사실이라면, 군인전은 많게는 최고 상한액인 25결(馬軍을 기준으로), 적게는 거의 지급되지 않을 수도 있게 되어, 이 또한 형평의 원칙에 입각하여야 할 제도 자체의 커다란 모순이 아닐 수 없다. 물론 군인이 文武官僚層보다 격이 떨어지는 신분임은 분명하나, 같은 전시과의 급전 대상인 이상 그 신분의 차이는 지급되는 田地의 결수로 나타나는 것이지 문무관료층에게는 규정된 액수가 모두 지급되는 데 비해 군인에게는 지급 규정된 액수가 지급될 수 있는 최고 상한액에 불과하다는 식으로는 나타나지 않을 것이다. 지급액수의 차이만으로도 부족하여 지급기준에까지 차이를 둘 정도로 군인전 지급 대상자들이 문무관료층과 같은 전시과 지급

대한으로 잡는다 해도 100만 결 이상은 되지 않았을 것이다.

4) 李基白, 1968,「高麗軍役考」,『高麗兵制史研究』, 158쪽 ; 姜晉哲, 1963,「高麗初期의 軍人田」,『淑明女子大學校論文集』3, 165쪽.

기준의 적용을 받을 수 없는 상태라면, 구태여 군인을 전시과의 지급 대상에 포함시킬 필요가 없었을 것이다. 오히려 그보다는 군인전을 별도의 給田體系로 독립시켜, 실현 가능성이 없는 최고 상한액이 아니라 보다 격이 낮은 신분으로서 현실적으로 지급받을 수 있는 구체적인 결수를 제시해야 했을 것이다.5) 즉 고려 정부가 군인전을 전시과와 구별되는 별도의 給田體系로 독립시키지 않았던 것은 역시 전시과 내의 군인전 지급규정이 최고 상한액을 규정한 것이 아님을 보여준다고 생각된다. 따라서 전시과의 군인전은 문무 관료층에 대해서와 마찬가지로 규정된 결수가 모두 지급된 것으로 보아야 한다고 생각된다.

그런데, 전시과의 군인전 지급 규정이 지급 가능한 최고 상한액을 규정한 데 불과하다는 견해는 전시과 군인전이 규정대로 지급되었다고 전제할 경우 군인전만으로도 전국의 총 토지면적을 상회하는 토지가 필요하게 된다는 모순점을 어느 정도 보완해 줄 수 있었다. 그러나 고려 정부가 제도의 실시 초기부터 실현 가능성도 없는 것을 제도화하였다고는 볼 수 없고 따라서 위의 견해가 잘못된 것이 분명하다면, 문제는 다시 원점으로 돌아온다. 일단 전시과 군인전이 지급 규정대로 지급되었다는 점을 인정하고 현실적으로 군인전으로 필요한 전결 수가 도저히 마련될 수 없었다는 점을 동시에 염두에 둔다면, 결국 2군·6위에 대한 기존의 사고는 재검토를 요할 수밖에 없게 된다. 예컨대 부병제설이나 군반씨족제설에서 당연시해 왔던 것과는 달리 이들이 전부 전시과의 군인전 지급 대상자

---

5) 鄕吏에 대한 給田體系가 전시과와 달리 존재했을 것이란 점을 염두에 두고, 전시과 군인전이 양반 관료 등과는 달리 최고 상한액을 규정한 것에 불과하다면 향리들의 급전체계가 독립되어 있었던 것처럼 군인전도 전시과와는 다른 독립된 체계를 가졌어야 한다고 생각된다.

가 아닐 수 있다는 가능성을 생각해 보아야 하는 것이다. 즉 2군·6
위의 구성원 가운데에 전시과 군인전의 지급 대상이 될 수 있는 자
와 그렇지 못한 자가 있었을 가능성이다. 그렇게 볼 경우 당연히 이
제까지 동일한 신분계층으로 이해해 온 2군·6위는 과연 동질의 군
인인지를 검토해 보아야 한다.

마지막으로 2군·6위가 동질의 군인이 아닐 수도 있다는 가능성
은 2군과 6위가 만들어지는 역사적 배경과 필요성을 검토함으로써
살펴볼 수 있는데, 이를 통해 2군과 6위 保勝·精勇의 차별성이 분
명하게 드러나게 될 것이다. 즉 고려 초, 호족과 왕권의 정치적 역
학관계 하에서 2군은 太祖의 親衛軍에서 유래한 특별한 신분의 군
인이고, 6위의 보승·정용은 농민으로 구성된 군인이라는 새로운
사실이 확인될 것이다.

2. 新羅下代의 豪族과 私兵

新羅下代의 軍制는 이 시기의 군제가 고려 초의 군제 형성에 어
떤 형태로든 영향을 주었을 것이란 점에서 검토할 필요성이 있다.
신라통일기의 軍制는 일찍이 스에마쓰 야스카즈(末松保和)에 의해
밝혀진 대로 六停, 九誓幢, 十停, 五州誓의 형태를 가지고 있다.[6]
그러나 이는 대략적인 골격을 보여주는 것일 뿐, 구체적인 내용은
여전히 연구과제로 남아 있다. 더욱이 신라 하대에 이르러 신라의
군제가 무너지면서 신라 군제가 어떤 형태로 변화되어 갔는지에 대
해 명확한 설명이 이루어지지 않고 있다. 이것은 신라 하대를 포함
하여 신라 군제에 대한 연구과제가 산적해 있음을 의미한다.[7] 다만

---

6) 末松保和, 1954, 「新羅幢停考」, 『新羅史の諸問題』.

신라통일기에 정비되었던 九誓幢, 十停[8] 등의 公的 부대 조직은
신라 하대에 국가체제가 해이해지면서 붕괴되어 유명무실화되었음
을 확인할 수 있을 뿐이다. 신라 하대에 이르러 중앙이나 지방을 막
론하고 停, 幢에 대한 기록이 전혀 보이지 않는 것은 이를 반증한
다.[9]

---

7) 新羅軍制에 관한 연구로는 다음의 논고를 참조. 金翰奎, 1985, 「南北國
時代의 中國的 世界秩序와 古代國家의 幕府制」,『韓國古代의 國家와
社會』; 盧重國, 1987, 「法興王代의 國家體制 强化」,『統一期의 新羅
社會硏究』; 藤田亮策, 1953, 「新羅九州五京攷」,『朝鮮學報』 5; 末松
保和, 1932, 「新羅の軍戶幢について」,『史學雜誌』 43-12; 末松保和,
1954, 「新羅幢停考」,『新羅史の諸問題』; 武田幸男, 1984, 「中古新羅
の軍事的基盤-法幢軍團とその展開-」,『西嶋定生還紀念 東アジア
史における國家と農民』; 李基白, 1974, 「新羅私兵考」,『新羅政治社會
史硏究』; 李基白, 1978, 「韓國의 傳統社會와 兵制」,『韓國史學의 方
向』; 李明植, 1988, 「新羅統一期의 軍事組織」,『韓國古代史硏究』 1;
李文基, 1986, 「新羅六停軍團의 運營」,『大邱史學』 29; 李文基, 1997,
『新羅兵制史硏究』 一潮閣; 李成市, 1979, 「新羅六停の再檢討」,『朝鮮
學報』 92; 李仁哲, 1988, 「新羅法幢軍團과 그 性格」,『韓國史硏究』 48
; 鄭敬淑, 1985, 「新羅時代의 將軍의 成立과 變遷」,『韓國史硏究』 48
; 井上秀雄, 1957, 「新羅軍制考」,『朝鮮學報』; 朱甫暾, 1987, 「新羅中
古期 六停에 대한 몇 가지 問題」,『新羅文化』 3·4; 崔源植, 1987, 「軍
事力의 增强과 軍事的 基盤」,『統一期의 新羅社會硏究』; 京俊彦,
1979, 「新羅の法幢について」,『朝鮮史硏究會會報』.

8) 幢과 停의 구성원의 성격에 대하여 李基白은 六停은 名望軍으로 그
성격을 정의하고 있으며, 통일 이후 九誓幢은 召募兵으로 보고 있다.
중앙군과는 다른 지방의 諸城軍에 대해서는, 유사시에는 군사적 목적
으로 동원되고 평상시에는 농경에 종사한 농민으로 보고 있다(李基白,
1978, 「韓國의 傳統社會와 兵制」,『韓國史學의 方向』, 197~200쪽). 六
停 구성원의 성격을 名望軍으로서보다는 軍役義務의 차원에서 보려는
시각도 있다(李文基, 1986, 「新羅 六停 軍團의 運營」,『大邱史學』 29
; 朱甫暾, 1987, 「新羅 中古期 六停에 대한 몇 가지 問題」,『新羅文
化』 3·4).

신라 하대에 국가의 공적인 군사조직이 붕괴된 상태에서 주목되는 것은 分立된 귀족들의 私兵이다.10) 私兵이 발생하게 된 계기를 귀족세력 상호간의 대립·분열과 그로 인한 항쟁의 격화에서 찾는 견해는 설득력이 있다.11)

신라 하대의 군제 붕괴와 이에 따른 군사력에 의한 국가통제의 해이는 귀족의 私兵 소유를 더욱 조장하였을 것이다. 즉 토지와 거대하게 축적한 富를 배경으로 왕권과 대립하고 있던 당시의 귀족들은 流民 등을 자기 세력권 아래로 끌어들여 정치·경제·군사적인 세력 확장에 힘썼고, 그 결과 私兵이 등장하게 된 것으로 보인다.12)

신라 하대의 私兵 소유자는 중앙의 대귀족, 중앙에서 파견되어 지방에 토착한 地方官, 族長의 후예들로 추측된다. 특히 9세기 말 眞聖女王 이후 중앙이 지방에 대한 통제력을 완전히 상실하게 되면서 지방의 郡太守나 縣令 등은 城主라고 칭하면서 독립된 사병 소유자로서 위세를 떨치게 되었다.13) 弓裔와 甄萱을 비롯하여 신

---

9) 李基白, 1974, 「新羅私兵考」, 『新羅政治社會史硏究』, 273쪽. 李文基는 이에 대해 景德王代에 추진된 군제개혁으로 성립된 六畿停, 九州停 및 軍鎭의 골격이 신라 멸망기까지 지속되었다는 견해를 제시하고 있다(李文基, 1997, 「景德王代 軍制改革의 實態와 新軍制의 運營」, 『新羅兵制史硏究』, 427쪽).

10) 私兵의 존재에 대해서는 일찍이 白南雲, 李淸源, 후지타 료사쿠(藤田亮策)가 주목하였다. 白南雲, 1933, 『朝鮮社會經濟史』, 438쪽 ; 李淸源, 1937, 『朝鮮史讀本』, 64쪽 ; 藤田亮策, 1953, 「新羅九州五京攷」, 『朝鮮學報』 5, 121쪽.

11) 李基白, 1974, 「新羅私兵考」, 『新羅政治社會史硏究』, 267쪽.

12) 李基白, 1974, 「新羅私兵考」, 『新羅政治社會史硏究』, 269~274쪽.

13) 신라 하대의 정치적 혼란은 지방세력들이 성장할 수 있는 기회를 주었다. 당시 새로 등장한 이들 재지지배세력을 豪族이라고 부르고 있다(金鍾國, 1961, 「高麗王朝成立過程의 硏究 - 特に豪族問題를中心として -」, 『立正史學』 25 ; 江原正召, 1964, 「新羅末 高麗初期의 豪族 - 學說

라 말의 지방 소재 호족들은 이러한 私兵을 거느리고 있었으며 일
정한 官制組織까지 독자적으로 갖추고 있었다.[14] 이들 사병은 신

史的檢討-」,『歷史學研究』287). 이들은 주로 村主층에서 성장하여
城主 將軍으로 칭한 부류와 海上勢力家, 그리고 軍鎭勢力으로 나눌
수 있다(朴龍雲, 1985,『高麗時代史(上)』, 29쪽). 이들에 관한 글로는
다음의 논고가 참고된다.

今西龍, 1933,「慈覺大師入唐求法巡禮行記を讀んで」,『新羅史研究』
;金光洙, 1977,「高麗 建國期의 浿西豪族과 對女眞關係」,『史叢』21
·22;金文經, 1969,「在唐 新羅人의 集落과 그 構造-入唐九法巡禮
行記를 中心으로-」,『李弘稙回甲紀念韓國史學論叢』;金庠基, 1934,
「古代의 貿易形態와 羅末의 海上活動에 대하여」,『震檀學報』1·2;
金庠基, 1960,「羅末地方群雄의 對中通交-特히 王逢規를 中心으로
-」,『黃義敦古稀紀念史學論叢』;內藤雋輔, 1961,「新羅人의 海上活
動について」,『朝鮮史研究』/1928,『大谷學報』9-1;內藤雋輔, 1955,
「唐代中國における朝鮮人의 活動について」,『岡山史學』1/1961,『朝鮮
史研究』;盧德浩, 1983,「羅末 新羅人의 海上貿易에 관한 研究-張保
皐를 中心으로-」,『史叢』27;朴漢卨, 1965,「王建世系의 貿易活動에
對하여-그들의 出身究明을 中心으로-」,『史叢』10;尹熙勉, 1982,
「新羅下代의 城主 將軍-眞寶城主 洪術과 載岩城將軍 善弼을 中心
으로-」,『韓國史研究』39;李基東, 1976,「新羅下代의 浿江鎭-高麗
王朝 成立과 關聯하여-」,『韓國學報』4;李基白, 1968,「高麗 太祖時
의 鎭」,『高麗兵制史研究』;李基白, 1974,「新羅私兵考」,『新羅政治社
會史研究』.
14)『高麗史』권75, 志29 選擧3 銓注 鄕職 成宗 2년, "改州府郡縣吏職 以
兵部爲司兵 倉部爲司倉 堂大等爲戶長 大等爲副戶長 郞中爲戶正 員
外郞爲副戶正 執事爲史 兵部卿爲兵正 筵上爲副兵正 維乃爲兵史 倉
部卿爲倉正".
나말여초의 호족에 대해서는 다음의 논고가 참조된다.
河炫綱, 1977,「高麗王朝의 成立과 豪族聯合政權」,『韓國史』4;河炫
綱, 1977,「豪族과 王權」,『韓國史』4/1988,『韓國中世史研究』;金光
洙, 1979,「羅末麗初 豪族와 官班」,『韓國史研究』23;江原正昭, 1964,
「新羅末 高麗初期の豪族」,『歷史學研究』287;旗田巍, 1960,「高麗王
朝成立期の 府と豪族」,『法制史研究』10/1960,『朝鮮中世社會史の研

분상 점차 전문적인 병사로서의 성격을 띠어 갔던 것으로 보인다.[15]

호족들의 사병은 호족들의 영향력을 증대시켰고, 호족들이 後三國의 향배를 좌우하게 하는 데에도 결정적으로 기여했다. 따라서 고려로서는 건국 후 이들 호족의 지지를 이끌어 내는 것이 親衛軍의 육성과 함께 호족적 존재에 불과한 왕실의 안정을 꾀하기 위한 주된 과제가 되었다.

3. 高麗初 王權과 親衛軍

1) 太祖 · 惠宗 · 定宗代의 親衛軍

親衛軍인 二軍은 고려 초기의 복잡한 정치적 역학관계에서 그 필요성이 더욱 강력히 요구된 것이므로, 그 형성 과정은 이 시기의 정치적 상황과 밀접한 관련 속에서 고찰되어야 한다.

二軍은 대개 친위군이 제도로서 확립된 형태이며,[16] 제도로서 확

究』; 金哲埈, 1964, 「後三國時代의 支配勢力의 性格에 대하여」, 『李相佰回甲紀念論叢』; 李光麟, 1954, 「其人制度의 變遷에 대하여」, 『學林』 3; 金成俊, 1958, 「其人의 性格에 대한 考察」, 『歷史學報』 10 · 11.

15) 李基白, 1974, 「新羅私兵考」, 『新羅政治社會史研究』, 264~275쪽. 호족의 군대는 각자의 근거지에 정착한 농민을 징발한 것과 다른 지방에서 흘러들어 온 流民들을 모집한 것이 중심을 이루었고, 각자의 奴僮도 끼여 있었을 것이다. 그러나 군사적인 복무가 장기화됨에 따라 이들은 전문적인 군인으로서의 성격을 지니게 되었다(李基白, 1978, 「韓國의 傳統社會와 兵制」, 『韓國史學의 方向』, 201쪽).

16) 二軍은 鷹揚軍 一領, 龍虎軍 二領으로 구성되며 국왕의 친위군이다. 一領은 正軍訪丁人 一千, 望軍丁人 六百, 護軍 一, 中郎將 二, 郎將 五, 別將 五, 散員 五, 伍尉 二十, 隊正 四十으로 구성된다. 『高麗史』

립되기 전에는 2군이 아닌 다른 형태로 존속되어 왔다. 태조 때부터 侍衛軍이 존재하였다는 사실은 이 점을 뒷받침해 준다.[17] 따라서 2군의 기원을 밝히는 문제는 친위군의 기원을 밝히는 문제와 직결된다고 하겠다.

일반적으로 親衛軍이라는 것은 왕의 신변을 보호하는 것을 주임무로 한다는 점에서 무엇보다 상당한 신임을 필요로 하며, 그 중요성에 비추어 볼 때 가장 먼저 조직되는 軍人의 한 종류라고 할 수 있다.

이러한 일반적인 사실에 입각하면, 고려를 건국할 때 태조는 가장 신임할 수 있는 자들을 다른 어떤 부대 조직에 앞서 친위군으로 확보하였을 것이다. 그렇다면 태조의 친위군이 될 수 있었던 군인은 어떤 자들이었을까? 태조가 고려를 건국할 즈음의 제반 정치적 상황을 살펴보는 것은 이에 대한 단서를 제공한다.

태조가 궁예를 구축하고 고려를 건국했을 때 태조의 정치적 위상은 결코 안심할 수 있는 것이 아니었다. 밖으로는 군사적인 측면에서 더욱 강성한 후백제가 기세를 떨치고 있었으며, 안으로는 소수의 친위군을 제외하면 대부분의 군사가 호족의 사병으로서 그의 직

권81, 志35 兵1 兵制 五軍 靖宗 11年 5月, "每領設護軍一 中郎將二 郎將五 別將五 散員五 伍尉二十 隊正四十 正軍訪丁人一千 望軍丁人六百". 二軍이 국왕의 친위군이라는 것은 2군이 近仗이란 사실에서 알 수 있다.『高麗史』권81, 志35 兵1 兵制 五軍 靖宗 11年 5月, "國家之制 近仗及諸衛".

17)『高麗史』권93, 列傳6 崔承老, "我朝侍衛軍卒 在太祖時 但充宿衛宮城 其數不多 及光宗信讒誅責將相 自生疑惑 增益軍數 簡選州郡有風彩者入侍 皆食內廚 時議以爲繁而無益 至景宗朝 雖稍減削 泊于今時 其數尙多 伏望遵太祖之法 但留驍勇者 餘悉罷遣則人無嗟怨 國有儲積".

접적인 통제에서 벗어나 있었기 때문이다.

태조가 이처럼 대내외적으로 불안정한 상태에 처해 있었던 것은 거슬러 올라가면 태조 자신도 밝히고 있듯이 그의 가문이 寒微하였던 데에 기인한다.[18] 즉 태조의 세력기반은 애초부터 한미하였고, 이 때문에 궁예의 휘하에 포섭되었을 때도 泰封의 집권층에 속한 다른 호족들이 비교적 강력한 사병집단을 소유하고 있었던 것과는 대조적으로 적은 군사적 기반만을 가질 수밖에 없었다. 이러한 상황은 그가 비록 궁예 밑에서 탁월한 기량을 발휘하며 상당한 위치에 이른 후에도 변함이 없었을 것이다. 예컨대 태조가 궁예의 휘하에서 勃禦塹城 城主, 精騎大監, 阿粲, 閼粲, 韓粲 海軍大將軍, 侍中 등 중요한 요직을 거치며 많은 군사를 거느리고 전장에 출전했다고는 하지만, 그가 거느린 군사는 역시 그의 독자적인 군사라기보다는 그에게 위탁된 군사로 생각된다.

이렇듯 군사적 토대가 빈약한 태조가 궁예를 구축하고 고려를 건국하는 일대 모험을 감행하였다.[19] 이 모험은 궁예의 失政으로 대세가 태조에게 기울어진 상황 아래에서 민중의 전폭적인 지지를 받아 성공할 수 있었으나,[20] 군사적 기반의 미약이라는 취약점은 고려 건국 후 그대로 노출되기 시작하였다.

물론 태조가 민중들의 지지에 의해서 고려를 건국했다고 해서 그에게 군사적인 기반이 전혀 없었다고는 볼 수 없을 것이다. 군사적

---

18) 『高麗史節要』권1, 太祖 26年 夏4月, "王御內殿 召大匡朴述熙 親授訓要曰 我聞大舜耕歷山 終受堯禪 高帝起沛澤遂興漢業 予亦起自單平 謬膺推戴 夏不畏熱 冬不避寒 焦身勞思 十有九載 統一三韓".

19) 태조의 지지세력 분석은 이를 입증한다(河炫綱, 1984, 『高麗王朝成立期의 諸問題』; 1988, 『韓國中世史研究』, 30~37쪽).

20) 河炫綱, 1984, 『高麗王朝成立期의 諸問題』; 1988, 『韓國中世史研究』, 35~36쪽.

인 기반 없이는 정권 전복을 꾀할 수 없기 때문이다. 그러나 태조가
고려를 건국한 후 자신을 적극 지지한 세력들을 요직에 등용시키지
못하고 오히려 자신을 적극 추대해 주지도 않았던 泰封의 구집권
호족층을 정권의 핵심에 참여시켰다는 것은 역시 이들의 도움 없이
는 정권을 유지할 수 없었기 때문이다. 이들 호족세력의 힘을 뒷받
침해 준 것은 그들이 태봉시대부터 거느리고 있었던 강력한 사병집
단이었을 것이다. 태조의 경우도 松嶽과 禮成江 유역을 근거로 한
그 일대의 호족적 존재였으므로 휘하에 어느 정도의 독자적인 군사
력을 거느리고는 있었지만 그 기반이란 그렇게 강력한 것이 아니었
다.

  특히 泰封에서 핵심적 위치에 있던 집권층은 대세가 태조에게
기울자 고려 건국에 협조를 하기는 하였으나, 고려가 건국된 후에
도 여전히 강력한 사병을 거느린 호족으로서 존재하고 있었다. 그
리고 실제로 태조에게 불만을 가진 호족들은 자신들의 사병을 동원
하여 태조정권을 넘보았다.[21] 따라서 태조는 자신의 미약한 군사적
기반을 강화하기 위한 방법의 하나로서 親衛軍을 확보하는 데 노
력을 기울였을 것이나 이 노력이 충분히 성공한 것으로는 보이지
않는다.

  태조에게 있어서 친위군은 대단히 중요한 의미를 갖는다. 앞서
언급했듯이 태조의 고려 건국은 태봉의 집권층을 구성한 기성 세력
의 지지를 토대로 한 것이 아니었다. 이들 집권층은 뒤늦게야 태조

---

  21) 『高麗史』 권1, 世家1 太祖 元年 6月 庚申, “馬軍將軍桓宣吉 謀逆伏
      誅”; 『高麗史』 권1, 世家1 太祖 元年 6月 己巳, “馬軍大將軍伊昕巖
      謀叛棄市”; 『高麗史』 권1, 世家1 太祖 元年 9月 乙酉, “徇軍吏 林春
      吉 謀叛伏誅”. 이들 사료는 호족세력의 왕권 도전이 대단히 치열했음
      을 보여준다.

에게 협력하였고, 그 협력을 바탕으로 해서 신 왕조인 고려의 집권
층으로 변신하였다. 태조가 이러한 변신을 허용할 수밖에 없었던
것은 무엇보다 태조 자신의 세력이 미약했기 때문이다. 따라서 그
들은 태봉의 치하에서와 마찬가지로 여전히 호족적 존재로서 私兵
을 거느리고 있었고, 그런 의미에서 태조의 직접적 지배에서 벗어
나 있던 이들 사병의 존재는 매우 위협적이었다. 따라서 태조는 이
들 호족의 사병을 견제하고 자신의 기반을 공고히 하기 위해서도
호족의 사병과는 구분되는 친위군을 특별히 마련할 필요가 있었다.

태조의 친위군은 본래 태조가 거느리던 私兵으로서, 거슬러 올라
가면 그가 송악·예성강 유역의 호족이었을 시절에 그 지방을 생활
토대로 삼고 살아 온 농민층을 주축으로 하여 구성되었을 것이다.
이들은 태조와의 오랜 관계를 통해 전문적인 병사라는 위치에까지
이르렀고 고려왕조의 성립과 함께 특별히 친위군으로 파악됨으로
써, 여타 호족들의 사병과는 완전히 다른 존재로 등장하게 되었다.
이들을 특별한 신분층으로 고정시키는 데 결정적 역할을 한 것은
이들에게 주어진 것으로 보이는 役分田과, 이와 맥을 같이하는 田
柴科 軍人田이었을 것으로 짐작된다. 이들 친위군은 그 필요성에
따라 계속적으로 확보·유지되어 나갔고, 후에 二軍의 성립과 함께
완전히 제도적 조직으로서 등장하게 된다.

그러나 태조 당시에는 적어도 이러한 친위군을 일정하게 확보하
는 데 성공했다 하더라도 그것으로는 애초부터 강력한 호족들의 참
여로 이루어진 豪族聯合政權의 성격을 탈피하기에는 역부족이었
을 것이다.

태조가 호족연합정권 안에서 왕실을 지키기 위한 하나의 대책으
로서 친위군 확보에 노력을 기울이면서도 여기에 완전히 전력투구
할 수는 없었던 것은, 무엇보다도 밖에서 고려를 위협하고 있던 後

百濟에 대항하여야 했기 때문이다.

후삼국시대 말, 전국 각지에 걸쳐 群小豪族들이 각각의 군사력을 토대로 하여 일정한 영역을 독자적으로 지배하고 있었다. 군사적으로 후백제보다 열세에 놓여 있던 태조가 가장 빠른 시간 내에 견훤과 후삼국의 패권을 놓고 대결할 수 있는 방법은, 당시 후삼국의 향배를 결정하는 데 무한한 잠재력을 지니고 있던 이들 군소 호족들과 적극 제휴하여 군사력을 보강하는 것이었다.

따라서 그는 각지에 웅거하고 있는 호족들에게 관심을 두고 그들의 동조와 지지를 얻기 위하여 저자세의 외교를 전개할 수밖에 없었다.[22] 이 때 태조는 호족세력을 포섭하여 우선 이들의 군사력을 후백제와 대결하는 데 이용하고, 적어도 이들이 견훤에게는 동조하지 못하도록 하는 데 중점을 두었던 것으로 보인다.[23]

태조의 이러한 노력은 당시 大勢의 변수로 작용한 각지의 호족세력들로부터 지지를 이끌어 낼 수 있는 여건을 조성하였다. 그러나 태조의 군사적 열세는 변함이 없었다. 밖으로는 후백제에게 판도를 잠식당하였으며 안으로는 林春吉의 반란 등으로 불안한 정국이 이어졌다. 이에 태조는 안으로는 開京遷都 등을 단행하여[24] 왕조의 기틀을 확고히 하고 왕권의 안정을 꾀하엿으며, 밖으로는 신라·후백제와의 외교관계를 통해 군사력을 신장시킬 시간적 여유를 확보하는 등 다각적인 노력을 전개하였다. 특히 태조가 일찍부터 실시해 온 호족 회유정책이 주효하기 시작하여 많은 호족세력이

---

22) 『高麗史』 권1, 世家1 太祖 元年 8月 己酉, "論群臣曰 朕慮諸道寇賊 聞朕初卽位 惑構邊患 分遣單使 重幣卑辭 以示惠和之意".
23) 河炫綱, 1977, 「高麗王朝의 成立과 豪族聯合政權」, 『韓國史』 4, 52~55쪽.
24) 『高麗史』 권1, 世家1 太祖 2年 春正月.

속속 고려로 歸附해 오기에 이르렀다.[25] 이를 통해 고려의 군사력
이 크게 신장되었을 것은 당연하다.

그러나 문제는 이들 호족이 고려에 귀부하였다고 해서 그들의 군
사력이 바로 태조의 휘하로 들어가는 것은 아니었다는 점이다. 예
컨대 王順式의 경우, 그는 자신의 세력기반을 그대로 유지한 채 아
들 長命을 통해 소수의 군사만을 태조에게 보냈으며 이 소수 군사
의 지휘권조차 직접 태조에게 있지 않았다.[26] 직접 자신의 군사를
통솔한 예는 朴述熙의 예에서 잘 나타난다.[27]

즉 귀부한 호족들의 군사력을 고려의 군사력으로 파악할 수 있다

---

25)『高麗史』권1, 世家1 太祖 5年 6月 丁巳, "下枝縣將軍元奉來投";『高
麗史』권1, 世家1 太祖 5年 秋7月 戊戌, "溟州將軍順式 遣子降附";
『高麗史』권1, 世家1 太祖 5年 冬11月 辛巳, "眞寶城主洪術 遣使請降
遣元王儒卿含弼等慰諭之";『高麗史』권1, 世家1 太祖 6年 3月 辛丑,
"命旨城將軍城達 與其弟伊達端林來附";『高麗史』권1, 世家1 太祖 6
年 秋8月 壬申, "碧珍郡將軍良文 遣其甥圭奐來降 拜圭奐元尹";『高
麗史』권1, 世家1 太祖 8年 9月 甲寅, "買曹城將軍能玄 遣使乞降";
『高麗史』권1, 世家1 太祖 8年 10月 己巳, "高鬱府將軍能文 率士卒來
投";『高麗史』권1, 世家1 太祖 10年 8月 丙戌, "王狥康州高思葛伊城
城主興達 歸款";『高麗史』권1, 世家1 太祖 13年 春正月 丁卯, "載巖
城將軍善弼來投";『高麗史』권1, 世家1 太祖 13年 2月 庚子, "北彌秩
夫城城主萱達與南彌秩夫城城主來降".

26)『高麗史節要』권1, 太祖 10年 8月, "溟州將軍王順式遣子長命 以卒六
百入宿衛"; 河炫綱, 1977,「高麗王朝의 成立과 豪族聯合政權」,『韓國
史』4, 48~49쪽.

27)『高麗史』권92, 列傳5 朴述熙, "朴述熙 槥城郡人 父大丞得宜 …… 惠
宗生七歲 太祖欲立之 以其母吳氏側微 恐不得立 乃以故笥盛柘黃袍
賜吳 吳以示述熙 述熙揣知太祖意 請立惠宗爲正胤 正胤卽太子也 太
祖臨薨 托以軍國事曰 卿扶立太子善輔佐 述熙一如遺命 及惠宗寢疾
述熙與王規相惡 以兵百餘自隨 定宗疑有異志 流于甲串規因矯命殺
之".

고 해도, 이들 군사는 여전히 호족들의 지휘를 받는 私兵이었다. 당장 싸워야 할 적을 눈앞에 두고 있던 태조로서는 단기적인 면에서 볼 때 이것도 매우 긴요한 것이었으나, 장기적인 안목에서 보면 직접 휘하에 거느리고 있는 친위군이 적은 상태에서 호족들에 의해 간접적으로 동원되는 이들 私兵의 존재는 적지않은 문제를 내포하고 있었다. 그렇다고 해서 세력확장을 위한 다는 대안이 없었던 태조로서는 이러한 방식으로라도 이들의 귀부를 적극 수용해야 했을 것이다.

어쨌든 이렇게 흡수된 호족들의 사병을 통해 강화되기 시작한 고려의 군사력은 이후 그 동안 회피해 왔던 후백제와의 정면대결을 가능케 해 주었다. 그 최초의 정면대결이라 할 公山戰鬪에서는 비록 크게 패했지만[28] 이후 성장을 계속하여 古昌郡 甁山에서는 견훤에게 결정적인 패배를 안겨주었다.[29] 그리고 후백제의 내부적인 요인도 크게 작용했지만 결국 후백제를 궤멸시키고 후삼국의 패권을 차지하여 통일을 이룩하는 데 성공하였다.

후삼국을 통일한 태조의 위업이 이처럼 호족들의 절대적 참여에 의해 이루어졌으며, 고려 군사력의 대부분을 이루는 것이 호족들 사병이었고, 이들 사병이 고려 왕권에 직속되지 않고 여전히 호족

---

28) 『高麗史』 권1, 世家1 太祖 10年 9月, "王聞之大怒 遣使弔祭 親帥精騎 五千 邀萱於公山桐藪 大戰不利 萱兵圍王甚急 大將申崇謙金樂力戰 死之 諸軍破北 王僅以身免"；『高麗史節要』 권1, 太祖 10年 12月, "足 下 勿詳忠告 徒聽流言 百計窺覘 多方侵擾 尙不能見僕馬首 拔僕牛毛 冬初都頭索湘 束手於星山陣下 月內左相金樂曝骸於美利寺前 殺獲居 多 追擒不少 强嬴若此 勝負可知".
29) 『高麗史』 권1, 世家1 太祖 13年 春正月 丙戌, "王自將 軍古昌郡甁山 甄萱軍石山 相去五百步許 遂與戰 至暮萱敗走 獲侍郎金渥 死者八千 餘人".

들의 지휘권 아래 있었다는 사실은 호족연합정권이라는 초기 고려
정권의ˇ 성격과 깊은 관련을 갖고 있다. 다음 자료는 고려의 후삼국
통일에서 호족들의 군사력이 점하는 비중이 실제로 어느 정도였는
지를 짐작하게 해준다.

가) 王이 三軍을 거느리고 天安府에 가서 병력을 합세하여 一
善郡으로 나아가니, 神劍이 무력으로써 이에 대항하였다. 갑
오일에 一利川을 사이에 두고 양군이 진을 쳤다. 왕은 견훤
과 함께 군사를 사열하고 甄萱과 大相 堅權 述布 皇甫金山
元尹 康柔英 등으로 하여금 기병 1만을 거느리게 하며, 支
天軍大將軍 元尹 能達 奇言 韓順明 昕岳 正朝 英直 廣世
등은 보병 1만을 거느리게 하여 좌익을 삼고, 大相 金鐵 洪
儒 朴守卿 連珠 元良 元甫 萱良 등은 기병 1만을 거느리게
하며, 補天軍大將軍 元尹 三順 俊良 正朝 英儒 吉康忠 昕
繼 등은 보병 1만을 거느리게 하여 우익을 삼고, 溟州大匡
王順式 大相 兢俊 王廉 王必 元甫一 등은 기병 2만을 거
느리게 하며, 大相 庾黔弼 元尹 官茂 官憲 등은 黑水 達姑
鐵勒의 정예 기병 9천 5백을 거느리게 하고, 祐天軍大將軍
元甫 助杆 등은 보병 1천을 거느리게 하며, 天武軍大將軍
元尹 宗熙 正朝 見萱 등은 步軍 1천을 거느리게 하고, 杆
天軍大將軍 金克宗 元甫 助杆 등은 보병 1천을 거느리게
하여 중군을 삼았으며, 大將軍大相 公萱 元尹 能弼 將軍
王舍允 등은 기병 3백과 여러 성에서 온 군사 1만 4천을 거
느리게 하여 삼군의 援兵으로 삼았다. 이와 같이 군사를 정
비하여 북을 울리면서 전진하였다. 이 때에 갑자기 칼과 창
모양으로 형상된 흰 구름이 우리 군사 위에서 일어나 적진
쪽으로 향해 갔다.[30]

사료 가)에서 볼 수 있듯이 二軍과 관련을 갖는 것으로 보이는
中軍 3천 명[31]과 蕃兵을 제외한다면 그 밖의 左右綱軍, 馬軍, 諸城
軍은 주로 호족들의 군사력으로 편성된 것으로 짐작된다. 혹 諸城
軍만을 호족들의 私兵이었다고 볼 수도 있겠지만, 그렇게 이해할
경우 諸城軍과 蕃軍을 제외한 4만의 左右綱軍은 고려 태조가 직접
확보한 군사라는 이야기가 된다. 사실 이만한 군사력을 직접 휘하
에 거느릴 수 있었다면 왕권이 고려 초기에 보이는 것처럼 그렇게
약하지는 않았을 것이다.[32] 즉 고려 초기에 왕권이 대단히 미약했
다는 사실은 中軍을 제외한 사료 상에 보이는 대부분의 군사는 호
족들의 직접적인 지휘 아래 놓인 私兵的 軍人이었음을 추측케 하

---

30) 『高麗史』 권2, 世家2 太祖 19年 秋9月, "王率三軍至天安府 合兵進次
一善郡 神劒以兵逆之 甲午隔一利川而陣 王與甄萱觀兵 以萱及大相
堅權述布皇甫金山 元尹康柔英等 領馬軍一萬 支天軍大將軍元尹能達
奇言韓順明昕岳 正朝英直廣世等 領步軍一萬 爲左綱 大相金鐵洪儒
朴守卿元甫連珠元良萱良等 領馬軍一萬 補天軍大將軍元尹三順俊良
正朝英儒吉康忠昕繼等 領步軍一萬爲右綱 溟州大匡王順式 大相兢俊
王廉王又元甫仁一等 領馬軍二萬 大相庾黔弼 元尹官茂官憲等 領黑
水達姑鐵勒諸蕃勁九千五百 祐天軍大將軍元尹貞順正朝哀珍等 領步
軍一千 天武軍大將軍元尹宗熙正朝見萱等 領步軍一千 杆天軍大將軍
金克宗元甫助杆等 領步軍一千 爲中軍 又以大將軍大相公萱 元尹能
弼 將軍王舍允等 領騎兵三百 諸城軍一萬四千七百 爲三軍 援兵 鼓行
而前".

31) 李基白, 1968, 「高麗京軍考」, 『高麗兵制史硏究』, 51쪽.

32) 王規의 모해 음모에 대해 惠宗이 보여준 무기력함은 고려 초의 왕권이
얼마나 허약했는가를 보여주는 대표적인 예다. 『高麗史節要』 권2, 惠
宗 2年, "王規謀立廣州院君 嘗夜伺王睡然遣其黨 潛入臥內 將行大逆
王覺之一擧斃之 令左右曳出 不復問一日 王違豫 在神德殿 崔知夢 又
奏 近將有變 宜以時移御 王潛徒重光殿 規夜使人 穴壁而入 寢已空矣
王知規所爲 而亦不罪之 後規見知夢 拔劍罵之曰 上之移寢 必汝謀也
王自王規謀逆之後 多所疑忌 常以甲士自衛".

는 것이다. 태조의 친위군으로 보이는 中軍 3천이라는 숫자는 왕건
이 고려를 건국할 당시 확보할 수 있었던 친위군 숫자에 비한다면
물론 상당히 늘어난 것이지만, 고려의 군사력이 대부분 호족들의
직접 휘하에 놓여 있던 私兵的 군인으로 이루어져 있었음을 염두
에 두면 역시 대단히 빈약한 숫자다. 따라서 강력한 호족세력의 한
가운데서 고려왕실은 왕권의 유지 및 강화를 위해 보다 많은 친위
군을 확보할 필요성이 요구되었지만, 적어도 태조 때까지는 中軍 3
천에서 더 이상으로 증가는 없었던 것으로 보인다.

절대적으로 국왕의 친위군이 적은 이러한 불리한 상황 아래서도
태조가 왕권을 유지할 수 있었던 것은 역시 자신의 뛰어난 정치적
역량에 힘입은 바 크다고 할 수 있다. 태조는 일찍이 궁예 휘하에
있을 때도 탁월한 군사적 행동과 뛰어난 對人關係로 자신의 정치
적 위치를 확고히 할 수 있었고, 이러한 역량은 고려 건국 후에도
유감없이 발휘되었다. 그는 호족세력에 의한 왕권 도전을 봉쇄하기
위하여 먼저 호족들과 영속적인 결속관계를 이룰 수 있는 정략적인
혼인정책을 적극 추진하고,[33] 아울러 호족들에게 그 지위에 상응한
경제적인 혜택을 부여함으로써[34] 이들과의 밀착을 공고히 하였다.
이러한 태조의 정치적인 수완이 왕권 직속의 강력한 군사력 확보가

---

33) 河炫綱, 1977, 「高麗王朝의 成立과 豪族聯合政權」, 『韓國史』 4, 52~
   55쪽.

34) 『高麗史』 권92, 列傳5 王順式 附 興達, "興達爲甄萱高思葛伊城主 太
   祖徇康州 行過其城 興達遣其子歸款 於是百濟所置 軍吏皆降附 太祖
   嘉之 賜興達靑州祿 子俊達珍州祿 雄達寒水錄 王達長淺祿 又賜田宅
   以賞之"; 『高麗史』 권92, 列傳5 龔直, "龔直燕山昧谷人 自幼勇略 新
   羅末爲本邑將軍 時方亂離 遂事百濟 爲甄萱腹心 以長子直達 次子金
   舒及一女 質于百濟 …… 太祖十五年 直與其子英舒來朝 言曰 臣在樊
   邑 久聞風化 雖無助天之力願竭爲臣之節 太祖喜拜大相 賜白城郡祿".

태부족했던 상황에서도 호족들의 이탈을 방지하여 정권을 유지해 나갈 수 있도록 해 주었다.

이러한 정치적 세력균형에는 태조의 정치적 수완이 큰 역할을 하였고, 그만큼 태조가 부재할 경우 위기에 직면할 수밖에 없는 성격을 띠고 있었다. 태조 사후의 극심한 정치적 불안정과 惠宗, 定宗의 왕위계승, 그 후 일어난 정치적 소용돌이는 이를 여실히 보여준다. 태조의 죽음은 여전히 자신들의 私兵을 소유하며 그 지휘권을 쥐고 있던 호족들로 하여금 왕권으로부터 보다 독립적인 존재로 만들어 주었다. 이에 따라 강력한 호족세력은 왕위계승 및 이후 그로 인해 성립된 정치권력 안에서 보다 강력한 영향력을 미치게 되고, 고려왕권은 매우 열악한 상태에 놓일 수밖에 없게 되었다.

태조를 계승하여 왕위에 오른 것은 태조의 장자인 惠宗이었다. 그가 즉위하는 과정에서 어떤 마찰이 있었는지는 확실하지 않지만,[35] 태조에게 부여되었던 것과 같은 정도의 지지가 그에게 주어지지 않았다는 것만은 분명하다. 비록 혜종이 태조의 장자라고는 해도 母側이 한미한 가문이라서[36] 일단 그의 세력기반이 약했고, 거기에 혜종 자신이 태조와 같은 정치적 경륜을 갖추지 못해 방만한 호족세력을 제어할 만한 능력이 없었다는 사실에 기인한다. 이러한 상황을 염려한 태조가 미리 유력한 호족인 朴述熙에게 惠宗의 후견인이 되어 줄 것을 요청해 두었고[37] 태조 때부터 왕실의 정

---

35) 惠宗代의 불안정한 정치상황에 대해서는 다음 논문 참조. 河炫綱, 1968,「惠宗代의 政變」,『史學硏究』20 ; 河炫綱, 1977,「豪族과 王權」,『韓國史』4 ; 河炫綱, 1988,『韓國中世史硏究』.

36)『高麗史』권92, 列傳5 朴述熙, "朴述熙 槥城郡人 父大丞得宜 …… 惠宗生七歲 太祖欲立之 以其母吳氏側微 恐不得立".

37)『高麗史』권92, 列傳5 朴述熙, "乃以故笥盛柘黃袍賜吳 吳以示述熙 述熙揣知太祖意 請立惠宗爲正胤 正胤卽太子也 太祖臨薨 托以軍國

예 휘하병으로 내려오는 친위군인 왕실 사병이 있었지만, 이것들은 혜종이 안심하고 왕위에 있어도 될 만큼 강력한 지지대는 되지 못했다. 특히 태조가 추진한 혼인정책의 결과 강력한 외척으로 등장한 王規의 왕권 도전은 혜종의 목숨까지 위태롭게 만들었다.[38] 혜종이 항상 측근들만을 가까이한 것은 이 같은 배경에서였다.

이러한 위기상황에 대처할 수 있는 효과적인 방법은 호족 가운데 사태의 추이를 관망하는 자들을 자기 세력으로 포섭하든지, 아니면 그 자신이 실질적으로 동원할 수 있는 왕권 직속의 군사를 충분히 확보하는 길이었을 것이다. 그러나 혜종은 이 중 그 어느 것도 실현할 수 없었다. 강력한 호족인 王規 외에도 이복동생인 堯 · 昭가 강력한 외척 및 호족들의 지지를 기반으로 하여 왕권에 도전하였다.[39] 혜종은 결국 호족들의 통일된 지지도 얻지 못하고, 그렇다고 해서 반대세력을 제거할 만큼 독자적인 군사력도 확보하지 못한 채[40] 王規와 堯 · 昭의 강력한 왕권 도전 앞에서 수세에 몰린 채 병

事曰 卿扶立太子善輔佐 逑熙一如遺命 及惠宗寢疾 逑熙與王規相惡 以兵百餘自隨 定宗疑有異志 流于甲串 規因矯命殺之".

38) 『高麗史節要』권2, 惠宗 2年, "王規謀立廣州院君 嘗夜伺王睡然遣其 黨 潛入臥內 將行大逆 王覺之一擧斃之 令左右曳出 不復問一日 王違 豫 在神德殿 崔知夢 又奏 近將有變 宜以時移御 王潛徒重光殿 規夜 使人 穴壁而入 寢已空矣 王知規所爲 而亦不罪之 後規見知夢 拔劍罵 之曰 上之移寢 必汝謀也 王自王規謀逆之後 多所疑忌 常以甲士自 衛".

39) 堯 · 昭가 왕권을 넘보았다는 것은 王規가 이들의 異心을 惠宗에게 알린 사실에서 알 수 있다. 『高麗史』권2, 世家2 惠宗 2年, "大匡王規 讒 王弟堯及昭 王知其誣 恩遇愈篤" ; 『高麗史節要』권2, 惠宗 2年 秋9月 己酉, "初王知規逆謀 密與西京大匡式廉 謀應變及規將作亂 式廉引兵 入衛 規不敢動 竄規于甲串 遣人斬之 誅其黨三百餘人".

40) 혜종대의 政局의 동향으로 볼 때 혜종보다는 王規와 堯 · 昭가 호족세력의 지지 및 독자적인 군사력 확보에서 우위에 있었다고 보인다.

사하고 만다. 그의 죽음을 둘러싸고는 의문이 남는데, 무엇보다 기록에 따르면 생전의 그는 병사할 만큼 병약하지 않았다.[41] 따라서 그의 석연치 않은 죽음에는 인위적인 요인이 작용한 것으로도 추측되지만, 확단할 수 없다.

어쨌든 혜종 생전에 벌어진 왕위계승을 둘러싼 암투는 결국 王式廉과 堯가 연합하여 왕규를 제거하고 堯가 定宗으로 즉위함으로써 일단락된다. 그러나 정종 역시 즉위 후의 미묘한 정치상황 아래에서 곧바로 병사하고 만다. 정종의 사망은 그의 강력한 후원세력이 되어 주었던 王式廉의 사후에 바로 일어났는데, 이 죽음에도 의문스러운 바가 많다. 실제로 서경세력의 지지에 힘입고 있던 정종은 개경세력을 약화시키기 위해 西京遷都를 시도한 것으로 보이는데, 이 시도에 대해 개경세력이 크게 반발하였고 이것이 정종의 후원자인 왕식렴의 죽음과 함께 정종의 죽음을 불러온 것이 아닌가 추정된다. 즉 왕식렴의 죽음은 곧 정종의 군사적 기반의 상실을 의미하였고, 정종의 죽음은 이 군사적 기반의 상실로 인해 더 이상 정권을 유지할 수 없게 된 한계 상황에서 발생하게 된 것이 아닌가 한다. 이 또한 정종 역시 자신이 친히 동원할 수 있는 강력한 군사력이 없었음을 간접적으로 보여주는 예가 된다.

이렇게 보건대, 惠宗代나 定宗代에도 국왕 친위군은 태조대와 마찬가지로 그리 많지 않은 규모로 유지되었으며, 이러한 규모는 왕권을 강력하게 지켜주기에는 미흡하였을 것이다.

---

41) 『高麗史節要』권2, 惠宗, "及壯 氣度恢弘 智勇絶倫 從太祖征百濟有功";『高麗史節要』권2, 惠宗 2年, "王規 謀立廣州院君 …… 遣其黨潛入臥內 將行大逆 王覺之一擧斃之".

2) 光宗 · 景宗代의 친위군

定宗의 뒤를 이어 즉위한 光宗은 왕조의 측면에서 보면 매우 중요한 존재였다. 그는 정종의 죽음을 수습하고 王位繼承亂으로 빚어진 정국의 혼미를 회복하는 데 많은 노력을 기울였다. 우선 그는 즉위 초에 특히 호족들에 대한 회유정책을 적극 추진하였다.[42] 그에게도 왕권 확립은 반드시 필요한 것이었지만, 현실적으로 왕권이 미약한 상태에서 호족들과 마찰을 일으키는 것은 오히려 왕권을 신장시키는 데 도움이 되지 못한다는 점을 인식한 데서 나온 것이었다. 따라서 일단 호족세력을 무마하여 정국을 안정시키고 이 안정된 기반을 바탕으로 하여 점차적으로 왕권을 신장시킨 후 결정적인 시점에서 호족세력을 제거한다는 계획을 갖고 있었던 것으로 보인다.

광종은 즉위하여 재위 7년 동안은 혼미한 정국을 안정시키는 데 전력을 쏟고, 이 안정된 바탕 위에서 왕권강화를 위한 단계적인 조치들을 취하였다. 광종 7년 이후 奴婢按檢法을 필두로 한 科擧制度, 百官公服制의 실시[43]는 바로 이러한 왕권강화를 위한 구체적인 의지의 표현이었다. 특히 노비안검법을 통해 호족들의 경제적 · 군사적인 토대를 약화시킨 것은 큰 수확이었으며, 과거제도를 통해서 군주에 대한 충성을 최고의 이념으로 하는 유교적 관료를 확보할 수 있게 된 것도 획기적인 일이었다. 태조 이래의 惠宗代나 定

---

42) 『高麗史』 권2, 世家2 光宗 卽位年 秋8月, "命大匡朴守卿等 考定國初有功役者 賜四役者 米二十五碩 三役者二十碩 二役者十五碩 一役者十二碩 以爲例食".

43) 『高麗史節要』 권2, 光宗 7年, "命按檢奴婢 推辨是非"; 『高麗史』 권2, 世家2 光宗 9年 夏5月, "始置 科擧 命翰林學士雙冀 取進士"; 『高麗史』 권2, 世家2 光宗 11年 春3月, "定百官公服".

宗代의 상황과 비교해 보면 이는 비약적인 왕권의 신장이었다. 하지만 광종은 이러한 조치만 갖고는 그가 계획한 궁극적인 왕권 확립이 실현될 수 없다는 점을 잘 알고 있었을 것이다.

즉 그는 혜종·정종대의 정치적 불안정[44]을 통해 태조 이래로 왕권에 늘 위협을 가해 온 호족세력을 척결하지 않고서는 진정한 왕권 확립은 기할 수 없다는 점을 절감하고 있었을 것이다.

단 처음부터 무모하게 호족과 마찰을 일으키는 위험은 피하고 일단 유화조치를 통해 호족들과 공존할 수 있는 기반을 다지고, 점차 왕권이 안정되자 이를 토대로 왕권을 강화하기 위한 제도적 조치를 취했던 것이다. 이 제도적인 조치는 당연히 기존 호족들의 기반을 뒤흔드는 압박이었고, 그에 따라 호족들의 불만은 점차 고조되어 갔다. 이제 호족들과 왕권의 정면대결은 피할 수 없는 일이 되어 갔다.

호족과 왕권의 정면대결은 광종 11년에 본격화되었다. 광종이 호족들의 고조된 불만에 맞서 이들에 대한 대숙청을 단행하기에 이른 것이다. 그런데 이러한 대숙청을 단행하기에 앞서 광종은 우선 호족들이 거느리고 있던 막강한 사병을 제압할 수 있을 만한 무력적인 수단을 마련해 두어야 했을 것이다. 즉위 초에 광종이 친히 움직일 수 있는 친위군이란 태조·혜종·정종대와 별반 다를 것이 없어서 그 수가 그리 많지 않았을 것이기 때문이다. 따라서 광종은 왕권 강화를 위한 제도적 시책을 마련하면서 아울러 장차 호족들과 필연적으로 벌이게 될 극한적인 대립 상황을 타개할 수 있는 독자적인

---

44) 혜종이 朴述熙라는 호족세력에게, 정종이 왕식렴에게 의지한 것은 왕권을 유지하기 위한 일시적인 미봉책이 될 수는 있었어도 궁극적인 왕권 확립에는 도움이 될 수 없었음을 光宗은 이들의 급속한 퇴진을 통해 잘 인식하고 있었을 것이다.

무력기반으로서 侍衛軍을 확충해 나갔을 것이다. 단, 사료에는 시위군의 증가가 호족세력을 숙청한 결과 일어난 것처럼 기술되어 있으나[45] 강력한 시위군의 확보 없이 이루어지는 호족 숙청작업이란 무모한 것이고, 따라서 시위군의 증가는 호족세력의 숙청보다 선행해서 진행된 것으로 봄이 마땅할 것이다.[46] 그리고 호족 숙청작업에 들어가면서 보다 본격적으로 시위군의 증가에 박차를 가하였다. 그 동안 추진된 왕권강화책에 의해 호족세력의 힘이 약화되었다고는 해도 그 때까지 확보한 친위군만 갖고는 대대적인 숙청작업을 감당하기 벅찼기 때문이다.

광종은 즉각적인 시위군 증가 조치에 따라 州縣에까지 시위군을 선발하는 조치를 파급시켜 나갔다.[47] 이것은 광종이 자신의 직접적인 지휘체계 아래 둘 수 있는 친위군의 확보에 얼마나 적극적이었는지를 여실히 보여준다. 이를 통해 정확한 규모는 알 수 없으나 상당한 규모의 친위군이 확보되었을 것이며, 이로써 광종은 호족들의 무력적인 기반을 제압하고 그들을 대대적으로 숙청하는 데 성공을 거두었다. 이는 왕권 강화의 측면에서 매우 획기적인 일이었다.

그런데 호족들에 대한 숙청은 단순히 호족의 제거만을 의미하는 것이 아니었다. 거기에는 호족들이 휘하에 거느리고 있던 강력한

---

45) 『高麗史』 권93, 列傳6 崔承老, "我朝侍衛軍卒 在太祖時 但充宿衛宮城 其數不多 及光宗信讒 誅責將相 自生疑惑增益軍數 簡選州郡有風彩者入侍 皆食內廚 時議以爲 繫而無益".

46) 金塘澤, 1981, 「崔承老의 上書文에서 보이는 光宗代 後生과 景宗 元年 田柴科」, 『高麗光宗研究』, 60쪽.

47) 『高麗史』 권93, 列傳6 崔承老, "增益軍數 簡選州郡有風彩者入侍 皆食內廚 時議以爲 繫而無益". 시위군의 증가 조치는 그 때까지 고려 군사가 대부분 여전히 호족의 私兵으로 존재해 있었음을 짐작하게 해준다.

私兵을 해체시키고, 이들을 왕권의 직접적인 통제 아래 흡수한다는
의미가 포함되어 있었다. 호족세력을 숙청하면서 그들의 중대한 기
반이 되는 사병을 그대로 둔다는 것은 있을 수 없는 일이기 때문이
다. 그런데 광종대의 이 같은 호족 숙청은 그 대상이 아직 중앙귀족
에게만 집중되었던 것으로 보인다. 무엇보다도 당시는 지방호족에
게까지 눈을 돌릴 만한 여유가 없었기 때문이다. 그렇다고는 해도
중앙의 호족세력을 제거한 것만으로도[48] 이제 왕권은 과거의 미약
했던 역대 왕들과는 달리 중앙에서 호족세력을 제압할 수 있을 만
큼 강력해졌다고 할 수 있다.[49] 이를 가능케 한 것은 즉위 이래 광
종이 용의주도하게 확보해 온 시위군과, 아울러 호족세력을 제거하
는 과정에서 점차 왕권의 통제 아래 두게 된 된 종래 호족들의 군
사력이었을 것이다.

　호족세력의 제거를 통해 왕권을 신장시킴으로써 적어도 중앙에
서는 호족에 대해 왕권의 우위를 확보한 상황에서 광종이 죽고, 그
뒤를 이어 景宗이 즉위하였다. 그런데 경종의 즉위와 함께 즉각적
으로 광종이 실시한 호족 숙청으로 인한 공포정치에 대한 반발이
일어났다. 즉 광종대의 호족 숙청에서 일선을 담당했던 세력들이
제거되는 복수전이 벌어진 것이다.

　後生의 제거는 이를 단적으로 보여준다. 景宗이 광종대에 호족
숙청작업을 담당한 자들에 대한 보복을 허락한 것은 경종 자신도
이 숙청작업의 한 피해자였던 데에 기인한 것이 아닌가 한다.[50] 즉

48)『高麗史』권93, 列傳6 崔承老, "及景宗踐祚 舊臣之存者 四十餘人耳".
　　광종의 호족 제거는 중앙에 집중되었지만 그 강도는 대단히 철저한 것
　　이었다.
49) 河炫綱, 1977,「豪族과 王權」,『韓國史』4, 146쪽.
50)『高麗史』권93, 列傳6 崔承老, "況屬光宗末年 世亂讒興 凡繫刑章 多

경종이 태자로 있었을 당시, 광종은 항상 호족들의 반발과 왕권도 전을 의식하고 있었고 나아가 호족들이 태자를 앞세워 자신에게 위해를 가하지 않을까 하는 우려 때문에 태자까지 경계의 대상으로 보았던 것이다. 물론 경종이 복수를 허락했다고 해서 자신의 왕권이 위협을 받을 정도까지는 허용하지 않았을 것이다. 그 또한 호족세력이 다시 왕권을 능가할 정도로 힘을 회복하기를 바라지 않았기 때문이다.

물론 표면상으로는 이 복수전으로 일단 호족 숙청에 앞장섰던 시위군의 숫자가 줄어들고 호족세력이 다시 회생하는 듯했다. 그러나 이 때의 호족세력은 이미 광종대에 회복할 수 없을 정도의 타격을 받은 뒤였고, 더구나 광종대의 제 정책을 통해 강화된 왕권이 호족세력의 회복을 용납하지 않았기 때문에 이전처럼 왕권과 대등하게 경쟁을 할 수 있는 상황이 아니었다. 이런 상황에서 경종은 광종의 공포정치로 경색되었던 政局을 수습하고 이미 세력이 약화된 중앙 호족들을 왕권 아래 재편성하면서 광종이 착수한 왕권강화의 내실을 다져 나갔다.51) 친위군의 숫자도 광종대보다는 줄어들었다고는 해도 여전히 상당수에 이르렀던 것으로 보인다.52)

是非辜 歷世勳臣宿將 皆未免誅 鋤而盤及景宗踐祚 舊臣之存者 四十餘人耳 其時亦有人 遇害衆多 皆是後生讒賊 誠不足惜".

51) 경종 즉위년에 실시한 전시과는 호족을 왕권 아래 再編在시키는 중요한 일면을 지니고 있다.

52) 경종대에 시위군의 숫자가 줄어들었다고는 하나 그렇게 크게 줄어든 것은 아니다. 『高麗史』권93, 列傳6 崔承老, "至景宗朝 雖稍減削 泊于今時 其數尙多".

3) 成宗代의 親衛軍과 二軍의 성립

景宗의 뒤를 이은 成宗은 명실공히 고려왕조를 안정된 반석 위에 올려놓은 군주였다. 그는 광종대 이래 추진되어 온 왕권강화책을 적극 계승하여 중앙으로만 한정되었던 호족에 대한 왕권의 우위를 지방으로까지 확대시키고자 하였다. 우선 성종 즉위 2년에 이제까지 독립적인 행정조직을 가지고 있던 지방호족의 독자성을 격감시키는 조치로서 鄕職改編을 단행하였다.53) 지방호족의 독립성을 축소시키고 이들을 집권체제 속에서 파악할 수 있게 되었음을 의미하는 이 향직개편은 지방호족의 사병이 이미 중앙정부에 예속되어 있다는 전제 없이는 불가능한 조치다.54)

예컨대 지방호족이 중앙과는 독립된 독자적인 행정조직을 갖고 있다는 것은 이들이 그러한 행정조직을 뒷받침할 수 있는 경제적·군사적 역량을 갖고 있었음을 뜻한다. 그런데 이러한 독립적인 행정조직을 격하시켰다는 것은 성종이 지방호족들의 경제력·군사력을 제압할 만한 힘을 갖고 있었음을 뜻하는 것이다. 이러한 힘은 경종대에 비록 그 수가 줄어들었다고는 하나 여전히 상당수에 달했던 시위군과, 호족의 휘하에 있다가 호족세력의 제거와 함께 광종대

---

53) 『高麗史』권75, 志29 選擧3 銓注 鄕職 成宗 2年, "改州府郡縣吏職 以兵部爲司兵 倉部爲司倉 堂大等爲戶長 大等爲副戶長 郞中爲戶正 員外郞爲副戶正 執事爲史 兵部卿爲兵正 筵上爲副兵正 維乃爲兵史 倉部卿爲倉正".

54) 후카야(深谷)는 이 향직 개편이 호족들의 토지를 빼앗고 그 위에서 전개되었을 것으로 보는데, 일견 타당한 의견으로 생각된다. 즉 군사적 기반의 제거와 경제적인 압박을 통해 지방호족의 세력기반을 약화시킴으로써 이들을 왕권 아래 복속시킬 수 있었던 것으로 생각된다(深谷敏鐵, 1964, 「高麗初期の鄕吏について」, 『鈴木俊敎授還曆記念東洋史論叢』).

이후 왕권에 직속하게 된 군사력으로부터 나왔을 것이다. 성종이 지방호족을 중앙권력 아래 두고자 한 이 시도는 상당한 진척이 있었다. 성종 6년조의 "州郡의 兵器를 農器로 만들었다"[55]라는 기사는 이를 간접적으로 확인시켜 주는 것으로, 지방호족의 武裝解除를 뜻하는 것으로 보인다.

물론 고려 말에 이르기까지도 지방관이 파견되지 않은 곳이 지방관이 파견된 곳보다 많았다는 사실[56]로 미루어 볼 때, 성종 당시에 이루어진 중앙권력의 지방 침투는 완벽하거나 철저한 것은 아니었을 것이었다. 그러나 불완전하게나마 각지에 지방관을 파견함으로써[57] 중앙권력이 일정하게 지방에까지 힘을 미치기 시작했다는 것은 커다란 진전이 아닐 수 없었다.

한편 본격적으로 지방에 중앙관을 파견하고 점차 지방호족의 독자적인 사병을 중앙정부의 영향 아래 두게 되면서 성종 7년에 이르면 親衛軍에 관한 한 새로운 정비의 필요성이 대두하였다. 이보다 앞서 성종 3년에 軍人服色에 대한 규정[58]이 마련된 바 있는데, 이는 친위군에 대한 체계적인 조치[59]라고 보기는 어려울 것으로 생각

---

55) 『高麗史』 권79, 志33 食貨2 農桑, "收州郡兵器 爲農器". 무기로 농기를 만들었다는 것은 지방호족의 군사를 국가가 관장할 수 있게 되었음을 의미한다고 생각된다.

56) 『高麗史』 地理志를 보면, 지방관이 직접 파견되지 않은 屬郡·屬縣의 수가 360여 곳에 달하고 있어 지방관이 배치되지 못한 곳이 많았음을 알 수 있다.

57) 『高麗史節要』 권2, 成宗 2年, "始置十二牧 罷今有租藏 今有租藏者 並外邑使者之號";『高麗史』 권77, 志31 百官2 外職, "今有租藏 並外邑使者之號 國初有之 成宗二年罷".

58) 『高麗史』 권3, 世家3 成宗 3年, "是歲 始定軍人服色".

59) 李基白은 軍人服色의 제정을 임무의 분담을 명시하는 것으로서 장차 있을 부대 편성을 위한 기초공작으로 보았다(李基白, 1968,「高麗京軍

된다. 예컨대 성종 3년 당시 고려의 군인은 본래부터 왕실에 직속
되어 있던 시위군과, 종래 호족들의 영향 하에 있다가 새로 국가권
력의 통제 아래 편입된 사병이 公的 軍士로 새로 편성되는 변화를
본격적으로 겪게 되면서 이 둘을 구별하고 임무를 분담하기 위해
이 같은 服色 구별조치가 나온 것으로 보인다. 따라서 服色 구별조
치는 예비적인 조치였으며, 보다 구체적인 친위군에 대한 제도적인
정비는 지방호족의 사병들까지 일정하게 왕조권력 아래로 편입되
는 성종 7년에 이루어진 것으로 생각된다. 성종은 그 일환으로서
바로 이 해에 왕의 친위군을 二軍이라는 제도로 확립을 꾀하였다.

　나) 우리나라의 侍衛軍卒은 태조대에는 다만 궁성을 宿衛하였으
　　므로 그 수가 많지 않았습니다. 光宗이 참언을 믿고, 將相을
　　죽이고, 스스로 의혹이 생겨 군졸의 수를 늘리고, 州郡에서
　　風采 있는 자를 뽑아서 入侍케 하고, 모두 內廚에서 먹게
　　하니 시론이 '번거롭고 무익한 일'이라고 하였습니다. 景宗
　　朝에 이르러 비록 다소 감하고 덜하였으나 지금에 이르기까
　　지 그 수가 아직 많습니다. 엎드려 바라건대 태조의 법을
　　좇아 다만 날래고 용맹스러운 자만을 남겨 두고 나머지는
　　다 돌려보내면, 사람이 원망하지 않을 것이며 나라에는 축적
　　이 있을 것입니다.60)

考」,『高麗兵制史研究』, 64쪽). 이 견해는 물론 타당하지만 군인복색의
　규정은 호족들의 예하에서 왕권 아래로 들어온 군사와 왕실 본래의 군
　사를 구별하기 위한 것으로도 판단된다.
60)『高麗史』권93, 列傳6 崔承老, "我朝侍衛軍卒 在太祖時 但充宿衛宮
　城 其數不多 及光宗信讒 誅責將相 自生疑惑增益軍數 簡選州郡有風
　彩者入侍 皆食內廚 時議以爲 繁而無益 至景宗朝 雖稍減削 泊于今時
　其數尙多 伏望遵太祖之法 但留驍勇者 餘悉罷遣 則人無嗟怨國有儲
　積".

다) 이 해 정월에 송나라 황제가 친히 籍田을 갈고 大赦領을 내렸으며 연호를 端拱으로 개정하고 백관들에게 다 은혜를 베푼 다음 呂端 등을 보내어 왕을 책봉하고 또 大赦의 뜻을 권유하였다. 왕은 책봉을 받은 후에 絞刑 이하 죄수들을 석방하고 문관으로 벼슬하여 오래된 자는 예복을 개정하게 하고 武官으로 늙어서 자손이 없는 자와 癸卯年부터 軍籍에 등록된 자는 다 자기 고향으로 돌아가게 하고 양반 관리들에게는 다 은혜를 더 베풀어 주었다.[61]

사료 나)는 崔承老가 성종 즉위년에 時務策을 상주하면서 시위군 가운데 驍勇한 자만 남기고 나머지는 돌려보낼 것을 건의한 것이고, 사료 다)는 성종 7년 軍籍者의 鄕里放還에 대한 것이다. 최승로의 시무책 건의와 軍籍者의 鄕吏放還 조치 사이에는 7년이라는 시간차가 나므로 양자 간에는 아무 관계도 없는 것처럼 보일 수도 있다. 그러나 최승로가 성종에게 시무책으로 건의한 제반 사항들이 성종에 의해 받아들여져 점차적으로 정책으로 실행되었다는 점을 미루어 짐작하건대,[62] 성종 7년의 이 군적자의 향리 방환 조치는 바로 최승로의 시위군 축소 건의를 받아들여 구체적인 정책으로 나타난 것으로 여겨진다. 성종이 최승로의 시위군 축소 건의를 상당한 시간 후에 수용하게 된 것은, 최승로의 건의가 있을 당시에는 아직 시위군을 바탕으로 해서 추진해야 할 일들, 즉 지방호족의

---

61) 『高麗史』 권3, 世家3 成宗 7年 10月, "是年正月 宋帝親耕籍田 大赦 改元端拱 百官內外並加恩 遂遣端等來冊王 仍諭赦旨 王旣受冊 赦絞罪以下 文班從仕年深者改服 武班年老無子孫 自癸卯年錄軍籍者 皆放還鄕里 兩班並加恩".

62) 金哲埈, 1965, 「崔承老의 時務二十八條에 對하여」, 『曉城趙明基博士華甲紀念佛敎史學論叢』.

복속 등이 제대로 이루어지지 않았기 때문으로 보인다. 그리고 이 일이 어느 정도 성과를 거두게 되면서 그의 건의를 수용하였을 것이다.

이렇게 본다면 성종 7년에 이루어진 군적자의 향리 방환 조치는 바로 시위군의 향리 방환 조치를 뜻하며, 따라서 성종 7년조에 나오는 軍籍者란 곧 侍衛軍임을 알 수 있다.

여기에서 주목해야 할 중대한 사실은 군적에 등재된 자가 바로 軍班氏族이라는 점이다.[63] 그렇게 되면 시위군은 곧 군반씨족이라는 새로운 사실이 밝혀진다. 시위군이 군반씨족이라는 사실은, 시위군이 곧 친위군이었다는 점을 염두에 두면[64] 친위군이 군반씨족이었음을 말한다. 여기에 二軍이 친위군이라는 사실을 고려하면,[65] 친위군인 2군이 군반씨족이라는 매우 고무적인 등식관계가 성립하게 된다. 이를 토대로 하여 다음과 같은 가정을 해 볼 수 있다.

성종 7년 군적자의 방환은 곧 시위군의 방환, 군반씨족의 방환이고, 2군은 군반씨족이다. 여기에서의 군적자의 방환이란 곧 군적자의 정리를 통한 정예화를 의미하며, 이로써 군반씨족이 정예화되어 2군이라는 제도로 성립하게 된 것이다.

요컨대 성종은 호족들의 휘하에 있던 사병들을 거의 왕권 아래 예속시키게 되면서 태조 이래로 왕권유지의 차원에서 계속 증가시

63) 李基白, 1960, 「高麗軍人考」, 『高麗兵制史硏究』, 106～107쪽.
64) 시위군을 친위군과 동일시할 수 있느냐에 대해서는 의문이 생길 수도 있으나, 광종이 기존의 군인 외에 새로운 군인의 증가를 통해 호족 숙청 후 있을지 모르는 호족의 반발에 대처한 점에서 이 때 증액된 군사는 친위군인 것이 확실하다.
65) 二軍이 국왕의 친위군이라는 것은 二軍이 近仗이란 사실에서 알 수 있다. 『高麗史』 권81, 志35 兵1 兵制 靖宗 11年 5月, "國家之制 近仗及諸衛".

켜 온 군반씨족66)은 더 이상 확보할 필요가 없어지게 되었다. 대신 이들 모두를 특별한 경제적 대우를 주는 군반씨족으로 남겨 두기보다는 그 수를 줄임과 동시에 정예화하고, 아울러 국가의 재정부담도 줄이고자 하였다.67)

즉 성종은 그 때까지 미루어 왔던 최승로의 시위군 축소 건의를 받아들여 군반씨족에 대한 대폭적인 정리를 단행하고, 이렇게 해서 정리된 군반씨족이 二軍이라는 제도로 성립하게 된 것이다.

二軍의 성립에 대하여 일찍이 李基白은 六衛의 설치와 관련하여 2군도 6위와 함께 穆宗代에 설치되었다고 주장하였으나68) 6위의 설치시기를 穆宗 5년이 아니라 성종 14년으로 수정하는 과정에서 2군에 대해서도 기존의 목종대 설치설을 버리고 제반 여건과 관련하여 그 설치시기를 顯宗代로 정정한 바 있다.69)

2군과 6위의 설치시기를 추론할 수 있는 사료로는 다음과 같은 것이 있다.

라) 六衛 軍營을 만들어 직원 장수를 두고, 군사로 하여금 잡역을 덜게 하였다.70)

---

66) 군반씨족은 신라 하대 귀족들의 私兵에서 비롯되었다고 보고 있다(李基白, 1978, 「韓國의 傳統社會와 兵制」,『韓國史學의 方向』; 1957, 「新羅私兵考」,『歷史學報』9/1974,『新羅政治社會史硏究』). 필자는 京軍 二軍六衛를 모두 군반씨족으로 보는 李基白과는 다소 견해를 달리하고 있다.

67)『高麗史』권93, 列傳6 崔承老, "我朝侍衛軍卒 …… 伏望遵太祖之法 但留驍勇者 餘悉罷遣 則人無嗟怨國有儲積".

68) 李基白, 1968, 「高麗京軍考」,『高麗兵制史硏究』, 68쪽.

69) 李基白, 1968, 「高麗 二軍·六衛의 形成過程에 대한 再考」,『高麗兵制史硏究』, 79~80쪽.

70)『高麗史』권81, 志35 兵1 兵制 五軍 穆宗 5年 5月, "作六衛軍營 備置

　마) 穆宗 때 六衛 외에 鷹揚 龍虎 二軍을 더하여 두었다.71)

　군반씨족제설이 穆宗代에 6위와 2군이 처음 설치되었다고 주장
한 것은 사료 라)와 마)의 기사를 믿었기 때문이다. 그러나 6위에
대한 기록이 최소한 목종 원년에 나오게 되면서72) 6위의 설치시기
는 성종 14년으로 수정되었다.73)
　이어서 사료 마)의 磻溪의 설은 본래 추측에 지나지 않는 것이므
로 6위가 성종조에 형성된 것이라면 兵制의 정비를 반드시 목종조
와 관련시킬 필요는 없다고 보고 2군이 목종대에 설치되었다는 견
해를 철회하였다. 그 대신 顯宗 8년과 10년에 각각 이와 관련하여
주목되는 기사가 나오므로 2군의 설치시기를 顯宗代로 수정하였다.
즉 현종 즉위 초에 있었던 거란의 침입과 현종 5년 上將軍 金訓·
崔質 등의 난74)으로 큰 고통을 받은 현종이 6위 외에 宮中侍衛를
전담하고 6위를 통제할 수 있는 특수부대를 필요로 했을 것이라는
점, 현종 6년 宋의 사신으로 갔던 郭元이 禁軍을 견문하고 귀국한
다음 해인 현종 8년에 龍虎軍,75) 10년에 鷹揚軍76)이 등장한다는
점에 근거하여 이 같은 설을 주장한 것이다. 만약 이러한 견해가 타

　職員將帥 令其軍士 蠲除雜役".
71)『磻溪隧錄』권15, 兵制攷說, "穆宗時 於六衛之外 加置鷹揚龍虎二軍".
72)『高麗史』권78, 志32 食貨1 田柴科 穆宗 元年 12月, "改定文武兩班及
　　軍人田柴科".
73) 李基白, 1968,「高麗京軍考」,『高麗兵制史硏究』, 79쪽.
74)『高麗史』권4, 世家4 顯宗1 5年 11月 癸未, "上將軍金訓崔質等 率諸
　　衛軍作亂 流中樞院使張延祐日直皇甫兪義".
75)『高麗史』권4, 世家4 顯宗1 8年 11月 丙申, "以李元爲龍虎上將軍兼戶
　　部尙書".
76)『高麗史』권4, 世家4 顯宗1 10年 2月 甲子, "以異膺甫 爲右僕射 姜民
　　瞻爲鷹揚上將軍".

당하다면, 2군이 성립될 때까지 왕의 친위는 6위가 맡았다는 이야기가 된다. 그렇다면 현종조 이전에 친위를 담당한 군인은 당연히 6위와 연결되어야 할 것이다.

그러나 앞서 살펴본 바와 같이 국왕의 친위군은 6위와는 관련이 없고 2군과 연결된다. 이는 6위가 현종조 이전에 친위를 담당한 군인이 아니었음을 증거해 주는 것으로, 현종조 이전에 6위에 의해 친위가 이루어졌다는 가정에 문제가 있음을 알 수 있다. 그러므로 친위를 전담한 군인이 현종조에 들어 비로소 만들어진다는 견해는, 6위와는 다른 친위 전담군의 존재가 이미 국초부터 보이고 있고 그것이 성종조에 2군이라는 제도로써 확립되었다는 관점에서 재고할 필요가 있다.[77]

4. 軍班氏族과 親衛軍

1) 親衛軍과 軍班氏族과의 관계

고려 전기의 상층군인 가운데 二軍은 대표적인 상층군인으로서 고려 전기의 軍制 안에서 가장 큰 비중을 차지한다. 그들은 피지배 농민층으로 구성되는 중앙 6위의 保勝, 精勇과 州縣軍의 保勝, 精

---

77)『高麗史』권77, 志31 百官2 西班 穆宗 5年, "備置六衛職員 後置鷹揚龍虎二軍 在六衛之上";『磻溪隧錄』권23, 兵制考說, "穆宗時 於六衛之外 加置鷹揚龍虎二軍". 위의 사료대로라면 2군은 6위가 설치된 후에 설치되었다. 그러나 목종 5년 기록에 6위가 목종 5년 이전에 이미 설치되었다는 사실을 보여주는 기사가 있으므로 이는 신빙성이 적으며,『반계수록』의 기록은 군반씨족제설 주창자도 밝혔듯이 막연한 추측에 불과하다. 따라서 위의 두 자료는 2군이 성종 7년에 설치된다는 견해에 별다른 문제를 초래한다고 생각되지 않는다.

勇, 一品軍, 村留 二·三品軍 및 州鎭에 배치된 州鎭軍과는 사회
적 신분은 물론 경제적 위치를 현격히 달리하였다.

고려의 상층군인으로서의 2군이 고려 京軍의 주요 구성원으로서
농민으로 구성되는 6위 내의 保勝·精勇 등과 뚜렷하게 구별되는
것은 2군이 군반씨족으로 구성되어 있었다는 데서 기인한다.

이 점에 관해서 과거 군반씨족제설에서는 2군만이 아니라 고려
의 京軍 2군 6위 4만 5천 명 모두가 군반씨족으로 구성되어 있었다
고 보지만,[78] 고려 군인의 형성 과정을 고려 초의 정치상황과 연계
해서 고찰해 볼 때 이 견해에는 수긍하기 어려운 점들이 발견된다.

먼저 京軍 모두를 전시과의 지급대상인 군반씨족의 군인이라 볼
때 제기될 수 있는 가장 큰 문제는, 과연 이들에게 지급할 수 있는
田柴科 軍人田을 마련할 수 있었는가 하는 점이다.

軍人에 대한 전시과 지급 규정이 분명하게 보이는 穆宗代 改定
田柴科에 의하면, 馬軍은 17科로 23결, 步軍은 18科로 20結을 지급
받도록 되어 있다.[79] 文宗代 更定田柴科에서는 馬軍이 15科로 25
結, 役 步軍이 16科로 22結, 監門軍이 17科로 20結을 그 受田額數
로 명시하고 있다.[80] 문종대의 이 更定田柴科를 기준으로 해서 보
면 경군에게 주어야 할 전시과의 액수는 최소 90만 결에 달한다. 이

---

78) 李基白, 1968,「高麗京軍考」,『高麗兵制史研究』, 51쪽 ; 1968,「高麗 軍
人考」,『高麗兵制史研究』, 85쪽. 군반씨족제설에서 말하는 군반씨족은
일종의 하급지배층으로서 피지배층과 구별되는 존재다. 고려 군인이
피지배층인 군인과 상층군인으로 구성되어 있었다는 것은 틀림없는 사
실이지만, 이들 군반씨족이 경군 전부를 구성했다는 견해에 대해서는
필자는 의견을 달리한다.

79)『高麗史』권78, 志32 食貨1 田柴科 穆宗 元年 12月, "改定文武兩班及
軍人田柴科".

80)『高麗史』권78, 志32 食貨1 田柴科 文宗 30年, "更定兩班田柴科".

는 監門軍을 경군 가운데 가장 지위가 낮은 군인으로 간주하고 이들이 받는 20결을 기준으로 해서 경군 4만 5천 명에게 부여되는 액수다. 따라서 이는 최소한의 필요 액수고, 만약 문종 전시과에 나타나는 군인에 대한 전시과 지급액수를 평균 22결로 볼 경우 99만 결이 필요하다는 계산이 나오게 된다.[81]

고려 초기의 전국 田結數는 100만 결 내외로 추산되고 있는데[82] 이것이 비록 정확한 숫자는 아니라고 해도 전시과 군인전이 고려 전체의 전결수와 맞먹는다는 것은 전시과 군인전을 규정 액수대로 지급하는 것이 도저히 불가능한 것임을 보여준다.[83] 물론 이러한 모순에 대해, 군인전의 지급은 규정은 있으되 애당초 실시할 의사가 없었든지 그렇지 않으면 단지 지급할 수 있는 최고액수를 규정한 것이라고 해명하면서 군인전 지급에 대한 국가의 무성의가 결국 군반계층의 몰락을 가져왔다고 설명하고 있다.[84] 국가의 전시과 군인전 규정 내용이 현실적으로 국가의 전체 경제 규모 안에서 실현 불가능하다고 해서 전시과의 규정을 자의적으로 해석하여 전시과 군인전 지급에 관한 국가의 의지를 의심한다거나 그 내용을 지급할

---

81) 李基白, 1968, 「高麗軍役考」, 『高麗兵制史研究』, 157쪽.

82) 姜晋哲, 1963, 「高麗 初期의 軍人田」, 『淑明女子大學校論文集』 3, 155쪽.

83) 고려 말기의 전결수와 관련하여 공양왕 원년 12월 趙浚의 상소에는 六道 관찰사가 보고한 墾田數가 50만 결로 나타나며, 공양왕 3년 5월 都評議使司 上書에는 荒遠田을 포함해서 80만 결로 기록되어 있다. 『高麗史』 권78, 志32 食貨1 田制 恭讓王 元年 12月, "今六道觀察使 所報 墾田之數 不滿五十萬結矣" ; 『高麗史』 권78, 志32 食貨1 田制 恭讓王 3年 5月, "其京畿六道之田 一皆踏驗打量 得京畿實田十三萬一千六百五十結 荒遠田八千三百八十七結 六道實田四十九萬一千三百四十二結 荒遠田十六萬六千六百四十三結".

84) 李基白, 1968, 「高麗軍役考」, 『高麗兵制史研究』, 158~159쪽.

수 있는 최고액을 규정한 데 불과하다는 식의 이러한 해석에는 동
의하기 어렵다.[85)

전시과 군인전을 규정대로 지급할 경우 군인전의 확보가 불가능
하다는 점이 명백하다면, 군반씨족설에서 해석하는 방식이 아니라
오히려 사고를 전환해서 전시과의 군인전 지급대상자가 과연 京軍
모두인가를 검토해 보는 것이 적절한 순서일 것이다.[86)

군반씨족제설의 경우, 京軍 모두를 군반씨족으로 보는데다 경군
가운데 가장 저급한 위치에 있었다고 판단한 감문군마저 문종대 경
정전시과에서 20결의 전시과를 받는 것으로 되어 있으므로 4만 5천
명의 경군 가운데 전시과를 받지 못하는 군인이 존재한다고는 생각
할 수 없을 것이다. 이 점이 전시과 군인전을 지급받을 수 있는 군
인에 대한 재검토와 이를 통해 이루어질 수 있는 고려 군인의 성격
에 대한 연구의 진전을 저해한 것이 아닌가 한다.

고려 태조대의 中央軍을 살펴보면, 중앙군의 구성 안에는 각기
다른 성격의 군인이 발견된다. 그런데 군반씨족제설에서는 태조대

---

85) 이 점에 대해 吳英善도 필자와 의견을 같이하고 있다(吳英善, 1991,
「高麗前期 軍人層의 二元的 構成에 관한 硏究」, 서울대학교 석사학위
논문, 6·37쪽).

86) 拙稿, 1990, 「高麗 二軍六衛制의 性格」, 『韓國史硏究』 68, 33~36쪽.
전시과 군인전의 지급과 관련하여, 전시과 군인전의 마련이 어려웠을
것이라는 견해는 고려의 兵制를 부병제설에 입각하여 설명한 姜晉哲
에서도 마찬가지로 나타난다. 다만 강진철의 경우, 고려 軍額의 평상시
규모를 3만, 이들에 대한 전시과 군인전의 지급 규모를 평균 17결로 잡
고 총 50여만 결로 봄으로써 이기백이 산정한 규모보다 적게 보고 있
다. 그러나 이 50여만 결의 군인전 확보 문제를 해결하지 못하였고 따
라서 전시과 군인전은 지급 가능한 최고 상한액을 규정한 데 불과하다
고 본 점에서 이기백과 동일한 결론에 이르고 있다(姜晉哲, 1980, 『高
麗土地制度史硏究』, 112쪽).

의 중앙군을 모두 군반씨족이라는 하나의 범주 안에서 파악하였기 때문에[87] 이후 고려의 京軍을 모두 군반씨족이라고 보는 관점에서 벗어날 수 없었다. 즉 고려 초의 군인 구성에서 그 일부분을 차지했던 군반씨족을 고려 京軍 전체의 성격으로 파악하고, 이러한 견해에 입각하여 京軍에 관한 모든 논의를 진행시킴으로써 고려 경군에 대한 이해는 물론 고려 군인 전체에 대하여 상당한 오해를 초래하였다. 위의 설은 고려의 경군 모두를 군반씨족으로 보고 따라서 이들 모두가 전시과 군인전의 지급 대상자라고 보았던 데에 중대한 문제점이 잠복해 있었던 것이다.

고려 경군 모두가 군반씨족이 아니었다는 것은 다음과 같은 면에서도 확인된다. 군반씨족제설에 따르면, 고려 태조대에 편성된 중앙군은 모두 군반씨족으로서 軍籍에 오른 것은 물론 일반 농민과는 구별되는 특수한 존재로 발전되어 갔다.[88] 이들의 규모와 그 편성은 후백제 神劍 공격 때 보이는 支天軍 1만, 馬軍 1만(이상 左綱), 補天軍 1만, 馬軍 1만(이상 右綱), 祐天軍, 天武軍, 杆天軍 각 1천 (이상 中軍)이라는 기록을 통해 살필 수 있으며, 특히 左綱과 右綱은 이후 고려 二軍六衛 가운데 6위 42領의 모체가 되고 中軍 3천은 二軍三領의 형성과 관계가 있다는 견해를 제시하고 있다.[89] 이 견해를 검토해 보기 전에 전에 먼저 잠깐 언급하고 넘어갈 부분이 있다.

우선 태조 19년 후백제를 치기 위하여 소위 一利川 전투 때 동원된 고려 군사의 규모는 史書에 따라 얼마간 차이를 보인다. 『三國史記』에는 107,500명,[90] 『高麗史』와 『高麗史節要』에는 87,500명으

---

87) 李基白, 1968, 「高麗京軍考」, 『高麗兵制史研究』, 46~48쪽.
88) 李基白, 1968, 「高麗京軍考」, 『高麗兵制史研究』, 49쪽.
89) 李基白, 1968, 「高麗京軍考」 『高麗兵制史研究』, 51쪽.

로 기록되어 있다.[91] 이들 사서에 나오는 병력에는 6월에 태자 武와 逃希가 거느리고 떠난 군사 1만도 포함되어 있었다고 볼 수 있다.[92] 『三國遺事』의 경우, 일리천 전투에 동원된 군사의 규모는 정확히 기록되어 있지 않지만 6월에 태자 武와 逃希가 10만 군사를 거느리고 출발하고,[93] 9월에는 태조 스스로 三軍을 거느리고 天安에 이르러 군사를 합하여 일선으로 나간 것으로 되어 있어,[94] 대체로 10만 내외의 군사가 동원되었음을 알 수 있다.

후백제 神劒 공격 때 동원된 고려 군사에 대해 개경에서의 출발날짜, 일리천 도착날짜로 미루어 보건대 『高麗史』의 기록은 믿을 수 없다는 가정 아래 행군로·행군거리·행군속도·행군대열의 길이 등을 고려하여 순수한 태조의 군사는 줄잡아 1만 5천을 넘을 수 없으며 이 정도 규모가 여러 형편상 적절한 것이라는 의견이 제시되기도 하였다.[95] 신검 공격 때 동원된 태조군의 규모를 신빙할 수 없다고 본 근거는 여러 가지나, 그 중에서도 특히 그만한 대규모 병력이 그렇게 짧은 시간 안에는 이동할 수 없다는 점을 주요 근거로 들고 있다. 그러나 『三國史記』·『高麗史』·『三國遺事』에는 태조가 9월에 거느리고 내려간 군사를 三軍이라고만 하고 그 규모에 대

---

90) 『三國史記』 권50, 列傳10.

91) 『高麗史』 권2, 世家2 太祖2 ; 『高麗史節要』 太祖 19年 丙申.

92) 『三國史記』 卷50, 列傳10, "先遣太子武逃希領步騎一萬趣天安府" ; 『高麗史』 권2, 世家2 太祖2, "先遣正胤武逃希領步騎一萬趣天安府" ; 『高麗史節要』 太祖 19年 丙申 夏6月, "於是先遣正胤武將軍逃熙領步騎一萬趣天安府".

93) 『三國遺事』 권2, 後百濟 甄萱, "先遣太子武及將軍逃希領步騎十萬趣天安府".

94) 『三國遺事』 권2, 後百濟 甄萱.

95) 鄭景鉉, 1990, 「高麗 太祖의 一利川 戰役」, 『韓國史研究』 68.

해서는 정확한 언급이 없다. 따라서 三軍의 실체를 『高麗史』의 일리천 전투 관련 기사에서 보이는 左綱·右綱·中軍이라고 단정할 수는 없다. 그렇게 보면 태조가 개경에서 이끌고 내려간 병력 규모가 구체적으로 어느 정도인지는 알 수 없고, 그런 의미에서 어떤 자료 하나에만 의거하여 후백제 신검 공격 때의 고려군의 규모를 판단하는 일은 신중을 기해야 할 것이다.

단지 억단을 가해 본다면 『高麗史』·『三國史記』·『三國遺事』의 세 기록에 보이는 신검 공격 때의 병력 규모는 대체적으로 10만 내외로서 일치하므로, 이 숫자는 사실로 보아도 되지 않을까 한다. 단이 때 문제가 되는 것은 이만한 대규모 병력을 이동시킨 시간적 여유다. 이에 관해서는 『高麗史』 기록이 현실적으로 도저히 불가능한 것이라면, 『三國遺事』의 6월 출발 기록을 적극 수용할 수도 있을 것이다. 그럴 경우 이동 시간이 충분해지므로 이동 시간을 문제 삼아 신검 공격 때 동원된 병력 규모는 의심할 수 없게 된다.

한편 『高麗史』나 『三國史記』·『三國遺事』에 태조가 개경에서 9월에 직접 이끌고 떠났다는 三軍의 의미에 대해서도 재음미해 볼 필요가 있다. 즉 『高麗史』와 『三國史記』는 물론 『三國遺事』에서도 태조가 三軍을 이끌고 9월에 내려간 것으로 되어 있는데, 『三國遺事』에 따르면 이미 6월에 고려의 대부분의 병력이 태자 武와 述希의 지휘 하에 이동된 것으로 되어 있다. 이 기사들을 아울러 생각해 보면, 태조가 9월에 이끌고 내려갔다는 三軍은 인원이 많지 않았음을 알 수 있다. 게다가 三軍이라는 존재가 본래 諸侯의 전쟁시 군대 편성 격식이라는 점을 감안한다면, 태조가 정식으로 신검을 치기 위하여 군사를 발할 때 그 편성 형태로서 三軍이라는 형태를 취한 것은 당연한 조치였다고 볼 수 있다. 즉 태조가 신검을 공격하기 위하여 직접 전투에 나섰을 때 군대의 형태는 三軍이었고, 이 三軍

體制 안에는 태조와 함께 출발한 군사는 물론 태조보다 앞서 전장에 배치되었던 군사도 편제되어 있었다고 보아야 할 것이다. 따라서 태조가 三軍을 거느리고 떠났다는 기사는, 모든 병력이 삼군체제로 편성되어 일시에 떠났다는 의미로만 볼 수 없다. 즉 삼군에 편성되어 있던 대부분의 군사는 미리 떠나고, 태조는 자신과 함께 출발하기 위해 남아 있던 일부 군사를 거느리고 9월에 출발한 것이라고 볼 수 있다.

혹 이 같은 견해에 동조하지 않는다 해도, 이동 시점에 보이는 약간의 차별성을 제외한다면 병력 규모에 대해서는 모든 사서가 거의 일치하고 있으므로 병력 규모를 의심하기보다는 9월 甲午까지 이들 병력이 어떻게 일리천으로 이동할 수 있었는지 그 방법을 찾아보는 쪽이 보다 적절할 것이다.

한편 일리천·신검 공격 때 고려군의 규모가 2만을 넘기 어려웠다고 보는 근거로서, 이전의 고려와 후백제 간의 전투 규모가 최대 1만 명을 넘어선 것이 없고, 고려의 재정 규모로 보더라도 그만한 수의 중앙군을 유지할 수 없었다는 점을 들고 있다. 그러나 일리천 전투가 후삼국 통일로 가는 마지막 전투였음을 고려하면 역대 전투의 병력 규모가 절대기준은 될 수 없다고 하겠다. 재정상의 문제도, 일리천 전투에 동원된 군사는 대부분 태조에 협력한 호족들의 사병 연합으로 보이므로 그 숫자가 반드시 고려의 재정 규모와 직결된다고는 볼 수 없다.

어쨌든 군반씨족제설에서는 위 일리천 전투 때 등장하는 좌강·우강이 고려의 6위 42령의 모체가 되었고 중군 3천은 2군의 형성과 관계가 깊다고 지적하는데, 이는 후백제 정벌 때 동원된 좌·우강과 중군의 성원이 후일 6위의 4만 2천과 3군의 3천이라는 규모와 비슷하고, 좌강과 우강 등이 左衛 및 右衛와 연결될 가능성이 있다고 본 데서 나온 것이다.

여기에서 문제가 되는 것은 후백제 공격 때 동원된 군사 가운데 4만 3천 명의 병사를 태조 휘하에 직속된 군반씨족으로 본 데 있다. 이기백은 이들이 군적에 오른 태조의 직속 휘하군이었다고 인정하는 것으로 보이는데, 이 점은 溟州大匡 王順式의 군대, 黑水·達姑·鐵勒의 藩兵 및 지방 諸城軍이 태조의 중앙군과는 달리 독립된 부대를 형성하여 출동하고 있는 사실과 비교해 볼 경우 타당해 보인다. 만약 이 견해를 수용한다면 태조는 이미 재위 19년에 2군6위의 모체가 되고 신분은 군반씨족으로서 군적에 등재되며 일반 농민과는 구별되는 전문군인을 4만 3천 명씩이나 직접 거느렸으며 이를 동원할 수 있었다는 이야기가 된다.

이 주장에 관해서는 의문의 여지가 없지 않다. 고려 건국 후 태조는 여러 가지 방법을 통해 고려의 군사력 증강을 꾀했다.[96] 이기백에 따르면, 고려 건국 후 태조가 고려의 군사력을 강화하는 과정에서 후일 고려 京軍組織의 토대가 되는 직속군, 즉 중앙군을 편성하게 되는데, 그 방법은 크게 다섯 가지로 나누어진다.

첫째, 왕건이 송악의 城主로서 송악 군민 및 기타의 인원으로 조직한 私兵, 둘째 과거 궁예가 거느리고 있던 병력, 셋째 국경지대에 배치된 구신라의 군대, 넷째 왕건에게 來附해 온 諸將의 군대, 다섯째 流民들로서 모집에 응하거나 혹은 강제로 군대에 편입된 경우가 그것이다.[97]

그런데 위의 출신을 통해 알 수 있듯이 이들은 태조에게 문자 그대로의 직속군이 될 수는 없었을 것이다. 궁예 휘하의 군대가 그럴

---

96) 李基白은 이를 왕건의 직속군으로 파악하면서 중앙군으로 부르고 있다(李基白, 1968, 「高麗京軍考」, 『高麗兵制史硏究』, 46쪽).

97) 李基白, 1968, 「高麗京軍考」, 『高麗兵制史硏究』, 48쪽.

것이며, 구신라 국경의 군대는 물론 호족 및 諸將의 군대도 태조의
충실한 군사력이 될 수 없었을 것이다.[98] 즉, 고려 초에 다양한 방
법을 통해 중앙군이 형성되기는 했지만 태조가 송악 시절부터 거느
렸던 사병을 제외한다면, 그 나머지는 태조의 전문적인 군인으로서
군반씨족으로 파악되어 군적에 올려져 관리되면서 태조의 충실한
직속 군사력으로 기능하였다고 보기는 좀처럼 어렵다. 즉 비록 태
조 19년 후백제를 공격할 때까지의 시간적인 경과가 있었다고 하더
라도, 이 기간 안에 본래 태조의 휘하에 있던 사병 외에 궁예 휘하
의 군대, 諸將의 군대, 구신라 국경의 군대 등은 태조의 온전한 직
속군이 될 수 없었을 것으로 생각된다. 그렇다면 태조가 송악 시절
부터 휘하에 두고 있던 본래의 사병을 제외한 나머지 대다수 군인
의 성격은 어떠하였을까. 아마 그들은 이 때에도 여전히 호족의 영
향력 아래 있었을 것이고,[99] 따라서 태조는 호족들의 협조를 받아
이들을 고려의 군사로 동원한 데 불과했을 것이다. 태조의 직접적
인 영향력 아래 놓여 있지 않았던 이러한 제한적 성격을 고려함이
없이 무차별적으로 이들이 모두 군적에 올려졌고 일반 농민과 구별
되는 군반씨족으로서 이후 고려 경군의 토대가 되었다고 보는 것은
좀더 고려해 볼 문제가 아닌가 한다.

예컨대 태조 19년의 후백제 정벌 때 고려의 중앙군으로서 동원되
었다고 하는 군사 4만 3천은 모두가 태조의 직속군이었던 것이 아

---

98) 李基白도 諸將의 군대에 대해서는 이 점을 인정하고 있다(李基白,
1968,「高麗京軍考」,『高麗兵制史硏究』, 48쪽).

99) 호족들의 사병 가운데 일부는 물론 호족의 전문군인이라고 할 수도 있
겠으나, 이들 대부분은 호족들의 사병 해체 때 국가의 전문군인으로 흡
수되지 못하고 일반 군역 담당자로 재편되었다. 여기에는 호족들의 왕
권에 대한 위협의 감소와 전문군인인 군반씨족을 유지하기 위한 경제
적 부담이라는 요인이 크게 작용하였을 것이다.

니라 다양한 성격의 군인들로 이루어져 있었고, 그런 이상 이들 모두가 후에 일반 농민군과는 다른 전문 군사계급으로서 군반씨족이 되었다고 보아서는 안 될 것이다. 태조의 직속 사병을 제외하고, 호족의 지배 아래 있었던 私兵들은 고려 중앙집권력의 확대에 따라 국가의 公兵으로 재편되어야 할 존재였다.

이 같은 견해에 대해서는, 후삼국 통일 후 곧바로 호족들의 私兵 해체가 진행되었고 成宗代에 府兵制가 마련되기까지 불완전하게나마 국가의 公兵組織이 건재하였다고 보아 호족과 왕권의 대립이라는 구조 아래서 고려 전기의 군사제도를 파악할 수 없다는 견해도 있다.100) 그러나 후삼국 통일 후 호족들의 사병이 곧 해체되어 공병조직에 포함되었다고 볼 수 없는 것은 무엇보다 호족들의 사병이 고려의 왕권강화에 비례하여 공병조직으로 재편·흡수되었기 때문이다.101)

주지하듯이 고려 초의 정권은 성격상 호족연합정권이다.102) 이러한 호족연합정권으로 출발한 고려가 왕권의 안정을 이룩하는 데는 호족세력의 약화를 필요로 하였고, 호족세력의 약화는 곧 호족의 군사적·경제적 기반 특히 군사적 기반의 제거와 궤를 같이한다. 호족의 군사적 기반이란 곧 호족의 사병을 의미한다. 고려 성종 이

---

100) 吳英善, 1991, 「高麗前期 軍人層의 二元的 構成에 관한 研究」, 서울대학교 석사학위논문, 45~54쪽.
101) 실제로 吳英善의 경우 광종대에 중앙군 내부에서 호족의 사병적 존재를 많이 제거하기는 하였으나 지방호족들의 군사적 기반을 완전히 제거하지는 못하였고, 이 작업은 성종대에 완료된 것으로 보고 있다. 이는 후삼국 통일 후 호족들의 사병 대부분이 해체되어 공병조직으로 전환하였다고 한 자신의 견해와 상반되는 견해다.
102) 최근 호족연합적 정권이라고 보는 견해도 제시되었다. 金甲童, 1990, 『羅末麗初의 豪族과 社會變動研究』.

전까지의 호족과 왕권 간의 관계를 살펴보면 왕권의 미약성이 크게 두드러지는데,[103) 바꾸어 말한다면 私兵에 기반한 호족세력이 왕권보다 군사적 우위를 점하고 있었다고 할 수 있다. 왕권은 후삼국 통일 후에도 이들 호족의 사병을 해체할 능력이 없었으며, 이 과제는 성종대에 가서야 완수되었다. 그러므로 광종의 강력한 왕권의 기반구축과 그에 근거한 호족 숙청이 단행되기 전까지는 왕권 확립은 무망한 것일 수밖에 없었다. 고려 초의 정치적 상황은 私兵을 기반으로 한 호족세력과 왕권의 대립이라는 갈등구조를 명백히 보여주며, 고려 초의 군사제도는 이 같은 대립구조를 벗어나서는 충분히 설명하기 어렵다.

호족들의 사병이 본격적으로 해체되는 것은 후삼국 통일 직후가 아니라 그보다 시간이 훨씬 지난 광종대다. 그리고 지방호족의 사병까지 해체되는 것은 성종대로서, 이 때에 이르러서야 국가의 공병체제가 마련됨과 동시에 해체된 호족들의 私兵이 이 체제에 편제되게 된다. 따라서 호족들의 사병이 해체되어 공병조직에 완전히 포함되기 전까지는 호족들의 무력적인 기반이 되는 사병 때문에 호족과 왕권은 필연적으로 대립구조를 가질 수밖에 없었다.

그러다가 고려 왕권이 점차 호족들의 영향력에서 벗어나 정상적인 궤도에 올라서게 되면서 고려 군인에 중대한 변화가 일어나게 된다. 이는 호족들의 사병을 호족과 분리시키는 데서 나타난 현상으로서, 호족들의 사병은 호족과의 관계가 단절되면서 고려의 京軍 구성원으로 재편성된다. 결국 태조 19년 당시 후백제와의 전투에 동원된 군사는 그 대부분이 태조보다는 호족들과 관계가 깊은 존재였고 일부만이 태조의 전문적인 군인이라는 위치에 있었다는 점에

---

103) 河炫綱, 1977, 「豪族과 王權」, 『韓國史』 4.

주목한다면, 후일 이들을 토대로 조직된 2군6위의 구성원이 모두 전문군인인 군반씨족이 아니라는 점은 지극히 당연하다.

한편 고려의 京軍이 모두 전시과의 지급대상인 전문군인으로서 의 군반씨족이 아니라는 점은 군반씨족제설을 비판한 府兵制說에 의해 지적된 바 있다.104) 그러나 이 견해는 경군 내에 자리하고 있던 군반씨족의 존재마저 부정하고, 특히 지배층에게만 부여되는 전시과에 농민에게서 나온 군인들까지 포함시켜 전시과를 지급받았다고 하는 논리를 전개하고 있어 이 주장 역시 재고할 필요가 있을 것으로 생각된다.105)

이상에서 살핀 대로 고려의 경군 모두가 군반씨족이 아니며, 따라서 군반씨족에 속하는 고려의 군인은 경군 가운데 일부에 지나지 않았다. 그렇다면 고려의 군인으로서 군반씨족으로 구성된 부분은 경군 가운데 어느 부분이었을까. 다음에서 이 문제를 본격적으로 검토해 보기로 한다.

2) 軍班氏族과 二軍과의 관계

앞에서 고려 군인 중 일부만이 전시과 군인전의 지급대상이 되었고, 고려 군인의 전부가 결코 군반씨족일 수 없다고 하였다. 전시과 군인전의 지급대상이 된 고려의 군인은 이른바 고려의 군인 가운데

---

104) 姜晉哲, 1980, 『高麗土地制度史硏究』, 122쪽.
105) 물론 姜晉哲의 경우, 군인전에 대해 군인들이 본래 소유한 民田 위에 설정되는 것으로 설명하고 있다. 그러나 자신이 소유한 민전이 적거나 없는 군인의 경우, 국가가 이를 마련해 주었다고 보고 있다. 이는 피지배층인 농민에게서 나온 군인이 收租地를 지급받는다는 논리가 된다. 피지배층이 지배층을 대상으로 한 전시과체제에 포함될 수 있는냐 하는 측면에서 논란의 여지를 남기고 있다.

에서도 상충군인으로서 군반씨족일 가능성이 있으며, 이 점은 二軍
과 軍班氏族 간의 밀접한 관계를 통해 확인된다.[106]

고려의 군반씨족은 태조 왕건이 거느린 私兵에서 그 기원을 찾
을 수 있다. 일반 民들과 구별되는 전문적인 군인계급의 형성에 대
해서는, 통일신라 말 귀족들의 奴隷나 流民으로 구성된 私兵들이
귀족 상호간의 대립항쟁과 후삼국의 혼란기 속에서 귀족들의 지속
적인 무력 보유의 필요성과, 전문적인 병사에 대한 비중이 커 감에
따라 전문병사로 자리잡게 되고, 이들이 신분상승을 통해 관료체계
의 말단으로나마 지배체제에 편제됨으로써 이루어졌다고 설명되고
있다.[107] 이 견해는 군반씨족을 살펴보는 데 매우 시사적인 견해다.
실제로 통일신라 말에 중앙과 지방의 유력 귀족들은 상당한 私兵
을 소유하고 있었으며, 고려 초에 이르면 이들 私兵을 자신들과 보
다 밀접한 관계를 가진 전문적인 병사로 양성해 나갔다.

물론 이들 호족의 사병이 모두 이후 고려의 전문적인 군인으로
자리잡게 된 것은 아니며, 고려의 중앙집권화 과정에서 해체되어
국가의 公兵으로 재편되어 나갔다. 이는 고려 정부의 집권력이 안
정 궤도에 올라서면서 국가에 대해 과도하게 경제적인 부담을 안겨
주는 전문군인의 유지가 더 이상 불필요해지게 되었기 때문일 것이
다.[108] 즉 중앙집권의 강화로 국가가 호족세력을 통제할 수 있게

---

106) 2군과 군반씨족과의 관계에 대해서는 拙稿, 1990,「高麗 二軍六衛制의
    性格」,『韓國史硏究』68, 53~54쪽 참조.
107) 李基白, 1974,「新羅私兵考」,『新羅政治社會史硏究』, 276~277쪽.
108)『高麗史』권93, 列傳6 崔承老, "我朝侍衛軍卒 在太祖時 但充宿衛宮
    城 其數不多及光宗信讒誅責將相 自生疑惑 增益軍數 簡選州郡有風
    彩者入侍 皆食內廚 時議以爲繁而無益 至景宗朝 雖稍減削 洎于今時
    其數尙多 伏望遵太祖之法 但留驍勇者 餘悉罷遣則人無嗟怨 國有儲
    積". 왕실시위군을 축소하자는 최승로의 건의는 그 반영으로 볼 수 있

되면서 군이 많은 전문적 군인계급을 군사력으로 확보할 필요가 없어지고, 이에 따라 국가는 전문적인 군인의 숫자를 줄이는 한편, 국가의 무력수단을 해체된 호족의 사병과 일반 民으로 충당하여 새로운 군사제도를 정비하게 되었다. 여기서 채용된 것이 바로 唐의 府兵制였다.

府兵制는 본래 西魏 大統 16년(서기 550)에 재상 宇文泰에 의해서 시행된 兵農一致의 군사제도다.109) 鮮卑族 왕조였던 서위가 수적으로 적은 선비족만으로는 필요한 병사를 모두 충당할 수 없어 漢人들로부터 병사를 징발하기 위해 마련한 이 부병제는 北周를 거쳐 唐나라 때 완비된 모습을 갖추게 되었다. 唐은 十道制를 실시하는 한편 지방에 折衝府를 설치하여 부병의 선발과 훈련, 番上과 동원 등의 일을 관장하게 했다. 절충부의 부병은 丁男(21~59세)을 대상으로 원칙적으로 3丁 가운데 1丁을 뽑았는데, 每府마다 上府 1200명, 中府 1000명, 下府는 800명으로 그 인원이 정해져 있었으므로 경제적 형편이 좋은 丁을 우선하여 선발했다. 그런데 절충부가 각지에 설치되었다고는 해도 약 600여 개의 절충부 가운데 400여 개가 長安과 洛陽에 편재되어 있었고, 전국 320여 주 가운데 절충부가 설치된 주는 90여 주에 불과하였다. 따라서 부병이 될 수 있는 자는 이 절충부가 설치된 주에 거주하는 자였고, 부병으로 선발되면 京師에서 府까지의 거리에 따라 5番에서 9番으로 편성되어 그 임기가 끝날 때까지 한 달 내지 두 달씩 수도로 올라와 12衛의 衛士로 복무하였다. 특히 부병은 임기중에 한 번은 3년 간 변경에

다.

109) 司馬光, 『資治通鑑』 卷163, 南朝 梁太宗 大寶 元年, "宇文泰가 처음으로 백성 가운데 재력이 있는 자를 籍하여 府兵으로 만들고, 租·庸·調를 일체 면제하였으며, 農閑期에 戰陳을 講閱시켰다."

가서 防人으로서 복무해야 하는 임무를 지고 있었다. 이들 부병은 3년에 한 번씩 선발되었으며, 步兵과 騎兵이 주된 兵種을 이루었다. 番上時에는 禁軍으로서 天子와 東宮의 宿衛와 儀仗 및 長安城 내외와 여러 관청의 경비를 담당하고, 이 밖에 邊境守備, 出征, 농한기 훈련 등의 임무가 있었다. 부병에 복역하는 기간 중에는 복역의 대가로서 租·庸·調의 課役을 면제받았고, 임무가 없을 때에는 일반 농민과 마찬가지로 경작에 종사하였다. 병농일치를 근간으로 한 이러한 부병제는 절충부의 기능이 무너진 749년 이후 완전히 붕괴되고, 兵農分離의 募兵制로 전환하였다.

고려의 兵制는 기본적으로는 이러한 당나라의 절충부를 모방한 것이었다. 그러나 唐의 부병이 균전제 하의 농민을 주대상으로 한 반면 고려의 농민은 均田 없이 부병으로서 番上하였다는 점에서 큰 차이가 있었다.[110] 그런데 성종대에 이 農民番上 조직에 의한 부병제가 등장하기 이전에는, 군반씨족만이 군사집단으로 제도화되어 있었다고 보고 부병제가 등장하기 이전의 고려 군인을 거의 전부 군반씨족이라고 파악하는 견해가 있다.[111] 그러나 앞서 지적했듯이 부병제가 성립되기 이전의 고려 군사는 호족의 私兵이라는 지위에서 벗어나 고려 정부에 의해 통솔되는 군반씨족적 군인이었다고 볼 수 없다. 호족의 사병이 호족들의 군반씨족이라는 성격을 가진 것은 분명하지만, 이들이 후삼국통일 직후 해체되었다든가 군반씨족으로서 국가의 군사력으로 제도화되었다는 견해에는 동조하기 어렵다. 실제로 이들 사병이 해체되어 국가의 公兵이 된 것은

---

110) 拙稿, 1990, 「高麗 二軍六衛制의 性格」, 『韓國史硏究』 68, 58쪽.

111) 張東翼, 1986, 「高麗前期의 選軍」, 『高麗史의 諸問題』, 479쪽 ; 吳英善, 1991, 「高麗前期 軍人層의 二元的 構成에 관한 硏究」, 서울대학교 석사학위논문, 11쪽.

광종대를 지나 성종대에 가서야였다. 게다가 이들 모두가 군반씨족으로 제도화되었다면 이들에게 대규모 토지가 주어졌다는 논리가 되는데, 누차 지적했듯이 그 현실성 여부는 상당히 의문스럽다.

실제로 호족의 전문적인 군인이었던 사병은 국가의 公兵으로 재편되면서 그들이 갖고 있던 전문적인 군인으로서의 성격은 사라지고, 일반 民의 交代番上制에 입각한 운영이 고려 군역제도의 전반적인 현상으로 자리잡은 것으로 보아야 한다. 그런데 이들 일반 민과는 구별되어 전문적인 군인집단으로서 사회적·경제적 위치를 보다 강화시켜 나간 존재가 있었다. 왕실 직속의 군인집단인 親衛軍이 바로 그들이다.

친위군은 고려의 후삼국 통일과 왕권의 강화 과정에서 여타 호족들의 사병이 전문적인 군인이라는 지위를 상실하고 국가의 公兵으로 전환되어 나간 것과는 대조적으로, 朝臣들과 더불어 役分田의 지급대상자가 되었고 전시과가 정비되면서는 문무관료와 함께 전시과의 수급대상자로서 그 사회적·경제적 지위를 인정받게 된다.

송악에 근거를 둔 호족으로서의 왕건이 거느렸던 私兵에 뿌리를 둔 친위군은 왕건이 고려를 건국하는 과정에서 크게 유용하게 쓰였을 것임은 물론, 호족연합정권이라고 불릴 만큼 호족들의 영향력이 강대했던 고려 초의 정치적 상황에서 고려왕실을 지탱해 나가는 데 크게 긴요했을 것이다.

고려 태조의 정치적 기반이 취약했다는 사실은 누차 언급하였다. 태조의 이 같은 취약성은 호족들에 대한 重幣卑辭에서도 단적으로 드러나는데, 이미 각지에 호족들이 독립적인 기반을 확보해 두고 있던 상황을 태조로서는 무시할 수 없었다. 이러한 열세를 만회할 수 있는 길은 당연히 왕권강화였고, 그 첩경은 호족세력을 굴복시킬 수 있는 정치력의 확보, 즉 군사력의 양성에 있었다. 이 과제는

惠宗, 定宗을 거쳐 光宗代에 일정하게 성과를 거두었는데,112) 본격
적인 호족 숙청과 관련하여서는 이 작업을 수행해 나갈 수 있는 왕
권 직속의 侍衛軍을 증가시켰다.113)

시위군(친위군)은 물론 태조 때부터 존재하였으나114) 그 숫자는
왕권 확보에 도움을 줄 정도는 못 되었다. 광종은 시위군을 크게 증
가시켜 이를 통해 호족세력의 제거와 왕권확립이라는 과제를 비록
제한된 중앙의 범위에서라고는 하나 실현시키는 데 성공하였다.115)
이 때 확보된 시위군은 景宗一代에 다소 감소되기는 하지만116) 그
규모는 여전히 상당하였다.

특히 景宗代에는 시위군에 대한 경제적 처우를 전시과의 분급을
통해 보장하게 되는데, 改定田柴科의 馬·步軍에 대한 토지 지급
규정이 그 실질 규정으로 보인다.117)

광종대에 시작된 호족의 정치적 기반 해체작업이 성종대에 가면
지방에까지 미치게 되고, 호족들의 사병은 그 기반의 와해와 함께
새로이 국가의 주도 하에 재편성될 필요가 있었다. 성종 3년에 보
이는 군인의 服色 구별조치118)나 左右衛의 편성119) 조치는 모두

---

112) 이에 대해서는 河炫綱, 1977,「豪族과 王權」,『韓國史』4 참조.
113)『高麗史』권93, 列傳6 崔承老, "崔承老及光宗信讒誅責將相 自生疑惑
增益軍數 簡選州郡有風彩者入侍 皆食內廚 時議以爲繁而無益".
114)『高麗史』권93, 列傳6 崔承老傳, "崔承老我朝侍衛軍卒在太祖時 但充
宿衛宮城 其數不多". 그리고 태조 즉위 후 곧 단행된 관직정비에서 보
이는 內軍의 존재도 이를 뒷받침해 준다.『高麗史』권1, 世家1 太祖1
戊寅 元年 6月 辛酉, "能惠曦弼并爲內軍卿".
115) 河炫綱, 1977,「豪族과 王權」,『韓國史』4, 151쪽.
116)『高麗史』권93, 列傳6 崔承老, "至景宗朝雖稍減削 泊于今時 其數尙
多 伏望遵太祖之法 但留驍勇者 餘悉罷遣 則人無嗟怨 國有儲積".
117) 군반씨족인 시위군은 馬軍이나 步軍으로 전시과를 지급받은 것으로
생각된다.

국가의 公兵으로 전환되기 시작한 이들 사병을 통제하기 위한 일련의 재편작업의 시작이라고 할 수 있다.

국왕의 친위군이라 할 侍衛軍에 대한 조치는 성종 7년에 이루어진다. 원래 성종 원년에 崔承老는 시무 28조를 올리면서 시위군의 숫자를 줄이자는 제안을 하였는데, 성종은 호족 예하의 私兵이 충분히 해체되는 때를 기다리며 실시를 지연하다가 7년에 가서 軍籍者의 대대적인 鄕里放還 조치로써 이를 실현한 것이다.[120] 국가로서는 태조 이래 계속 팽창되어 온 시위군을 유지하기 위해 언제까지고 막대한 재정부담을 감수할 수 없었던 것도 이러한 조치를 취한 원인이 되었을 것이다.[121]

성종 7년의 군적자 鄕里放還措置는 분명 성종 원년 최승로가 건의한 侍衛軍의 鄕里放還이 실현된 것이므로, 이 때 방환된 군적자는 곧 시위군임을 알 수 있다. 물론 최승로의 封事文에 보이는 축소 대상은 시위군이고, 성종 7년에 향리로 방환된 자는 태조 이후에 늘어난 군적자이므로 시위군과 군적자와의 상관관계에 대해 의심이 갈 수도 있다. 그러나 시위군과 군적자는 분명 동일한 존재다. 최승로는 시위군의 과다를 염려하여 이 같은 건의를 한 것이고, 성종 7년에 실제로 축소 조치된 군적자들은 태조 계묘년 이후 군적에

---

118) 『高麗史』 권3, 世家3 成宗 3年, "是歲始定軍人服色".
119) 『高麗史』 권81, 志35 兵1 兵制 成宗 9年 10月, "置左右軍營".
120) 『高麗史』 권3, 世家3 成宗 7年 10月, "王旣受冊 赦絞罪以下 文班從仕年深者改服 武班年老無子孫 自癸卯年錄軍籍者 皆放還鄕里 兩班並加恩".
121) 과다한 시위군의 유지가 원성을 사고 아울러 국가 경제에 큰 부담으로 작용 하였다는 사실은, 시위군에 대한 경비가 內廚에서 나오며 그로 인해 어려움이 많다는 점 등을 지적한 최승로의 상서문을 통해 엿볼 수 있다(『高麗史』 권93, 列傳6 崔承老).

등록된 과다한 부분이므로 시위군과 군적자와의 상관관계는 명확
하다. 여기에 최승로의 건의가 성종에 의해 거의 수용되었다는 점,
시위군의 축소 건의가 군적자의 향리 방환조치로 나타났다는 점을
고려에 넣으면, 시위군과 군적자는 동일한 대상의 다른 표현에 지
나지 않음을 쉽게 짐작할 수 있다.

여기에서 주목할 점은 軍籍者가 군반씨족이라는 사실이다. 그렇
다면 성종 원년에 방환이 건의되어 성종 7년에 방환 조치된 시위군
은 바로 군반씨족임을 알 수 있다.[122] 이는 시위군이 곧 군반씨족
임을 입증해 주는 것이며, 시위군은 바로 국왕의 친위군이기 때문
에 친위군은 곧 군반씨족이 된다. 여기에 2군이 친위군이었다는 점
에 주목하면,[123] 이는 2군이 바로 군반씨족이라는 사실을 부각시켜
준다.[124] 이렇게 보면 성종 7년의 군적자 향리방환조치란 곧 친위
군인 군반씨족을 정리하는 작업의 일환이었으며, 이로써 친위군인
2군이 제도적으로 정비된 것으로 생각된다.

二軍이 정확히 언제 설치되었는지는 자료상으로는 확인이 되지
않는다. 六衛의 경우는,『高麗史』목종 원년조에 이와 관련된 관원

---

122) 拙稿, 1990,「高麗 二軍六衛制의 性格」,『韓國史硏究』68, 53쪽 참조.
123)『高麗史』권81, 志35 兵1 兵制 靖宗 11年 5月, "國家之制 近將及諸衛"
 ;『高麗史』권77, 志31 百官2 西班, "鷹揚軍鷹揚龍虎二軍上大將軍 稱
 近將上大將軍 將軍稱親從將軍 中郎將以下亦稱近將".
124) 필자의 이 같은 주장에 대해, 시위군이 친위군이라는 점, 친위군이 2군
 이라는 점, 2군이 군반씨족이라는 점은 이기백에 의해 이미 밝혀진 것
 으로서 새로울 것이 없는 주장이라고 지적한 바 있다(洪承基, 1994,
 「高麗初期 京軍의 二元的構成論에 대하여」,『李基白古稀紀念韓國史
 學論叢(上)』, 544쪽). 그러나 이기백은 군적에 등재된 자가 군반씨족의
 帳籍이 兵部에 비치된 전문적 군인이라는 사실만 언급하였고, 시위군
 과 친위군의 관계, 시위군과 군적자의 관계, 친위군과 2군의 관계, 2군
 과 군반씨족의 관계에 대해서는 언급한 바 없다.

이 보이고 있어 그 설치 시기는 최소한 관제정비와 관련하여 성종 14년이 유력해 보인다. 2군의 경우는, 磻溪가 그 설치 시기를 목종 대로 보았지만 이는 추측의 범주를 넘어서지 못하는 것으로서 신중을 기할 필요가 있다. 2군의 설치는 대개 고려 초의 정치적 역학관계 속에서 군제가 정비되어 가는 과정을 추구함으로써 설명하는 것이 합리적일 것이다. 이 때 크게 주목되는 것이 바로 성종 7년의 군적자, 즉 시위군의 방환조치다. 2군이 시위군과 밀접한 관련을 가지고 있다는 점을 감안하면, 시위군의 향리 방환조치는 바로 2군의 정예화 작업임과 동시에 제도적 성립이라고 볼 수 있지 않을까.

이와는 달리 2군의 성립 시기를 성종 14년 전후로 보아 6위보다 늦게 설치되었다고 하는 견해도 있는데, 2군을 6위와 직결시켜 성종 14년에 설치되었다고 보기보다는 그 제도적 성립에 대해 설명의 단서를 주고 있는 성종 7년 쪽이 보다 타당한 것으로 보인다.

한편 군반씨족을 기본적인 군사집단으로 이해하는 쪽에서는, 농민의 番上組織에 의한 府兵制의 정비와 함께 군반씨족은 그 군사적 의미가 감소되었고 文宗代에 이르면 군사집단으로서의 의미를 상실하게 된 결과 문종 30년을 고비로 2군이 주로 양반층에 의해 편성되게 되었다고 보고 있다. 예컨대 기본적 군사집단이었던 군반씨족의 의미 감소가 양반층의 군역 부담을 강화시키고, 그것이 2군에 대한 참여를 불러온 것으로 보고 있는 것이다.[125]

그러나 양반 등 지배층의 군역 참여가 海領・常領・役領・監門軍 등 6위의 特殊領을 통해 이루어진 것은 사실이나, 이것이 군반씨족으로 구성되는 2군으로까지 확대되었다고 보기는 어렵다. 군반

---

125) 吳英善, 1991, 「高麗前期 軍人層의 二元的 構成에 관한 硏究」, 서울대학교 석사학위논문, 9~34쪽.

씨족이 고려 군제 안에서 점차 소멸된 것은 이미 지적된 바지만,[126] 이는 전시과의 붕괴와 궤를 같이하며 문종대 이후에 나타나는 현상이고 따라서 문종대를 군반씨족의 소멸기라고는 볼 수 없다. 요컨대 군반씨족은 番上制의 확립과 함께 군사력으로서의 의미는 줄어들었지만 전시과체제가 지속된 시기까지는 건재했다고 보아야 한다. 그리고 성종 7년의 군적자 방환은 군반씨족이 군사적 집단으로서의 의미를 상실해 가는 과정이 아니라, 오히려 군반씨족의 재정비를 통해 군제로서 확립(2군의 확립)된 것이라고 볼 수 있다.

그러므로 성종 7년의 군적자 방환조치를 문종 18년에 군반씨족의 帳籍이 훼손되어 軍額이 불명해졌다는 사실과 연관시켜 생각하는 것은 곤란하다. 성종 7년 군반씨족이 제도로 확립을 본 시점에서 문종 18년까지는 시간적으로 간격이 있고, 그 동안 6위제도의 정비와 함께 국가의 기간 군사력을 6위의 保勝 · 精勇이 담당하게 되면서 군반씨족의 역할이 위축되었을 것이므로 그 군액의 관리작업이 철저히 이루어지지 못했을 것은 충분히 추측 가능하다. 이 같은 사정에서 군반씨족의 帳籍 재정리 문제가 표명되었을 것이다. 따라서 이를 군반씨족의 소멸 전단계로 유추하는 것은 고려의 문물제도 정비에서 전성기를 구가한 문종대의 일반적 상황과 동떨어진 견해라 아니할 수 없다(군반씨족의 장적이 재정리된 사실도 문종대를 군반씨족의 소멸 전단계로 볼 수 없게 한다). 그런 의미에서 更定田柴科에 軍人이라는 용어가 머리에서 사라진 것을 군반씨족의 감소와 연결시키는 견해도 따르기 어렵다.

이상에서 보았듯이 고려 군인 가운데 군반씨족은 왕의 친위를 담당한 侍衛軍이었다. 이 시위군이 곧 2군이라는 사실은, 군반씨족과

---

126) 李基白, 1968, 「高麗 軍班制下의 軍人」, 『高麗兵制史研究』, 295쪽.

2군이 서로 긴밀한 관계에 있었음을 보여준다. 이 같은 관계로 미루어 군반씨족, 즉 2군은 6위의 保勝·精勇과는 확연히 구별되는 존재로서 상층군인이었음을 알 수 있다.

3) 二軍의 역할과 경제적 기반

二軍의 역할을 보여주는 자료로는 다음의 것들이 주목된다.

바) 하루는 태조가 궁전에 앉아 學士 몇 사람과 더불어 國政을 의논하고 있는데, 宣吉이 그의 무리 오십여 명을 이끌고 병기를 가지고 東廂으로부터 내정에 돌입하여 습격하려 하였다. 태조가 지팡이를 짚고 일어서서 소리 높여 꾸짖어 말하기를, "짐이 비록 너희들의 힘으로 이에 이르렀으나 어찌 하늘의 뜻이 아니겠느냐, 天命이 이미 정하였거늘 네가 감히 이럴 수 있느냐"고 하였다. 宣吉이 태조의 말과 안색이 태연한 것을 보고 복병이 있는 것으로 의심하여 무리들과 함께 달아났으나, 호위 군사들이 추격하여 毬庭에서 전부 잡아 죽였다.[127]

사) 우리나라의 侍衛軍卒은 태조대에는 다만 궁성을 宿衛하였으므로 그 수가 많지 않았습니다.[128]

아) 왕은 책봉을 받은 후에 絞刑 이하 죄수들을 석방하고 문관으로 벼슬하여 오래된 자는 예복을 개정하게 하고 무관으로

---

127) 『高麗史』 권127, 列傳40 叛逆1 桓宣吉, "一日 太祖坐殿與學士數人 商略國政 宣吉與其徒五十餘人 持兵自東廂 突入內庭 直欲犯之 太祖策杖立勵聲叱之曰 朕雖以汝輩之力至此 豈非天乎 天命已定 汝敢爾耶 宣吉見太祖辭色自若 疑有伏甲 與衆走出 衛士追及毬庭 盡擒殺之".

128) 『高麗史』 권93, 列傳6 崔承老, "我朝侍衛軍卒 在太祖時 但充宿衛宮城 其數不多".

늙어서 자손이 없는 자와 계묘년부터 군적에 등록된 자는
다 자기 고향으로 돌아가게 하며 양반 관리들에게는 다 은
혜를 더 베풀어 주었다.129)

　자) 국가의 제도에는 近仗과 각 衛에 領마다 護軍 1명, 中郞將
　　　2명, 郞將 5명, 別將 5명, 散員 5명, 五尉 5명, 隊正 5명, 正
　　　軍訪丁人 1천 명, 望軍丁人 6백 명을 두어 임금의 행차를
　　　따르며 내외 부역을 모두 지게 하였다.130)

　차) 鷹揚·龍虎 二軍의 上將軍·大將軍은 近將上將軍·近將大
　　　將軍으로 부르고, 將軍은 親從將軍이라 부르고, 中郞將 이
　　　하는 역시 近將이라는 이름으로 불렀다.131)

　카) 충선왕이 龍虎를 虎賁이라 고쳤는데 후에 親禦軍이라 고쳤
　　　고 또다시 龍虎軍으로 고쳤다.132)

　이들 사료를 통해 보건대 2군은 近仗, 즉 親衛軍이고(자·차), 그
명칭은 改變이 있었으나(카) 맡은 임무에는 변함이 없었던 것으로
보인다. 친위군은 태조 때 궁성을 숙위한 시위군으로 확인되며(사),
桓宣吉의 모반 때 태조를 지킨 것도 바로 이들 친위군으로 추측된
다(바).

　사료 사)를 보면 태조 때부터 존재한 시위군은 그 수가 그리 많

---

129) 『高麗史』 권3, 世家3 成宗 7年 10月, "王旣受冊 赦絞罪以下 文班從仕
　　年深者皆改服 武班年老無子孫 自癸卯年錄軍籍者 皆放還鄕里 兩班
　　幷加恩".

130) 『高麗史』 권81, 志35 兵1 兵制 靖宗 11年 5月, "國家之制 近仗及諸衛
　　每領設護軍一 中郞將二 郞將五 別將五 散員五 伍尉 二十 隊正四十
　　正軍訪丁人一千 望軍丁人六百 凡扈駕內外力役 無不爲之".

131) 『高麗史』 권77, 志31 百官2 西班 鷹揚, "鷹揚龍虎二軍上大將軍 稱
　　近仗上大將軍 將軍稱親從將軍 中郞將以下亦稱近 仗".

132) 『高麗史』 권77, 志31 百官2 西班 龍虎軍, "忠宣王改龍虎爲虎賁 後改
　　親禦軍 後復改爲龍虎軍".

지 않았고, 다른 군사조직과는 구별되는 존재임을 미루어 알 수 있다. 여기에서 宮城宿衛를 전담하는 군사 외에 여타의 군사가 어떤 형태로든 다수 존재하였음을 추측할 수 있다.

군반씨족으로 구성된 2군은 국초 시위군의 전통을 계승하여 궁성 숙위를 주된 임무로 하여 왕실을 지키고, 왕권을 위협하는 제반 세력으로부터 왕권을 수호하는 임무를 담당한 것으로 볼 수 있다. 이 밖에도 국가에 주요 행사가 있을 때 국왕에 대한 儀仗 임무 등도 맡았던 것으로 보인다.

이러한 왕실 친위군으로서의 2군을 경제적으로 뒷받침해 주는 제도적인 장치가 전시과제도의 정비에 발맞추어 완비되어 나갔다. 친위군에게 토지를 급여한 사실은 이미 태조 23년의 役分田 지급 기록에서 확인된다.

> 처음으로 役分田을 정하였는데 統合할 때의 朝臣과 군사들의 官階를 논하지 않고 성품과 행동의 善惡, 그리고 功勞의 大小를 보고 차등을 두어 지급하였다.[133]

후삼국 통일 후 고려가 朝臣 및 軍士[134]에 대해 그 官階를 논하지 않고 각자의 性行과 功勞의 大小에 의거하여 차등 있게 역분전을 지급했다는 내용이다. 군사에 대한 역분전 지급과 관련하여 군반씨족제설에서는 역분전의 지급대상자로 된 軍士는 중앙군에 소

---

133)『高麗史』권78, 志32 食貨1 田柴科 太祖 23年, "初定役分田 統合時朝臣軍士 勿論官階 視人性行善惡功勞大小 給之有差".

134) 역분전의 지급대상이 된 군사가 주로 친위군일 것이란 점은 모든 일반 군사들에게 줄 수 있는 역분전의 확보가 불가능한 상황이었다는 점을 미루어 보면 분명해진다(拙稿, 1990,「高麗 二軍 六衛制의 性格」,『韓國史研究』68, 37쪽).

속된 일반 군인이며, 이들 전부가 역분전 지급의 대상자가 되었다
고 주장한다.[135]

이러한 주장에 대해서는 일찍이 반론이 제기되었다. 즉 당시 역
분전의 지급대상이 된 軍人은 "대부분이 태조의 오랜 私兵 출신들
이었으며, 나머지 일부 특별히 戰功이 탁월한 兵士에 한하여 외부
에서도 이 은전의 혜택을 입을 수 있었을 것"[136]이라 하여 역분전
의 지급대상이 된 군사는 중앙군 전체가 아니라 매우 제한된 군사
임을 지적하였다.

이 반론에서는 역분전이 '論功行賞'에 입각하여 지급된 토지이므
로 전시과의 祖形이 될 수 없다는 입장을 취하고 있는데, 역분전이
전시과 군인전의 祖形이 될 수 없다는 주장만 제외한다면 당시 역
분전의 지급대상자가 된 군사에 대한 접근은 비교적 정확한 것이라
고 볼 수 있다. 무엇보다도 당시 역분전으로 지급될 수 있는 토지가
국가의 지배권력이 확립된 경기 주변으로 한정되어 있었던 관계로
군사들에게 돌아갈 수 있는 역분전은 근소하였을 것이고, 따라서
군사들 가운데에서도 제한된 자들만이 역분전을 받았을 것이라는
지적은 설득력을 갖는다.[137]

---

135) 李基白, 1968,「高麗京軍考」,『高麗兵制史硏究』, 53쪽.
136) 姜晉哲, 1963,「高麗初期의 軍人田」,『淑明女子大學校論文集』3, 135
쪽.
137) 姜晉哲, 1963,「高麗初期의 軍人田」,『淑明女子大學校論文集』3, 135
쪽. 군반씨족제설에서는 역분전의 지급에 대해, 과거 군인들의 생활기
반을 국가에서 인정해 준 것이라고 본다. 그러나 토지 지급을 과거 기
반의 인정으로 보는 것은 불합리하므로 '지급'은 문자 그대로의 뜻으로
받아들여야 할 것으로 생각된다. 또한 후백제나 反王建 세력으로부터
빼앗은 토지를 군사에게 지급할 수 있었을 것이라는 견해도 제시되었
으나(李基白, 1968,「高麗軍役考」,『高麗兵制史硏究』, 145~146쪽), 군
사를 중앙군 전체로 보는 한 이들 전체에 대한 역분전 지급은 불가능

이렇게 보면 역분전의 지급대상이 된 군사는 당연히 朝臣과 같이 우선적으로 처우될 수 있는 특별한 위치에 있는 軍士가 되어야 할 것이다. 그런데 군반씨족제설에서는, 역분전을 지급받은 군사가 소수였다는 견해를 받아들인다고 해도 역분전이 군사에게 지급되었다는 사실 그 자체는 이들이 국가에 대해 일방적인 役의 담당자로서 최저생활에 대한 고려만으로는 족한 그런 존재가 아님을 말해주는 것이고, 따라서 소수라는 이유 때문에 역분전의 지급대상자 속에 군사가 끼여 있다는 사실의 중요성이 줄어드는 것은 아니라고 보았다.138)

그러나 이 같은 관점은 역분전의 지급대상이 된 軍士에게만 적용될 수 있는 것이고, 역분전의 지급대상에 속하지 못한 군사들과는 거리가 먼 것이다. 그럼에도 불구하고 군반씨족제설에서는 태조대에 역분전을 지급받은 중앙군을 고려 경군과 동일한 선상에서 이해함으로써 고려의 경군 전체를 전시과체제 안에 자리한 하급지배층으로 확대 해석한 것이다.

다시 지적하지만 역분전의 지급대상이 된 군사는 분명 제한된 특별한 군사였으며, 전시과는 역분전의 지급대상이 되었던 바로 그 군사들을 대상으로 마련되었다. 그 점을 고려한다면, 고려 군인의 성격을 이해하는 데서 보이는 이러한 큰 차이는 역분전 지급대상이 된 군인을 전혀 다르게 파악한 데서 비롯된 것임을 알 수 있다.

전시과 군인전의 祖形은 분명 역분전에 있다. 따라서 전시과의 給田規定에 나와 있는 軍人은 고려의 경군 전체가 아니라 태조 23년에 역분전을 지급받았던 제한된 군사와 연장선상에서 파악해야

했을 것이다.

138) 李基白, 1968, 「高麗軍役考」, 『高麗兵制史硏究』, 146쪽.

할 것이다. 요컨대 역분전의 지급대상이 되었던 일부의 군사들이 이후 전시과 군인전의 지급대상자로 자리한 것이다. 특히 전시과의 지급대상을 경군 모두로 볼 경우 그 財源의 마련이 현실적으로 불가능하다는 점을 생각하면 더욱 그렇다고 여겨진다.[139]

태조 23년의 역분전을 계승하여 景宗代에 만들어진 始定田柴科는, 과거 역분전을 지급받은 朝臣에 대해서는 四色公服制에 의해 그 급전 내용을 세세히 밝히고 있으나, 군사의 경우는 구체적으로 밝히고 있지 않다. 다만 대략적으로 이들 군사가 未及此年科等者에 포함되어 15결의 토지를 지급받았으리라는 것 정도만 추측되고 있다.[140] 그리고 시정전시과가 마련된 후 성종 7년에 과거 역분전을 지급받은 태조의 오랜 사병 및 일부 탁월한 戰功을 세운 병사들은 고려 초의 정치적 상황 하에서 증감 과정을 거치면서 최종적으로 군반씨족으로 고정되고, 결국 2군으로서 공식적인 국가의 軍制로 편성되기에 이르렀다. 이 때의 2군은 그 兵種이 馬・步軍으로 나뉘게 된 것이 아닌가 한다. 2군의 병종에 대해서는 마・보군 외에 役軍을 추가시키는 견해가 있기도 하다.[141] 그러나 役軍을 비롯하여 監門軍, 海領, 常領은 군반씨족 외에 비교적 낮은 양반층으로 이루어지는 상층군인으로 생각되는 바, 역군을 2군의 兵種 가운데 하나라고 보는 데 대해서는 주저된다. 아마 役軍을 포함하여 常領,

---

139) 田柴科 給田 규정에 대해 지급상한액만을 정한 것이라고 하는 설명의 부당성에 대해서는 이미 언급한 바 있다(拙稿, 1990, 「高麗 二軍 六衛制의 性格」, 『韓國史硏究』 68, 34~36쪽).

140) 千寬宇, 1979, 「閑人考」, 『近世朝鮮史硏究』, 9쪽. 반면 姜晉哲은 "未及此年科等者"에 해당하는 이들을 雜類로 보고 있다. 姜晉哲, 1980, 『高麗土地制度史』, 38쪽.

141) 吳英善, 1991, 「高麗前期 軍人層의 二元的 構成에 關한 硏究」, 서울대학교 석사학위논문, 37쪽.

海領, 監門軍은 하급양반층 등으로 이루어진 상층군인들에 대한
兵種別 구분이 아니었나 추측된다.

그러므로 2군의 병종은 마·보군으로 나뉜 것으로 봄이 타당한
듯하고, 이에 따라 시정전시과에서는 명기되지 않았던 군사에 대한
給田 규정으로서 穆宗 元年 改定田柴科에서 17科 馬軍 23結, 18科
步軍 20結이 나오게 되었을 것이다. 과거 역분전을 지급받은 일부
군사들이 일반 대다수의 군사와 구별되어[142] 군반씨족으로 고정되
는 과정을 거치고 상층군인인 二軍으로서 개정전시과 안에서 각각
그 兵種에 따라 전시과의 급전대상이 된 것이다.

馬軍과 步軍의 兵種으로 나뉘어 상층군인이 된 2군에 대한 전시
과 급전규정은, 문종 30년에 馬軍은 16科 22結, 步軍은 17科 20結
로 되어 위의 목종대에 비하면 科等上의 변동과 馬軍에 대한 지급
내용에서 약간의 변화가 보인다. 이 경우 2군에게 지급된 군인전의
규모는, 2군 兵種의 하나인 馬軍이 받은 22결을 기준으로 하면 대
략 3000명×22결로서 총 6만 6천여 결이 필요했을 것이다. 이후 고
려의 전시과체제가 유지되는 동안에는 이 규정에 따라 전시과가 지
급되었다.

---

142) 일반 대다수의 군사는 호족의 영향력 아래 있으면서 고려 군사로 동원
되었다.

제3장 六衛의 성립과 그 성격

1. 六衛의 기원과 구성

太祖의 고려 건국은 자신의 강력한 군사적 기반을 토대로 이루어진 것이 아니라, 궁예 휘하에서 뛰어난 역량을 발휘하여 지지 기반을 확보해 오다가 궁예의 失政으로 민심이 궁예를 떠났을 때 광범위한 민중의 지지를 얻어 냄으로써 가능하였다는 것은 이미 밝혀진 대로다.[1] 건국 당시 태조가 갖고 있던 군사적 기반이라는 것은 당시 泰封의 집권층이 호족으로서 독자적인 기반을 가지고 있었던 것에 비하면 보잘것 없었던 것으로 보인다. 태조의 군사적 기반이 이렇게 빈약했던 이유로는 우선 태조의 출신가문이 한미했다는 것을 들 수 있다.

태조의 가문은 원래 松嶽을 근거지로 하는 호족집안으로, 통일신라 말 전국 각지에서 볼 수 있었던 群小豪族들 가운데 하나였다. 그러던 중 왕건대에 이르러 당시 鐵原을 기반으로 하여 세력을 확장해 나가고 있던 궁예 휘하에 포섭되기에 이르렀다. 왕건이 궁예 휘하로 들어가게 되었을 때 왕건 자신이 송악의 호족으로서 휘하에

---

[1] 河炫綱, 1984,『高麗王朝 成立期의 諸問題』; 1988,『韓國中世史硏究』, 35쪽.

거느리고 있던 사병들도 역시 泰封의 군사력으로 흡수되었다. 물론 그렇다고 해서 태조가 거느리고 있던 사병이 그와 전혀 무관한 군사가 된 것은 아니었을 것이다. 아마 왕건은 그가 송악의 호족으로 있으면서 거느렸던 사병을 궁예 휘하에 들어가서도 지휘하였을 것이며, 이 같은 상황은 왕건과 유사하게 태봉 정권에 흡수된 다른 호족들도 마찬가지였을 것이다.[2]

태봉정권 아래에서 왕건은 뛰어난 戰功을 세우며 궁예의 인정을 받게 되고 그에 따라 그의 지휘권도 확대되어 갔다. 물론 그렇다고 해서 그 자신의 독자적인 의사대로 직접 지휘할 수 있는 군사를 확보해 나갈 수 있었던 것은 아닐 것이다. 우선 그가 私兵으로 거느린 군대는 송악의 호족으로 있던 시절에 거느렸던 것보다 크게 늘지 않았던 것으로 보인다. 따라서 태조가 정권 전복을 꾀했을 당시 군사적 기반을 장악하고 있었던 자들은 왕건이 아니라 태봉의 정권에 깊숙이 관여하고 있던 집권층이었다고 생각된다.

이들 집권층은 정권 전복 당시의 상황으로 미루어 알 수 있듯이 태조의 지지 기반이 아니었다. 그들은 태조의 정권 전복이 광범위한 民의 지지를 받아 기정사실화되자 현실을 인정하여 태조에게 동조하고 고려 정권에 참여하였던 것이다. 물론 그들이 소유하고 있던 군사력은 왕건의 그것보다 월등히 강력하였다. 태조는 이러한 군사력을 직접 통솔할 수 없었으며, 단지 호족들을 매개로 해서만 동원할 수 있었다.[3] 즉 건국 초 고려의 군사력은 이처럼 빈약한 국왕의 군사력과 이에 비해 보다 강력한 호족들의 私兵들로 이루어

---

2) 『三國史記』 권50, 弓裔傳 ; 『三國史記』 권12, 新羅本紀 孝恭王 4年 10
  月, 8年 참조.
3) 桓宣吉, 溟州將軍 王順式, 朴述熙는 이 같은 사병을 거느린 대표적인
  호족으로 생각된다.

진 매우 주목되는 형태를 지니고 있었을 것이다.

한편 건국 초 고려의 군사력은 전반적으로 보아 후백제에 비해 열세에 놓여 있었다. 때문에 이러한 난점을 극복하기 위한 하나의 방법으로서 태조는 전국 각지에 분포되어 있는 호족들을 적극적으로 포섭·수용하였다. 이러한 호족세력의 수용정책은 후백제와의 대결에서 우위를 확보하고 종국적으로는 후백제를 제압함으로써 후삼국 통일의 위업을 달성하는 데 중요한 역할을 하였다. 그러나 이렇게 새로이 포섭된 호족들의 군사력도 역시 호족들을 매개로 해서만 동원할 수 있는 것이었다.

따라서 호족들의 군사력이 고려 정권에서 차지하는 비율은 여전히 압도적이었고,[4] 이 때문에 고려 정권은 후삼국 통일 후에도 여전히 호족연합정권이라는 성격을 벗어날 수 없었다.

그러나 점차 왕권이 안정되어 감에 따라 왕권 확립에 가장 저해요소가 되는 호족들의 사병에 대한 근본적인 대책이 마련되어 갔다. 호족세력은 광종 11년의 대대적인 호족 숙청작업으로 결정적인 타격을 입고, 이 때부터 적어도 중앙 호족들의 사적 군사력은 해체되어 나가면서 왕권 아래 흡수되기 시작하였다.

이러한 흐름은 成宗朝에도 계속되었다. 특히 성종 7년경에는 지방호족들의 私兵들까지 일정하게 왕권 아래 예속시키는 데 성공하였다. 이렇게 해서 호족의 휘하에 있던 사병을 대부분 왕권 아래 흡수하게 되자 국가는 흡수한 사병들을 국가적 公兵으로 전환시키는 방법을 모색하기에 이른다. 여기에서 마련된 것이 바로 六衛制度로 보인다.

六衛의 구성원이 호족 예하의 사병이었다는 것에 대해서는, "국

---

4) 『高麗史』 권2, 世家2 太祖 19年 9月.

왕 자신을 위하여, 꼭 친위군이 아니라고 하더라도 국가를 위하여 힘써 온 군인들을 6위제도의 시행을 통하여 공병으로서의 지위를 갖도록 해 주었다고 볼 수 있는 가능성이 있다"[5]는 견해도 있다. 그러나 고려 초의 허약한 왕권과 강력한 호족세력이라는 구도를 염두에 둘 경우 다소 설득력이 떨어지지 않는가 생각된다. 실제로 국왕과 국가를 위하여 힘써 온 군사가 6위로 정비될 정도로 많았더라면, 고려 초의 왕권 미약이라는 상황은 상정하기 곤란하다.

호족들의 사병이 唐의 府兵制를 모방한 六衛制로 성립을 보게 된 데는 그들이 주로 농민으로 이루어진 군인이었다는 점에 기인한다. 唐의 부병제는 원래 모든 농민에 대한 均田을 전제로 하며, 이 중 일정 비율로 부병이 선정되어 군역의 의무를 지고 그 대신 租 · 庸 · 調의 의무를 면제받는 것이다. 따라서 농민은 군역과 조 · 용 · 조의 의무에서 벗어날 수 없다.[6]

그러나 고려의 부병제는 唐과는 달리 균전을 전제로 한 것이 아니며 모든 농민이 군역을 지는 것도 아니었다. 군역을 지는 농민은 호족들의 사병으로서 국가적인 公兵體系로 파악된 층이고, 농민층 가운데에는 이 군역과는 별개로 一 · 二 · 三品軍으로서 국가의 力役에 충당된 또 하나의 계층이 있었다. 따라서 국가의 公兵이 되는 농민층은 力役을 부담한 농민층과는 다르게 계속적으로 軍役戸로 파악되었으며, 군역을 잇는다는 조건이 계속되는 한 군역호로 세습되었다. 이 점에서 6위군은 2군과 마찬가지로 세습적인 성격을 띠었던 것으로 생각된다. 그러나 6위군은 군역호로서 세습되는 존재

---

5) 홍승기, 1994, 「高麗初期 京軍의 二元的構成論에 대하여」, 『李基白古稀紀念韓國史學論叢(上)』, 545쪽.

6) 李基白, 1968, 「高麗初期 兵制에 관한 後代 諸說의 檢討」, 『高麗兵制史研究』, 13쪽.

였다고는 해도 전시과 給田體系 안에 들어 있는 군반씨족과 같은
전문군인의 신분은 아니었을 것이다.

2군도 결원이 있을 때는 選軍으로 충당된 것으로 보이지만, 그것
은 보편적인 경우가 아니었다. 이에 비해 6위군의 경우는, 결원을
보충하기 위해 비정기적이지만 큰 규모의 選軍이 있었고, 그 선군
의 대상이 되는 신분은 주로 농민층이었다. 그러한 점에서 6위군은
전문군인인 2군과 같은 고정적인 신분이었다고는 볼 수 없다. 이는
唐의 府兵이 토지를 매개로 하여 대를 이어 부병이 된다고 해도 이
를 군역을 담당하는 전문적 군인이라는 고정적 신분으로 볼 수 없
는 것과 마찬가지다.

정리하자면, 원래 호족의 사병들은 호족들이 확보하고 있던 각
지역에서 호족들의 경제적 기반을 뒷받침하는 생산활동에 참가하
고 있었고, 여기에서 호족 예하 사병들의 兵農一致的 성격을 짐작
할 수 있다. 사병들이 갖고 있던 이러한 성격이 호족세력의 해체와
함께 그들에 대한 직접적인 지휘권이 왕권으로 넘어갔다고 해서 달
라질 리는 없다. 즉 그들은 여전히 병농일치적인 성격을 띠는 군인
이었고, 왕권으로서도 이러한 성격은 계속 유지시켜 나갈 필요가
있었다. 재정적인 부담 등을 고려하여 왕실 친위군까지 축소시키던
상황이었음을 염두에 두면 더욱 그러하다. 이처럼 해체된 사병을
국가 아래로 흡수하여 그 통제 아래 두되, 원래의 병농일치적 성격
은 그대로 살리기 위해 수용한 것이 바로 唐의 부병제였던 것이
다.[7]

한편 호족들의 사병을 해체하여 국가의 公兵體系로 재편성하면

---

7)『高麗史』,『高麗圖經』,『宋史』등에서는 고려의 군제를 획일적으로 府
  兵制로 묘사하는 부분이 있다. 그러나 과연 고려 군제를 이처럼 일원적
  으로 볼 수 있는가에 대해서는 면밀한 검토가 필요하다.

서 특별히 당나라의 부병제라는 형식이 모색된 것은, 당나라 문물을 수입하여 이를 국가적인 통치체계의 확립에 이용하고자 한 성종의 정책과도 관련이 깊다. 즉 성종은 兵制에서 당나라 제도를 채용하는 것이 중앙집권적인 통치질서를 확대해 나가는 데 필요하다고 보았을 것이다.

그런데 당나라 부병제 원리에 입각하여 성립한 6위제가 원활히 운영되기 위해서는 唐의 折衝府와 같이 부병의 交代 番上을 계속적으로 유지·관장할 수 있는 地方軍府의 정비가 뒤따라야 했다. 국가의 公兵組織인 六衛의 시작으로 左·右衛가 등장하는8) 성종 9년부터 절충부가 모습을 보이게 된 것은 이런 의미에서 매우 시사적이다.9) 그리고 6위가 완비되는 성종 14년경이 되면 이 절충부가 6위의 番上을 실질적으로 담당하게 된 것으로 보인다.10)

단 목종대 이후가 되면 절충부라는 이름을 찾아보기 어려워지고 문종 30년 更定田柴科에서는 아예 절충부라는 이름이 보이지 않는다. 이 때문에 절충부를 통한 府兵制의 실시가 무산된 것이 아닌가 하는 의문을 품을 수도 있지만,11) 이는 6위를 대상으로 한 부병제

---

8) 『高麗史』 권81, 志35 兵1 兵制 成宗 9年 10月, "置左右軍營".
9) 『高麗史』 권3, 世家3 成宗 9年 秋9月 丙子, "教曰 凡理國家 必先務本 務本莫過於孝 …… 折衝府別將趙英葬母家園 朝夕祀之 …… 趙英超 十等 授銀青光祿大夫檢校侍御司憲 左武候衛翊府郎將".
10) 折衝府는 목종 원년의 전시과 급전 규정에서도 확인된다.
11) 이 절충부에 대해서 이기백은 唐의 절충부와 같이 부병의 番上을 담당한 지방군부였을 가능성을 배제하고 있다(李基白, 1968, 「高麗軍人考」, 『高麗兵制史研究』, 100~101쪽). 홍승기는 절충부가 왜 2군은 안 되고 6위군에만 해당되는지에 대한 설명이 따로 있어야 할 것으로 지적하고 있다(洪承基, 1994, 「高麗初期 京軍의 二元的構成論에 대하여」, 『李基白古稀紀念韓國史學論叢(上)』, 545쪽). 절충부와 2군이 관계 없는 것은 누차 언급했듯이 2군은 절충부를 통하여 번상하는 군인이 아니기

의 실시가 실패로 돌아가서가 아니라 府兵의 番上을 관장하는 기
관이 바뀌었기 때문이다.[12]

6위는 고려의 건국과 후삼과 통일에 도움을 준 호족들의 사병이
국가적인 公兵體系로 새로이 편제되면서 성립된 것으로, 이는 당나
라의 병농일치적 부병제를 모범으로 하고 있다.

그러나 6위의 保勝·精勇의 운영 원리가 당나라의 부병제와 과
연 같은 것이었을까에 대해서는 다소 의문이 있다. 왜냐 하면 6위
의 보승·정용에게는 당나라 부병제의 전제가 되는 '均田'이 없었
고, 또한 모든 농민이 6위로 편성되는 것도 아니었기 때문이다. 예
컨대 농민 가운데 일부가 6위군으로서 군역을 담당한 것은 분명하
지만, 농민의 또 다른 일부는 6위군과 달리 一·二·三品軍으로서
力役의 징발대상이 되었던 것이다. 그러므로 6위가 당나라 부병제
의 원리를 모방한 것은 분명하지만, 당나라 부병제와 동일한 의미
의 병제였다고 단정지어서는 안 될 것이다.

완전한 정비가 이루어졌을 때의 6위는 左·右衛(保勝10, 精勇3),
神虎衛(保勝5, 精勇2), 興威衛(保勝7, 精勇5), 金吾衛(精勇6, 役領
1), 千牛衛(常領1, 海領1), 監門衛(1領)로 구성되었으며, 1領의 正
軍訪丁人이 1천 명으로서 그 총수는 4만 2천에 달했다.[13] 성종 9년
左·右衛의 설치와 함께 등장했을 때의 6위는 이후 番上組織 등의
준비를 고려할 때 단계적으로 설치되었을 것이고, 대체적인 윤곽이
잡힌 것은 전면적인 官制整備가 이루어진 성종 14년으로 짐작된
다.[14] 지금까지는 이 성종 14년 시기에 6위 42령이 완비된 것으로

────────────

때문이다.
12) 그 같은 유력한 기관으로서 選軍을 꼽을 수 있다.
13) 『高麗史』 권81, 志35 兵1 兵制.
14) 李基白, 1968, 「高麗 二軍·六衛의 形成過程에 대한 再考」, 『高麗兵制

보아 왔으나 필자는 이와는 견해를 좀 달리한다.

즉 성종 14년에 완성된 6위는 兵志에 보이는 바와 같이 保勝 22領, 精勇 16領, 海領·役領·常領·監門衛 각 1領으로 도합 42領으로 구성된 것이 아니라, 이 가운데 海領·役領·常領·監門衛 각 1領이 빠진 保勝·精勇 38領으로만 구성되었다. 다음 자료가 이를 짐작케 해준다.

　고려 태조는 三韓을 통일하고 처음으로 6위를 설치하였는데 衛에는 38領이 있고 領에는 각각 1천 명의 군대가 있었다. 상부와 하부가 서로 연결되고 체계가 확립되어 있었는데 唐의 府兵 衛兵 制度와 유사하였다.[15]

태조가 후삼국 통일 후 6衛 38領을 설치했다는 위의 기사는 6위 설치 시기의 신빙성이 의심되어 온 관계로 사료로서의 가치를 인정받지 못했지만, 6위의 설치 시기에 관한 부분만 제한다면 이는 6위의 최초의 모습을 전하는 정확한 기록이라고 할 수 있다. 『高麗史』의 역사 편찬 태도를 보면, 태조 당시에 이미 모든 제도가 갖추어지고 통치체제가 바람직하게 정비되었음을 강조하려는 경향이 강함을 알 수 있다. 6위의 설치 시기를 태조대로까지 올려잡은 것도 역시 그 같은 연속선상에서 볼 수 있을 것이다. 즉 위의 기사는 설치 시기는 몰라도 적어도 6위의 내용 자체는 완전한 허구로 볼 수 없는 것이다. 실제로 완비된 6위가 42領이었음에도 불구하고 굳이 기록에 38領으로 설치되었다고 한 것을 보면, 역시 설치 시기는 문제

史硏究』, 79쪽.

15) 『高麗史』권81, 志35 兵1, "高麗太祖 統一三韓 始置六衛 衛有三十八領 領有千人 上下相維 體統相屬 庶幾乎唐府衛之制矣".

삼을 수 있다 해도 6위의 최초 모습이 38領이었다는 것은 사실로서
받아들일 수 있지 않을까.

요컨대 성종 14년 당시에는 6위가 38領으로 구성되었고, 保勝·
精勇의 합이 38령이었다는 점을 염두에 두면 당시의 6위는 保勝·
精勇만으로 구성되었던 것이 아닌가 생각된다. 그러던 것이 지방과
중앙을 番上하는 유동적인 농민군인 保勝·精勇만으로는 金吾·
千牛·監門衛 같은 특수 임무를 띤 부대의 유지가 불편하였으므로
고정적인 인원을 두고 운영할 필요가 생기게 된 것으로 보인다. 이
에 따라 이제까지 보승·정용만으로 구성되어 있었을 千牛·監門
衛에 새로이 海領·常領과 監門衛 각 1領을 설치하고, 종래 여기
에 속해 있었을 보승·정용은 다른 衛로 이동시키고 金吾衛에는
단지 役領 1領을 추가 설치한 것으로 생각된다.

이처럼 6위 소속 군으로서 4領을 추가 설치하게 된 것은 통치조
직의 강화와 그에 따른 임무의 전문화를 꾀한 국가 지배체제의 완
비와도 궤를 같이한다. 6위에 새로 설치된 海領·役領·常領·監
門衛의 각 1領 가운데 役領과 監門衛 1領씩은 문종 30년 更定田柴
科에 보이고 있으므로 최소한 문종 30년까지는 설치된 것이 분명하
고, 海領과 常領도 문종 30년까지는 설치된 것으로 보인다.16) 그리
고 잠깐 언급했듯이 새로 설치된 4領은 보승·정용과 같이 번상하
지 않고 일정한 곳, 즉 開京에 상주하는 특성을 가졌던 것으로 생
각된다. 왜냐 하면 이들 4領의 임무는 農民番上軍이 맡기에는 매우

---

16) 『高麗史』 권81, 志35 兵1 兵制 五軍 文宗 23年 10月, "判 軍人年老身
病者 許令子孫親族代之 無子孫親族者 年滿七十閒屬監門衛 至於海
軍 亦依此例". 海領으로 보이는 海軍은 문종 23년에 그 존재가 확인된
다. 常領은 설치 연대가 확인되지 않지만 海領에 준했다고 보아 큰 무
리가 없을 것이다.

특별한 임무였기 때문이다. 특히 4領 가운데 役領·監門衛의 각 1領에 대해서는 그 임무의 중요성에 비추어 조직상 6위에 속해 있으면서도 예외적으로 전시과 군인전이 지급되었다. 여기에서 특별히 주목할 존재가 監門衛다.

군반씨족제설의 경우, 6위의 하나인 이 監門衛를 京軍 가운데 가장 저급한 군인으로 보고 이고 이들이 급전 대상이 된 이상, 2군6위 즉 京軍은 모두 군인전을 받았다고 보고 있다. 이는 전시과의 급전 대상이 되는 군인은 일부 제한된 군인이라는 견해를 봉쇄해 온 유력한 근거가 되어 왔다. 그러나 감문위는 결코 열등한 군인이 아니었으며, 감문위가 급전 대상이 되었다고 해서 6위가 모두 급전 대상이 된 것도 아니다. 확실히 감문위에는 70세 이상의 부모를 가진 京軍과 年老·病弱者가 속한 것은 사실이지만,17) 이는 감문위가 비교적 육체적 활동과 위험 부담이 적다는 특성과 관련하여 배려된 조치였다. 즉 감문위는 병약자나 70세 이상의 부모를 가진 자들로만 구성되었던 것이 아니다. 오히려 주종을 이룬 것은 아무런 결격 사유 없이 감문위의 임무를 충실히 수행해 나갈 수 있는 특별히 신임을 받는 자들이었다고 생각된다. 요컨대 감문위는 결코 열등한 군인이 아니라, 그 임무의 성격에 비추어 보승·정용과는 달리 번상하지 않는 자들로 선발·구성되었을 것이며 전시과 군인전은 그에 대한 경제적인 보상으로 보아야 할 것이다. 단 특별한 사정으로 인해 감문위에 편성된 番上中인 보승·정용에 대해서는, 군인전이 그들의 民田 위에 주어진 관계로 전시과 군인전이 지급되지 않았

---

17) 『高麗史』 권81, 志35 兵1 兵制 五軍 文宗 卽位年, "凡軍人有七十以上 父母而無兄弟者 京軍則屬監門 外軍則屬村留二三品軍 親沒後 還屬 本役" ; 『高麗史』 권81, 志35 兵1 兵制 五軍 文宗 23年 10月, "軍人年 老身病者 許令子孫親族代之 無子孫親族者 年滿七十閒屬監門衛".

다고 보아야 할 것이다.

海領과 常領의 경우는 전시과 지급 규정에는 언급되어 있지 않으나 그들 역시 전시과 군인전을 지급받은 것으로 보인다. 그렇게 본다면, 문종 30년 갱정전시과에서 군인전의 지급 대상이 된 것은 馬軍이나 步軍의 한 兵種에 속하는 2군과, 6위 가운데 役領·海領·常領·監門衛의 1領이 된다.

그렇다고 해서 6위의 나머지 保勝·精勇에게는 군인전이 주어지지 않았다는 뜻은 아니다. 이들 6위의 보승·정용에게는 전시과와는 체계를 달리하는 군인전이 주어졌을 것이다. 요컨대 고려의 군인전에는 전시과 군인전과 함께, 6위 보승·정용에게 주어지는 군인전이 따로 있었던 것이다.[18] 다음 자료는 전시과 군인전과 함께 그 밖에 다른 軍田이 있었음을 보여준다.

　　전법판서 조인옥 등이 역시 상소하기를, …… 360장처전은 공상을 하기 위한 것이며 전시과 구분전은 사대부를 처우하고 장려하기 위한 것이며 주, 부, 군, 현, 향, 소, 부곡, 진, 역리들과 모든 국역을 지는 자들이 모두 토지를 받은 것은 민생을 후하게 하여 나라의 뿌리를 자라게 한 것이며 42도부 4만 2천 명의 군인이 모두 토지를 받은 것은 군비를 중히 여긴 것이니 …… 근래에 탐심 있는 자들이 권세를 마구 휘둘러 장처전, 전시과, 외역전, 군전이 모두 이들의 아래로 들어갔다.[19]

---

18) 본서와는 시각을 달리하지만 군인전에 두 가지 계열이 있었을 것이라는 점은 언급된 바 있다(吳一純, 1985, 「高麗前期 部曲民에 관한 一試論 - 田柴科制度 一品軍과의 관련을 중심으로 - 」, 『學林』 7).

19) 『高麗史』 권78, 志32 食貨1 田制 祿科田 辛禑 14年 7月, "典法判書趙仁沃等亦上疏曰 …… 三百六十莊處之田 所以奉供上也 田柴口分田 所以優士大夫礪廉恥也 州府郡縣鄉所部曲津驛之吏 以至凡供國役者

다음 사료에서 보이는 皇甫兪義가 탈취하려 한 京軍永業田도 6위 보승·정용의 民田 위에 설정된 그 같은 군인전으로 추정된다.

경술 용병 이후 군액이 증가하여 이로 백관의 녹봉이 부족하여 왕보유의가 중추원사 장연우와 함께 건의하여 경군 영업전을 빼앗아 녹봉에 보태니 무관들이 불만을 품었고 …… 토지를 빼앗긴 것으로 무리의 화를 격하게 해 제위군사를 유혹하니 군사들이 대궐에 난입하였다.[20]

이렇게 해서 고려왕조의 안정과 발맞추어 고려 특유의 2군제와 함께 당나라의 부병제를 모범으로 하되 차별성을 띤 6위제가 고려의 兵制로서 자리를 잡게 되었다. 여기에서 주목할 사실은 2군의 경우 군반씨족으로 계승되었기 때문에 별도로 치더라도, 6위의 군인이 될 수 있는 자들은 모든 농민층이 아니라 군역을 감당할 수 있는 제한된 계층이었고 이를 제외한 나머지 농민층은 1·2·3품군의 力役部隊로 흡수되었을 것이라는 점이다.

이는 兩界地域은 예외로 하더라도, 그 이외 지방의 농민층을 전부 番上侍衛軍으로 동원할 형편이 못 되었다는 사실을 의미한다.[21] 즉 모든 농민을 번상하는 6위의 보승·정용으로 삼기에는 당

莫不受田 所以厚民生而殖邦本也 四十二郡府 四萬二千之兵皆授以田 所以重武備也…… 近來貧墨擅權莊處田柴外役軍田 皆入其門".

20) 『高麗史』 권94, 列傳7 皇甫兪義, "自庚戌用兵以來 增置軍額 由是百官祿俸不足 兪義與中樞院使張延祐建議 奪京軍永業田 以充祿俸 武官頗懷不平 …… 以奪田激衆怒誘諸衛軍士 鼓譟闌入禁中".

21) 고려의 군인은 그 근간을 이루는 2군6위, 즉 京軍과 또 京軍과 밀접한 관련을 가지는 州縣軍 및 國防의 중추적 역할을 하는 양계지방의 州縣軍의 세 가지 체계로 대별된다.

시 농민층의 상황이 너무 열악하였고, 때문에 군역을 담당할 수 없는 농민들은 1·2·3품군으로 편성하여 노동부대로서 國役에 동원한 것으로 보인다.

그러나 이러한 6위군과 1·2·3품군의 구분은 언제까지 계속될 수는 없었다. 우선 여진 정벌 때 기존의 군대 외에 따로 동원한 別武班은 논외로 하더라도, 무신정권 하에서의 私兵 난립과, 몽골 침략으로 인한 국가적 위기 상황 속에서 무차별적으로 행해진 농민징병은 고려 전기 때처럼 농민층을 6위군과 1·2·3품군으로 구분할 만한 여유를 주지 못했을 것이기 때문이다.

이렇게 되자 모든 농민을 군인으로 파악하는 軍民無別의 상태가 초래되었다.[22] 따라서 軍民無別의 상태를 국초부터 계속되어 온 것으로 보는 견해[23]는 재고해 보아야 한다. 적어도 6위군과 1·2·3품군이 구별되었던 시점까지는 정확한 의미의 軍民無別은 있을 수 없기 때문이다.

고려 중기 이후에 들면서 6위군과 1·2·3품군의 구별 없이 모든 농민을 무작위로 징병하게 되었다는 사실은 큰 의미를 갖고 있다. 비록 軍民無別의 상태가 몽골의 침입 등 여러 정치적인 제반 상황에 의해 비롯된 것이라고는 하더라도, 이는 모든 농민을 군역의 대상으로서 일률적으로 파악하는 길을 열어 주었기 때문이다. 이것은 이제까지 제한된 농민만이 6위의 보승·정용이 되었던 상황과는 판이한 것이었다.

모든 농민이 군역의 직접적 대상자가 된 것[24]은 조선시대에 들

---

22) 『高麗史』 권32, 世家32 忠烈王5 33年 12月, "前王欲依上國之制 定軍民 崔有渭駁之 乃止". 軍民無別은 실제 상황임을 알 수 있다.

23) 『高麗史』 권27, 世家27 元宗3 15年 2月 甲子, "竊念 小邦軍民元來無別 並命赴役 儻延旬月 其如農何 然力所可及 敢不殫竭".

어 모든 농민이 國民皆兵制에 입각하여 府兵으로서 군역을 지게
되는 사실과 무관하지 않다.[25] 물론 조선시대의 국민개병제 실시는
무엇보다도 고려 중기 이후의 농민들의 경제적 성장에 뒷받침되었
던 것으로 추측된다.[26] 요컨대 조선에서의 府兵制 실시는, 농민을
일괄적인 軍役 담당자로 파악하기 시작한 고려 중기 이후의 경향
과, 이를 실질적으로 뒷받침해 줄 수 있는 농민층의 성장으로 가능
했던 것이다.

중앙집권적 통치권의 강화가 고려국가의 지향점이었다는 면에서
볼 때, 모든 농민층을 중앙의 파악 하에 두고자 한 시도는 兵制的
인 측면에서나 政治的인 측면에서의 발전이라고 할 것이다. 즉 고
려 중기 이후의 시기는 비록 여러 가지 면에서 혼란스러운 시대이
기는 했으나, 이 시기에 농민층이 성장하고 이를 바탕으로 조선조
에 보다 중앙집권적인 軍制가 등장하였다는 면에서도 결코 부정적
혹은 과소평가되어서는 안 될 것이다.

2. 六衛 特殊領의 설치

태조의 친위군에서 비롯된 2군은 군반씨족으로서 그 신분이 고

---

24) 조선시대의 府兵制도 唐의 부병제와 같지 않았다. 우선 조선의 부병제
   는 均田이 없다는 점에서 고려와 일치하지만, 모든 농민이 府兵의 대
   상으로 확대되었다는 점에서 고려와 차별성이 있다.
25) 고려 후기에 들어 모든 농민이 군역을 지게 된 것은 아니며, 일품군 등
   과 같은 役軍이 여전히 보이고 있다. 그러나 이러한 구별은 점차 사라
   지게 된다.
26) 李基白, 1969, 「高麗末期의 翼軍」, 『李弘稙博士回甲紀念韓國史學論
   叢』.

정되어 갔을 뿐만 아니라 軍班이라는 그들의 신분에 준하여 文武官僚 및 吏屬들을 포함한 하급관료와 함께 田柴科를 지급받는 지배층의 범주에 속하는 사회계층이었다. 따라서 2군은 고려의 군인 가운데 일반 농민으로 구성되는 군인들과는 구별되는 일종의 상층군인이라고 할 수 있다.

그런데 고려의 京軍에는 일반 농민으로 구성되는 군인과 구별되는 상층군인으로서 2군만이 존재했던 것이 아니다. 고려는 2군 외에도 국가 지배체제의 정비와 함께 요구되는 특수 군역을 또 다른 상층군인을 통해 충당시킬 필요가 생기게 되었다. 여기에서 등장한 것이 6위 가운데 保勝·精勇을 제외한 千牛衛의 常領, 海領, 金吾衛의 役領, 監門衛의 監門軍이다.

6위는 고려 왕권의 신장으로 중앙의 집권력이 강화됨에 따라 국초에 호족들의 휘하에 있던 사병을 호족과 분리시켜 番上組織 안에서 국가의 公兵으로 파악할 수 있게 되고 또 점차 국가의 집권력이 미치게 된 지역의 피지배층을 그들의 경제적 처지에 따라 역시 番上體制 안에서 軍役에 편입키게 됨으로써 점차 마련된 것이다.

『高麗史』兵志1 兵制에 의거하여 6위의 완비된 형태를 보면 다음과 같았다.

左右衛(保勝10, 精勇3), 神虎衛(保勝5, 精勇2), 興威衛(保勝7, 精勇5), 千牛衛(常領1, 海領1), 金吾衛(精勇6 役領1), 監門衛(1領)의 총 42령으로 편성되었는데, 保勝이 22領, 精勇이 16領으로서 합쳐서 38領이고, 特殊領으로서 常領·海領·役領 각 1領과 監門衛 1領의 4領이 있었다.[27)]

6위 보승·정용의 38령은 州縣軍條의 보승·정용의 番上에 의한

---

27) 『高麗史』권81, 志35 兵1 兵制 二軍六衛.

것으로, 이들이 農民番上軍이라는 점은 의심할 여지가 없다.28) 따라서 6위의 보승·정용은 일반 농민으로 구성되는 군인으로서 2군과 같은 상층군인과는 구별되는 피지배계층 출신의 하층군인이라 할 수 있다.

그러나 6위의 구성원이 모두 보승·정용과 같이 피지배계층인 일반 농민으로 구성되어 번상하는 하층군인으로 구성되어 있었던 것은 아니다. 즉 6위의 구성원 가운데에는 다음과 같이 피지배계층인 농민으로 구성되는 군인과는 구별되는 다른 존재가 확인된다.

> 지금 나라가 태평하고 사람들이 옛날과 같으니 마땅히 1領에 각각 100~200명씩 보충할 것이다. 그리고 서울 5부 坊里에서는 각 司에서 일 보는 令史, 主事, 記官, 蔭品官의 아들로서 役賤에 종사하는 사람을 제외하고 그 밖의 양반과 중앙 및 지방에 있는 백정의 아들로서 15세로부터 50세까지 뽑아 내어 보충하기로 한다. 選軍別監은 전과 같이 田丁을 계속 일하게 하고 그 領 내에 十將이나 六十 가운데 빈자리가 생기면 타인은 제외하고 모두 영 내의 丁人으로 일을 보게 하고 中禁, 都知, 白甲으로 특별히 보내는 것도 또한 丁人을 보내기로 한다.29)

위의 사료는 지배층으로서 諸衛軍人이 되는 예를 보여주는 중요

---

28)『高麗史』권81, 志35 兵1 兵制 五軍 文宗 4年 10月, "諸衛軍士 國之爪牙宜於農隙 敎金鼓旌旗坐作之節";『高麗史』권22, 世家22 高宗1 4年 10月 丙寅, "又軍士有因取冬衣 請去歸鄕 久不番上者 督令赴京".

29)『高麗史』권81, 志35 兵1 兵制 五軍 靖宗 11年 5月, "今國家大平人物如古 宜令一領各補一二百名 京中五部坊里 除各司從公令史主事記官有蔭品官子有役賤口外 其餘兩班及內外白丁人子 十五歲以上五十以下選出充補 令選軍別監依前田丁連立 其領內十將六十有闕除他人 並以領內丁人 遷轉錄用中禁都知白甲 別差亦以丁人".

한 사료다. 그렇다면 지배층(兩班, 鄕吏, 閑人 등)이었던 이들이 諸
衛軍人으로 편성되었을 때 과연 일반 농민으로 구성되는 農民番上
軍과 같은 조직 안에 속하였을까 하는 문제가 제기될 수 있다. 즉 6
위 가운데 농민번상군인 보승·정용 안에 이들이 과연 혼재되어 편
성되었겠느냐 하는 것이다. 중세 신분사회인 고려에서 지배층 출신
의 군인들이 일반 피지배층 신분의 군인과 같은 단위조직에 속하여
군역을 담당했다고 보기는 어렵다. 이런 관점에서 볼 때, 지배층 출
신의 군인은 일반 피지배층 출신의 군인과는 구별되는 별도의 조직
으로 편성되어 군역을 담당했다고 보아야 할 것이다.

그렇다면 6위 안에는 피지배층으로 편성되는 조직 외에 지배층
으로 구성되는 다른 단위조직이 있어야 한다. 여기에서 주목되는
존재가 바로 6위 가운데에서 일종의 特殊領이라고 볼 수 있는 千
牛衛의 常領과 海領, 金吾衛의 役領, 監門衛이다. 지배층은 바로 6
위 가운데에서도 이들 특수 조직을 통해 군역에 참여한 것은 아닐
까.

여기에서 役領과 監門軍이 문종 30년 更定田柴科의 급전 대상
으로서 규정되어 있는 점은, 이들이 일반 피지배층으로 이루어진
군인이 아니라는 것을 강력하게 뒷받침해 준다. 더욱이 常領과 海
領 역시 전시과의 지급대상이 되었을 것임을 고려하면, 이들 특수
령은 모두 전시과의 지급대상이 되었다고 볼 수 있다.[30] 이는 고려

---

30) 필자는 과거 海軍이 전시과의 지급 대상이 되지 못한다고 보았는데(拙
稿, 1990,「高麗 二軍 六衛의 性格」,『韓國史研究』68, 63쪽), 이는 海
軍의 구분전 지급에 기준이 되는 군인이 전시과의 지급 대상이 되지
못하는 농민부병이라고 생각했기 때문이다. 그러나 해군의 구분전 지
급에서 기준이 되는 군인이 70세까지 監門衛에 속했다는 것은, 농민부
병이 60세까지 군역을 부담한다는 점을 고려할 때, 이들이 농민부병이
아닌 전문군인이었음을 의미한다. 따라서 海領에게 구분전이 지급되었

의 피지배층으로 구성되어 전시과의 지급 대상이 되지 못했던 다른 군인들과는 크게 대조되는 점이다.

이 같은 견해는 다음 사실을 통해서도 뒷받침된다. 즉 海領·常領·役領·監門軍은 6위에 소속되어 있으면서도 보승·정용이 州縣軍 속에서 番上하는 존재였던 것과는 달리 州縣軍 안에서 그 존재를 찾아볼 수 없다. 이는 이들이 일반 농민군인 보승·정용처럼 번상하는 군인이 아니었음을 보여준다. 즉 이들은 번상하지 않고 중앙에 거하면서 그 임무를 수행하는 일종의 특수군이었던 것이다.

6위 내에서 이러한 특수군이 요구되었던 것은, 앞서 지적한 대로 지방에서 번상하는 농민군인 보승·정용만으로는 감당하기 어려운 중요한 임무가 국가의 집권체제의 정비와 함께 제기되었고, 이는 기존의 상층군인인 군반씨족으로는 감당하기 어려웠기 때문으로 생각된다.

실제로 6위의 常領·海領·役領·監門軍의 특수령에게 부여된 임무는 儀仗 등과 같이 전문화된 분야, 혹은 특별히 신임할 수 있는 자들로 구성될 필요가 있는 도성의 경비 및 순찰 등으로, 이는 농민번상의 보승·정용이 담당하기에는 어려운 분야였다. 이러한 일련의 사정을 보건대, 국가는 농민번상군인 보승·정용으로는 감당할 수 없는 특수 임무를 수행할 특수령으로서 6위 안에 海領·常領·役領·監門軍을 새로 설치하고, 이들에게 왕실 시위를 전담하는 2군과 함께 도성의 안전 및 왕실의 특수 儀仗 같은 임무를 맡긴 것이라 생각된다. 이 과정에서 아마도 6위 내의 보승·정용의 배치

다면 이들 역시 전문군인에 준하는 상층군인이라고 해야 할 것이다. 이런 이유로 필자는 海領에 대한 전시과 군인전 지급에 관한 과거의 견해를 수정하였다(拙稿, 1993,「高麗 京軍內 上層軍人의 檢討」,『東方學志』77·78·79합).

에도 변동이 생겨 千牛衛와 監門衛에는 기존의 보승·정용이 다른 衛로 이동되면서 常領, 海領, 監門軍 1領으로 새로 편제되고 金吾衛에는 役領 1領이 더해지게 되었을 것이다.

3. 六衛 特殊領의 구성원

그러면 6위 내에 새롭게 보강된 특수령인 役領, 常領, 海領, 監門軍은 구체적으로 어떤 성격의 군인이었을까?

문종 30년 更定田柴科에 의하면, 役軍과 監門軍은 각각 16科, 17科로서 22結, 20結의 전시과를 지급받고 있다. 이들 役軍과 監門軍은 6위의 役領과 監門衛와 동일한 존재로 보인다.[31] 역령과 감문위가 문종 更定田柴科에서 급전 대상이 되었다는 사실은, 전시과가 지배계층의 職役에 대한 경제적인 반대 급부라는 점, 2군이 馬軍과 步軍의 兵種으로 일찍이 전시과의 급전 대상이 되는 상층군인이었다는 점은 그 성격을 파악하는 데 중대한 시사점을 준다.

즉 전시과의 지급이 지배층을 대상으로 한다는 사실, 전시과로 지급될 수 있는 財源의 확보와 관련하여 고려의 모든 京軍이 전시과를 지급받을 수 없다는 大命題는, 전시과를 지급받는 役領과 監門衛의 군인으로서의 위치와 성격을 명백히 보여준다고 생각되는 것이다.

요컨대 이들은 전시과를 지급받은 군반씨족인 2군과 마찬가지로 군인 가운데에서도 상층군인에 속하는 사회적 신분의 소유자로서, 피지배층인 농민으로 구성되는 保勝·精勇과는 구별되는 존재였다.

---

31) 李基白, 1968, 「高麗軍人考」, 『高麗兵制史硏究』, 89쪽.

필자는 일찍이 2군6위의 성격을 고찰하면서, 役領과 監門軍은 6위에 속해 있으면서 동시에 전시과 군인전을 지급받는 군인이므로 이들은 태조의 친위군에서 비롯된 2군과도 그 계통을 달리하며 여타 6위의 보승·정용과도 구별되는 특수한 존재임을 밝힌 바 있다. 단 常領·海領의 경우는 전시과 지급 규정에 그 이름이 보이지 않아 성격상 役領 및 監門軍과는 차이가 나는 것으로 생각했었다. 그러나 海領의 경우 전시과 口分田을 지급받고 있어서 이들에 대한 전시과 지급이 있었음을 알 수 있고, 常領 역시 海領과 같이 특수령의 하나이므로 마찬가지로 전시과의 급전 대상이라고 봄이 마땅할 것이다. 그들의 給田額數는 役領과 監門軍에 준했을 것으로 짐작된다.

요컨대 6위의 役領, 海領, 常領, 監門軍의 4領은 2군과 마찬가지로 전시과 지급 규정 안에 포함되는 것은 물론 그 맡은 바의 임무가 6위 가운데 피지배 농민번상군인 보승·정용과는 구별되는 고려의 상층군인이라고 볼 수 있는 것이다.

그렇다면 6위의 특수령인 役領, 常領, 海領, 監門軍의 구성원이 된 것은 누구였을까.

가) 지금 나라가 태평하고 사람들이 옛날과 같으니 마땅히 1領에 각각 100~200명씩 보충할 것이다. 그리고 서울 5부 坊里에서는 각 司에서 일 보는 令史, 主事, 記官, 蔭品官의 아들로서 役賤에 종사하는 사람을 제외하고 그 밖의 양반과 중앙 및 지방에 있는 백정의 아들로서 15세로부터 50세까지 뽑아 내어 보충하기로 한다. 選軍別監은 전과 같이 田丁을 계속 일하게 하고 그 領內에 十將이나 六十 가운데 빈자리가 생기면 타인은 제외하고 모두 영내의 丁人으로 일을 보

게 하고 中禁, 都知, 白甲으로 특별히 보내는 것도 또한 丁
人을 보내기로 한다. 정인의 각 호에는 물자를 주어서 그들
을 잘 구제할 것이며 도감을 다시 두되 청렴하고 공정한 관
리를 골라서 이를 맡게 하고 개인 사정을 용납치 못하게 한
다.32)

나) 蔭敍로 奇軍, 光軍이 된 자 가운데 文武 7품 이상의 아들과
5품의 손자와 京職 大常 이상의 아들로써 조직하기를 결정
하였다.33)

다) 充實都監을 閑人과 白丁을 점거하여 각 領의 군대에 충당
시켰다.34)

라) 司空 田份과 左僕射 尹正 등이 府兵과 衛兵을 검열하니 정
한 인원이 부족하므로 文武散職, 白丁, 雜色 및 僧徒들을
조사하여 보충하였다.35)

위의 자료들에 따르면, 농민층(가·다·라)은 물론 향리층(가)과
양반층(가·나·라)도 군인으로 선발 充補되고 있다. 고려 군인으
로 선발 충보되는 대상 가운데 양반과 향리층이 포함되어 있다는

---

32)『高麗史』권81, 志35 兵1 兵制 五軍 靖宗 11年 5月, "今國家大平人物
如古 宜令一領各補一二百名 京中五部坊里 除各司從公令史主事記官
有蔭品官子有役賤口外 其餘兩班及內外白丁人子 十五歲以上五十以
下選出充補 令選軍別監依前田丁連立 其領內十將六十有闕除他人 並
以領內丁人 遷轉錄用中禁都知白甲 別差亦以丁人 丁人戶各給津貼務
要完恤復立都監 擇公廉官吏 掌之 勿令容私".

33)『高麗史』권81, 志35 兵1 兵制 五軍 文宗 5年, "有蔭奇光軍 以文武七
品以上之子 五品之孫 京職大常以上之子爲之".

34)『高麗史』권81, 志35 兵1 兵制 五軍 高宗 39年 8月, "設充實都監 點閱
閑人白丁 充補各領軍隊".

35)『高麗史』권81, 志35 兵1 兵制 五軍 元宗 12年 4月, "司空田份左僕射
尹君正等 閱府衛兵 不滿其額 乃井閱文武散職白丁雜色及僧徒以充
之".

사실에 대해서는 "순수한 농민 출신이 군인의 대부분을 차지하였지만은 또 일부에는 농민보다 지체가 높은 향리 출신도 있었으며 때와 경우에 따라서는 향리층보다도 지위가 높은 양반자제까지 포함되었음을 알 수 있다"라고 지적한 바 있다.[36] 단, 군인신분 가운데에서 특수층이 존재한 사실에 대해 주목하면서도 이들에게만 전시과가 지급되었다고 보기는 어렵다면서 군인 전시과가 농민부병 전체에게 지급되었다고 주장하여 이 책과는 논지를 달리하고 있다.

어쨌든 위 사료는 양반과 향리층이 군인으로 선발 충보되었다는 매우 주목되는 사실을 보여주는 것으로서, 이들이 군인으로 충보되었을 경우 일반 농민번상군과 같은 조직 안에 편성되었다고는 생각할 수 없다. 적어도 군반씨족이 2군으로서 독자적인 단위로 편성되었던 것처럼 양반·향리층도 역시 군인으로 선발될 때에는 그 신분에 걸맞은 단위조직 안에 편성되었을 것이다.

군반씨족이 점차 상층군인으로서 신분이 고정되어 군역을 세습하며 2군이라는 왕실 친위군으로 존재한 것과 함께, 양반과 향리가 새로운 특수 상층 軍役을 충당하기 위해 6위의 특수령에 선발 충보되었다는 사실은 고려 군제에서 발견되는 매우 독특한 양상이다. 즉 군반씨족으로 구성되는 2군과 양반·향리 등으로 구성되는 6위의 特殊領은 관료층에 준하는 신분으로서 고려 군인 가운데 상층군인에 속하는 존재들이었다고 보아야 할 것이다. 이는 고려 京軍이 이원적으로 구성되어 있었음을 확인시켜 주는 주목할 만한 특징이다.

고려 경군의 이원적 구성에 대해서는 張東翼의 견해를 잠깐 짚

---

36) 姜晉哲, 1963, 「高麗 初期의 軍人田」, 『淑明女子大學校論文集』 3, 143~144쪽.

어보고 넘어갈 필요가 있다. 그도 일찍이 京軍이 양반자제·향리·
군반씨족 등에 의한 특정 군인과 州縣軍의 보승·정용 등에 의한
赴京侍衛軍이라는 이원적 구성을 취하였다고 지적한 바 있다.[37]
특히 그는 경군의 各領 구성에서, 每領마다 존재한 600명씩의 望軍
丁人이 1領의 구성원인 1000명 외에 따로 존재한 것이 아니라 1000
명 가운데 600명이 망군정인이고 이 망군정인은 군반씨족과 향리
및 양반자제로 이루어진 특정 군인이었으며, 나머지 400명은 일반
농민층에 의한 番上侍衛軍이었다고 보았다.[38] 고려 경군 구성의
이원적인 측면에 주목하여, 고려 경군을 하나의 사회적 신분으로
본 군반씨족제설과 부병제설이 지닌 한계를 해결할 수 있다고 본
점은 필자와 동일하다.[39] 그러나 필자는 1領 가운데 망군정인 600
명이 양반자제·향리·군반씨족이고 나머지 400명이 일반 농민층
인 번상시위군이라는 견해에는 입장을 같이하기 어렵다.

張東翼의 경우 望軍丁人의 '望'자가 갖는 上位·名望이라는 의
미에 주목하여 양반자제·향리·군반층을 망군정인이라고 보았는
데, 法典에는 '望'자가 다음과 같이 '후보자'라는 의미로 쓰이고 있
음이 확인된다. 예컨대 ① 清望(清官, 이를테면 弘文館 奎藏閣의
후보자로 추천하는 것) ② 臺望(司憲府·司諫院의 후보자로 추천
하는 것) ③ 經筵通望人(經筵官員의 후보자로 推薦된 자) ④ 國子
通望人(성균관의 후보자로 천거된 자) ⑤ 望定(3인의 후보자를 정
하는 것) ⑥ 望單子顯註(3인의 후보자를 열기한 추천서)가 그것이
다.[40] 이 밖에도 ⑦ 三望(3인의 후보자를 갖추어 추천하는 것) ⑧

---

37) 張東翼, 1986, 「高麗 前期의 選軍」, 『高麗史의 諸問題』, 478쪽.
38) 張東翼, 1986, 「高麗 前期의 選軍」, 『高麗史의 諸問題』, 476쪽.
39) 拙稿, 1985, 「高麗 二軍 六衛制의 性格」, 연세대학교 석사학위논문
    /1990, 『韓國史硏究』 68, 80쪽.

擬望(三望의 후보자를 추천하는 일) ⑨ 單望(1인의 후보자)의 '望'
자 역시 후보자를 의미한다고 할 수 있다.[41]

한편 1領 1000명의 正軍訪丁人 가운데 600명이 특정 군인으로서
명망을 가진 망군정인이라고 볼 경우 45領 전체의 망군정인은 2만
7천 명(45×600)이 된다. 그렇게 되면 특정군인 대 번상시위군의 비
율이 6 : 4로서 京軍 구성의 원칙이 깨지는 것은 물론, 양반자제·
향리·군반씨족으로 구성되는 특정 군인이 오히려 농민번상군보다
많다는 이야기가 된다. 과연 고려 초의 경군 구성에서 農民番上의
군인보다 지배층의 특정 군인이 더 많을 수 있었는지 의문이 아닐
수 없다. 최승로의 封事文에는 京軍의 役이 고되다는 표현이 나오
는데, 경군의 다수가 양반자제·향리·군반씨족이었다면 지배층이
고된 역을 맡고 있다는 것이 되어 이 또한 매우 어색하다.

그러나 이보다 더 문제가 되는 것은 各領에 존재하는 망군정인
600명이 양반자제·향리·군반씨족의 특정 군인일 경우, 이들에게
지급해야 할 전시과 군인전은 최소 20결을 기준으로 한다 하더라도
총 54만 결을 필요로 한다는 점이다. 물론 張東翼은 양반자제와 향
리는 功蔭田柴·閑人田·鄕吏田을 계승하므로 새로이 토지를 지
급할 필요가 없었고 군반씨족에게만 전시과 군인전이 지급된다고
보았다.[42] 그러나 여기에도 의문은 남는다. 功蔭田柴(25~15결), 閑
人田(17결), 鄕吏田(5~3결)이 군반씨족에게 지급되는 25~20결보
다 적다는 점이다. 그렇다면 군반씨족보다 신분상 우월했을 양반자
제, 閑人, 향리들이 군반씨족보다 적은 토지를 지급받았다는 말이
된다. 양반자제, 향리, 군반씨족으로 이루어지는 특정 군인이 2군6

---

40) 모두 『大典會通』 권1, 吏典에 보이는 용례다.

41) 『高麗史』 권81, 志35 兵1 兵制 靖宗 11年 5月 揭榜.

42) 張東翼, 1986, 「高麗 前期의 選軍」, 『高麗史의 諸問題』, 477쪽.

위 중 千牛衛와 監門衛에 주로 편재되었다고 보는 것도 논리적인 면에서 검토의 여지를 남긴다.[43) 그는 양반자제, 향리, 군반씨족이 망군정인이었다고 하였는데, 망군정인은 2군6위 안에 各領마다 600명씩이 있는 것으로 되어 있으므로 千牛衛와 監門衛에 주로 편재될 수는 없다. 요컨대 어느 特定衛에 이들이 집중된다고 보는 것은 망군정인이 每領마다 600명씩 있다는 사실과 상치되는 것이다.

---

43) 張東翼, 1986, 「高麗 前期의 選軍」, 『高麗史의 諸問題』, 478쪽.

제4장 州縣軍·州鎭軍의 성립과
六衛의 保勝·精勇

1. 州縣軍의 성립과 六衛의 保勝·精勇

1) 고려초 지방호족의 私兵과 중앙집권력의 강화

고려 초는 그 국가 성격이 豪族聯合政權으로 규정되듯이 호족들이 정치적으로 지대한 영향력을 행사하고 있었다. 이들 호족의 정치적 영향력을 뒷받침해 준 것이 그들이 지니고 있던 경제력과 私兵이었고, 특히 사병은 호족들의 입지를 굳건히 다지는 데 없어서는 안 될 중요한 요소였다.

고려 초 태조 왕건이 이들 호족들에 대하여 重弊卑辭[1]한 것은 호족들의 지지를 이끌어 내어 그들의 무력적인 기반을 자신에게 우호적인 것으로 만들기 위해서였다.

고려 초 호족들의 실태에 대해서는 어느 정도 그 윤곽이 파악되었다고 할 수 있다.[2] 王都 가까이에 근거를 둔 호족은 물론이고 멀

---

1) 『高麗史』 권1, 世家1 太祖 元年 8月 己酉, "諭群臣曰 朕慮諸道寇賊 聞朕初卽位 惑構邊患 分遣單使 重幣卑辭 以示惠和之意".
2) 고려 초 각지에 세력기반은 가지고 웅거한 호족들로서 대표적인 경우는 다음과 같다. 『高麗史』 권1, 世家1 太祖 5年 6月 丁巳, "下枝縣將軍 元奉來投"；『高麗史』 권1, 世家1 太祖 5年 秋7月 戊戌, "溟州將軍順

리 떨어져 있던 호족들도 태조 왕건의 호족포섭정책으로 말미암아 고려 왕실과 다양한 형태로 관계를 맺게 되었고, 이는 고려의 국가적 위상과 집권력을 향상시키고 후삼국 통일의 역량을 성숙시키는 데 중요한 바탕이 되었다. 특히 태조 왕건에 대해 협조적인 태도를 표명한 호족들의 경우, 구체적으로 자신들의 군사력을 고려에 참여시키고 있다.3)

후백제에 비해 군사적으로 열세에 놓여 있던 고려가 후백제를 제압하고 후삼국 통일의 승기를 잡게 된 것4)은 이러한 호족들의 지지가 軍事的인 연합에 이르렀음을 반증한다고 할 수 있다. 실제로 후백제와의 마지막 결전에 참여한 태조 왕건의 여러 장수들은 당시 각처에 웅거해 있던 호족들이었고,5) 이를 통해 고려는 후삼국 통일

式 遺子降附";『高麗史』권1, 世家1 太祖 5年 冬11月 辛巳, "眞寶城主洪術 遺使請降 遺元尹王儒卿含弼等慰諭之";『高麗史』권1, 世家1 太祖 6年 3月 辛丑, "命旨城將軍城達 與其弟伊達端林來附";『高麗史』권1, 世家1 太祖 6年 秋8月 壬申, "碧珍郡將軍良文 遺其甥圭奐來降 拜圭奐元尹";『高麗史』권1, 世家1 太祖 8年 9月 甲寅, "買曹城將軍能玄 遺使乞降";『高麗史』권1, 世家1 太祖 8年 10月 己巳, "高鬱府將軍能文 率士卒來投".

3)『高麗史節要』권1, 太祖 10年 8月, "溟州將軍王順式遺子長命 以卒六百入宿衛".

4)『高麗史』권1, 世家1 太祖 13年 春正月 丙戌.

5)『高麗史』권2, 世家2 太祖 19年 秋9月, "王率三軍至天安府 合兵進次一善郡 神劍以兵逆之 甲午隔一利川而陣 王與甄萱觀兵 以萱及大相堅權述布皇甫金山 元尹康柔英等 領馬軍一萬 支天軍大將軍元尹能達奇言 韓順明昕岳 正朝英直廣世等 領步軍一萬 爲左綱 大相金鐵洪儒朴守卿元甫連珠元良等 領馬軍一萬 補天軍大將軍元尹三順俊良 正朝英儒吉康忠昕繼等 領步軍一萬 爲右綱 溟州大匡王順式 大相兢俊王廉王必元甫一等 領馬軍二萬 大相庾黔弼 元尹官茂官憲等 領黑水達姑鐵勒諸蕃勁九千五百 祐天軍大將軍金克宗 元甫助杆等 領步軍一千 爲中軍 又以大將軍大相公萱 元尹能弼 將軍王舍允等 領騎兵三百 諸

의 주도권을 잡을 수 있었다.

그러나 일단 후삼국 통일이 달성되자 이 통일 과정에서 중요한 역할을 한 호족들의 존재, 특히 그들의 무력기반이 되었던 私兵은 현실적으로 고려왕조에 커다란 정치적 부담이 되었다. 私兵을 배경으로 한 호족들의 정치적 영향력은 고려왕실을 위축시키기에 충분하였고, 이는 구체적으로 태조 사후 惠宗, 定宗代에 계속되는 극심한 왕권 도전과 왕실의 허약화라는 형태로 나타났다.[6]

따라서 고려왕조가 중앙집권력을 강화하고 명실상부한 집권국가로 발전해 나가기 위해서는 무엇보다도 먼저 과거 후삼국 통일에 도움을 주고 태조 왕건의 정치적 위상에 힘을 실어 주었던 호족들과 그들의 私兵 문제를 해결해야 했다.

그러한 면에서 光宗의 왕권강화책과 대대적인 호족 숙청[7]을 통해 그 동안 호족들에 의해 크게 위축되어 있던 왕권을 중앙에서나마 회복시킨 것은 커다란 의의를 갖고 있다.[8] 이어서 成宗代에 가면 지방제도의 정비를 통해 일부 지방에도 중앙의 통제력이 미치게 되었다. 중앙집권력이 지방에까지 미치게 되었다는 것은 지방 호족들이 중앙의 통제 아래 재편되었다는 것을 뜻하는 것으로, 그들의 경제적 기반과 그 무력적 기반이 된 私兵이 해체되어 왕권 아래 흡수되기 시작하였음을 말한다.[9]

城軍一萬四千七百爲三軍援兵 鼓行而前".

6) 惠宗代의 정치상황의 불안정과 왕권의 미약성에 대해서는 河炫綱, 1968,「惠宗代의 政變」,『史學硏究』20 참조.

7)『高麗史節要』권2, 光宗 7年, "命按檢奴婢 推辨是非";『高麗史』권2, 世家2 光宗 9年, "九年夏五月 始置科擧 命翰林學士雙冀 取進士";『高麗史』권2, 世家2 光宗 11年 3月, "定百官公服".

8) 河炫綱, 1977,「豪族과 王權」,『韓國史』4, 146쪽.

9) 호족들이 왕권 아래 흡수되는 것은 성종 2년의 鄕職改編에서 보인다.

그런데 호족들의 가장 중요한 토대를 이루는 私兵을 해체시키는 데 있어서 핵심적인 것은 중앙정부가 이들을 해체시킬 힘을 어떻게 확보하고, 해체된 후의 호족의 군사력을 중앙권력 아래 어떻게 편성시키느냐 하는 문제였을 것이다.

우선 광종이 추진한 왕권강화책은 왕실 주도의 무력기반을 확보함으로써 가능했던 것으로 보인다. 즉 광종은 이 무력기반을 통해 호족들이 거느리고 있던 私兵을 해체하는 작업을 가속화시켰던 것이다. 그 다음 단계는 일단 해체된 호족들의 사병을 국가 주도의 公的 군사조직으로 흡수하는 것이었다. 여기에서 등장한 것이 바로 農民番上制인 六衛의 保勝·精勇이었다.

2) 호족 사병의 公兵組織으로의 편제

(1) 州縣軍과 六衛의 保勝·精勇

중앙집권력의 강화와 함께 해체되기 시작한 호족들의 私兵은 성종대에 들어 국가의 公兵組織, 즉 성종 14년 左·右衛를 필두로 하여 고려 兵制의 주요 근간의 하나가 된 六衛體制로 재편되기 시작하였다.10)

이를 구체적으로 보면 다음과 같다. 광종대부터 심화되기 시작한 호족세력에 대한 견제 및 숙청작업은 호족들의 현실적인 힘을 약화

『高麗史』권75, 志29 選擧3 銓注 鄕職 成宗 2年, "改州府郡縣吏職 以兵部爲司兵 倉部爲司倉 堂大等爲副戶長 大等爲戶長 郎中爲戶正 員外郎爲副戶正 執事爲史 兵部卿爲兵正 筵上爲副兵正 維乃爲兵史 倉部卿爲倉正".

10) 『高麗史』권81, 志35 兵1 兵制 五軍 成宗 9年 10月, "置左右軍營". 左·右軍營의 설치는 左·右衛의 설치로 보이며, 이를 기점으로 六衛가 성립되었다.

시켰고, 이에 따라서 호족들의 사병은 점차 강화되는 중앙권력에
대응하여 더 이상 私兵으로서 남아 있을 공간을 상실하게 된다. 이
후 景宗代에 관료체제를 유지하기 위한 틀로서 田柴科制度가 마련
되고, 이어 성종 초년에는 지방관의 파견[11] 및 鄕職의 정비와 지방
제도의 정비[12] 등이 이루어졌다. 성종대에 이루어진 왕권의 지방침
투는 비록 제한적인 것이기는 했지만 태조대와는 비교할 수 없을
만큼 심도 있는 것이었다.[13]

　이러한 일련의 조치들을 통해 성종대에 고무적으로 신장된 중앙
집권력과 호족세력에 대항하여 이를 제압할 수 있을 만큼 성장한
왕실의 군사력은, 지방 호족들을 鄕職體系에 편성시키고 이들이 가
진 무력기반을 해체시켜 이들이 가진 사병을 새로이 국가의 公的
인 軍士로 만드는 작업을 가능하게 하였다.

　먼저 성종대에 해체되기 시작한 兩界 이남의 지방호족들이 거느
리고 있던 사병은 성종 9년 州縣의 保勝·精勇과 중앙 六衛의 保
勝·精勇으로 정비되었다. 바로 이 시기에 折衝府가 처음으로 모
습을 나타내는데,[14] 절충부가 주현의 보승·정용의 원활한 番上을

---

11) 『高麗史節要』 권2, 成宗 (2年), "始置十二牧 罷今有租藏 今有租藏者
　　並外邑使者之號";『高麗史』 권77, 志31 百官2 外職, "今有租藏 並外
　　邑使者之號 國初有之 成宗二年罷".

12) 『高麗史』 권3, 世家3 成宗 2年 2月 戊子, "始置十二牧";『高麗史』 권
　　56, 志10 地理1 序, "遂分境內爲十道 就十二州各置節度使 其十道 一
　　曰關內 二曰中原 三曰河南 四曰江南 五曰嶺南 六曰嶺東 七曰山南
　　八曰海陽 九曰朔方 十曰浿西 其所管州郡共五百八十餘 東國地理之
　　盛 極於此矣".

13) 물론 여기에는 분명한 한계가 있었다는 점을 간과해서는 안 된다(河炫
　　綱, 1981, 「郡縣制와 鄕吏」,『韓國史研究入門』, 221~222쪽).

14) 『高麗史』 권3, 世家3 成宗 9年, "秋九月 丙子敎曰 凡理國家 必先務本
　　務本莫過於孝 …… 折衝府別將趙英葬母家園 朝夕祀之 …… 趙英超

유지·관장하는 地方軍府라는 점을 감안할 때 매우 시사적이다.

그런데 호족들의 사병을 한꺼번에 국가의 공적인 군사조직으로 편성하기는 어려웠을 것이다. 즉 호족들의 사병은 국가의 통제력이 미치는 곳을 필두로 하여 중앙권력이 침투하는 정도에 따라 점차적으로 六衛制 아래의 保勝·精勇으로 편성되었을 것이다. 사병을 해체하고 그들을 다시 공적인 군사조직으로 편성하여 番上을 관장하기 위해서는 반드시 행정적인 뒷받침이 필요한데, 이는 중앙권력의 지방침투를 전제로 하지 않고서는 어렵기 때문이다.15)

한편 성종 14년에 성립된 것으로 보이는 6위의 보승·정용 38領과, 州縣軍條에 나타나는 44道의 보승·정용은 별개의 존재가 아니라, 주현군의 보승·정용이 番上하여 6위의 보승·정용을 구성했다고 보아야 할 것이다.16) 相互 番上하는 이러한 방식은 고려 군제가 당나라의 부병제를 모범으로 삼았다는 사실을 확인시켜 주는데, 당나라와 마찬가지로 番上을 주관하는 기관인 折衝府가 등장한 점이나『高麗史』兵志 州縣軍條 序文의 내용도 이를 뒷받침해 준다.17)

성종대의 지방제도가 제대로 정비되지 않은 상태에서 중앙과 지

十等 授銀靑光祿大夫檢校侍御司憲 左武候衛翊府郎將".

15)『高麗史』兵志 州縣軍條에는 42道의 保勝·精勇이 보이는데, 성종 14년에 44道의 勝精勇이 모두 완비된 것으로는 생각되지 않는다. 이는 훨씬 후대의 일이다.

16)『高麗史』兵志 州縣軍條에 보면 6위 외에 별개의 주현군이 없었다고 되어 있는데, 이는 중앙의 보승·정용과 州縣의 보승·정용이 상호 긴밀한 관계에 있었음을 보여준다.

17) 三省六部 등 정치제도 면에서 고려가 당나라 제도를 많이 참작하였다는 사실도 고려가 兵制를 정비할 때 당나라 제도를 많이 참작한 것을 짐작하게 해 준다.

방의 보승·정용의 番上이 어떻게 이루어졌는지에 대해서는 명확
하지 않으나, 지방제도로서 4都護府 8牧 56知州郡事 28鎭將 20縣
令으로 그 윤곽을 드러내는 顯宗 9년경에 이르면 중앙과 지방의 보
승·정용의 번상조직도 체계화되었을 것으로 보인다.

州縣軍條의 다음 자료는 州縣軍의 軍額과 이들의 番上에 관한
단서를 던져준다.

<交州道>

	保勝		精勇		一品	
春州道內	保勝 133명,		精勇	776명,	一品	572명
東州道內			精勇	971명,	一品	650명
交州道內			精勇	477명,	一品	305명

<楊廣道>

廣州道內	保勝 258명,		精勇	546명,	一品	536명
南京道內	保勝 133명,		精勇	864명,	一品	529명
安南道內	保勝 159명,		精勇	292명,	一品	282명
仁州道內	保勝 194명,		精勇	187명,	一品	227명
水州道內	保勝 175명,		精勇	291명,	一品	372명
忠州牧	保勝 241명,		精勇	357명,	一品	520명
原州道內	保勝 122명,		精勇	203명,	一品	248명
淸州道內	保勝 538명,		精勇	708명,	一品	850명
公州道內	保勝 326명,		精勇	553명,	一品	527명
洪州道內	保勝 238명,		精勇	497명,	一品	713명
嘉林道內	保勝 98명,		精勇	251명,	一品	201명

<慶尙道>

蔚州道內	保勝 134명,		精勇	145명,	一品	181명
梁州道內	保勝 57명,		精勇	147명,	一品	173명

金州道內　　　　　保勝 188명,　精勇　278명, 一品　431명
密城道內　　　　　保勝 245명,　精勇　427명, 一品　532명
尙州牧道內　　　　保勝 665명,　精勇 1307명, 一品 1241명
安東大都護道內 保勝 591명,　精勇　953명, 一品 1018명
京山府道內　　　　保勝　54명,　精勇　801명, 一品　647명
全州牧道內　　　　保勝 277명,　精勇　404명, 一品　730명
陜州道內　　　　　保勝 373명,　精勇　229명, 一品　448명
巨濟道內　　　　　　　　　　精勇　50명, 一品　128명
固城道內　　　　　保勝　26명,　精勇　53명, 一品　109명
南海道內　　　　　保勝 行首 합하여 17명, 精勇 17명, 一品 64명

<全羅道>
全州牧道內　　　　保勝 150명,　精勇 1214명, 一品　867명
南原道內　　　　　保勝 205명,　精勇　800명, 一品　636명
古阜道內　　　　　保勝　54명,　精勇　610명, 一品　545명
臨陂道內　　　　　　　　　　精勇　341명, 一品　200명
進禮道內　　　　　　　　　　精勇　211명, 一品　152명
羅州牧道內　　　　保勝 454명,　精勇　848명, 一品　922명
靈光道內　　　　　　　　　　精勇　401명, 一品　368명
寶城道內　　　　　保勝 322명,　精勇　412명, 一品　513명
昇平道內　　　　　保勝 240명,　精勇　184명, 一品　415명

<西海道>
黃州道內　　　　　保勝 214명,　精勇　320명, 一品　277명
谷州道內　　　　　保勝 293명,　精勇　293명, 一品　291명
安西大都護道內 保勝 450명,　精勇　874명, 一品　838명
豊州道內　　　　　保勝 333명,　精勇　455명, 一品　235명
瓮津道內　　　　　保勝 107명,　精勇　210명, 一品　612명

<京畿>

開城府道內	保勝 52명,	精勇 240명,	一品 190명
承天府道內	保勝 50명,	精勇 160명,	一品 113명
江華道內	保勝 199명,	精勇 54명,	一品 171명
長湍道內	保勝 134명,	精勇 343명,	一品 303명[18]

여기에서 交州道, 楊廣道, 慶尙道, 全羅道, 西海道의 5道와 京畿에 44개 下部道가 확인되는데, 이 44개 下部道의 보승・정용이 중앙의 4위 42령 가운데 役領, 海領, 常領, 監門衛 1령을 제외한 22령의 보승과 16령의 정용으로 番上했다고 생각된다. 단 이들 下部道의 보승・정용의 軍額이 중앙의 보승・정용의 전체 군액과 일치하지 않는데, 이는 위의 자료가 6위 38령의 보승・정용이 완전히 정비되기 전의 것이거나 아니면 6위의 보승・정용의 군액이 제대로 확보되지 못하던 때의 기록을 담았기 때문으로 생각된다.

주현군에 보이는 보승・정용의 番上과 관련하여 스에마쓰 야스카즈(末松保和)는 5道와 경기 下部道를 42개로 보고, 이들이 6위의 42령으로 번상된 것이라는 견해를 제시하였다.[19] 下部道의 보승・정용이 6위 38령의 보승・정용과 번상관계에 있었다는 것은 분명하지만[20] 스에마쓰 야스카즈처럼 이를 인위적으로 42개 下部道와

---

18) 『高麗史』 권83, 志37 兵3 州縣軍.

19) 末松保和, 1959, 「四十二都府考略」, 『朝鮮學報』 14.

20) 李基白의 경우 스에마쓰(末松)와는 달리 下部道의 보승・정용과 6위의 보승・정용은 전혀 관계가 없다고 보았다. 비록 州縣軍條에 보이는 下部道의 보승・정용의 軍額이 중앙의 보승・정용과 일치하지 않는다 하더라도, 이것은 양자가 번상관계에 있지 않음을 보여주는 근거가 될 수는 없다고 생각한다. 주현군조에 보이는 下部道의 보승・정용의 액수는 아마 보승・정용의 군액이 제대로 확보되지 못한 어느 시기의 통계로 생각되기 때문이다. 군액이 제대로 확보되었을 때 중앙의 보승・

6위 42領으로 연결시키려는 구상에는 분명히 문제가 있다고 생각
된다. 앞서 누차 지적했듯이 州縣의 下部道의 보승·정용이 중앙 6
위의 보승·정용 38령을 구성하는 데 비해, 6위 가운데 특수령이라
할 수 있는 役領·海領·常領·監門衛 1령은 지방민과는 신분을
달리한 것으로 생각되는 開京 거주 양반자제 및 비교적 지배층에
근접한 자들로 구성된 것으로 보이기 때문이다.21)

(2) 州縣軍의 一品軍

『高麗史』兵志 州縣軍條에는 州縣軍의 보승·정용 외에 一品軍
이라는 존재가 보이고 있다.22)

주현군의 보승·정용이 호족들의 해체된 사병으로 구성되었다는
것은 앞서 설명한 대로다. 그렇다면 1품군은 어떤 성격의 군인이며
이들은 어디에서 연유된 자들일까. 1품군은 해체된 호족의 사병들
가운데 番上을 하며 軍役을 제공할 수 있는 자들이 우선적으로 보
승·정용으로 편성되고 그 외에 남은 자들로 구성된 조직이라고 볼
수 있다. 따라서 보승·정용으로 편성될 것인지 아니면, 1품군으로

정용의 군액에 맞게 역시 하부도의 보승·정용의 군액도 규정된 액수
대로 확보되었을 것이다.

21) 『高麗史』권81, 志35 兵1 兵制 五軍 靖宗 11年 5月, "今國家大平人物
如古 宜令一領各補一二百名 京中五部坊里 除各司從公令史主事記官
有蔭品官子有役賤口外 其餘兩班及內外白丁人子 十五歲以上五十以
下選出充補 令選軍別監依前田丁連立 其領內十將六十有闕除他人 並
以領內丁人 遷轉錄用中禁都知白甲 別差亦以丁人". 이 자료는 開京
五部民의 軍役에 대한 실상을 짐작하게 한다.

22) 『高麗史』권83, 志37 兵3 州縣軍, "慶尙道 蔚州道內 保勝一百三十四
人 精勇一百四十五人 一品一百八十一人 梁州道內 保勝五十七人 精
勇一百四十七人 一品一百七十三人". 交州道, 楊廣道, 全羅道, 西海
道, 京畿에서도 一品軍의 존재를 찾을 수 있다.

편성될 것인지의 기준은 군역을 부담할 수 있는가 없는가 하는 경제력에 있었다고 생각된다.

州縣軍條에는 이 一品軍과 마찬가지로 구체적인 兵額이 보이지 않는 二品軍, 三品軍이라는 존재가 보인다. 2·3품군은 고려 초 定宗 2년에 설치된 光軍과 관련이 깊은 것으로 보인다.

光軍은 定宗이 거란의 침입을 우려하여 설치한 30만에 이르는 군대로, 이를 관장하기 위한 기관으로 光軍司를 두었다.[23] 그런데 정종대라면 왕권이 매우 불안한 시기였다. 그러한 시기에 비록 국가적인 위란을 구한다는 목적이 있기는 하였지만 30만이라는 대군을 설치하여 이를 국가가 관장하기는 사실상 힘든 일이었을 것이다. 따라서 당시 설치된 '光軍'은 국가가 직접 통제하고 동원할 수 있는 전투력으로 보기보다는, 호족들을 매개로 하여 유사시에 동원할 수 있게 한 조직이라고 보는 것이 합리적이다. 즉 이 때는 아직 6위가 만들어지기 전으로 호족들의 私兵은 호족들이 직접 동원하는 시기였기 때문에, 간접적으로나마 유사시에 이들을 동원하기 위해 이 光軍을 조직한 것으로 보인다. 이 때 조직된 光軍은 그 규모에서도 짐작되듯이 호족들의 휘하에 있는 동원 가능한 모든 인원을 거의 대부분 포함시켰다고 보면 될 것이다.

그런데 30만이라는 방대한 숫자로 보건대 光軍은 특히 호족들 휘하에 있는 자원 가운데에서도 전투 요원이라기보다는 力役을 제공하는 자들을 파악한 것이 아니었을까 한다. 그리고 이들 광군은 顯宗代에 본격적인 力役部隊로서 소위 1·2·3품군으로 편성되었

---

23) 『高麗史』 권81, 志35 兵1 兵制 五軍 定宗 2年, "以契丹將侵 選軍三十萬 號光軍" ; 『高麗史』 권92, 列傳5 崔彦撝, "光胤嘗以賓貢進士 遊學入晉 爲契丹所虜 以才見用拜官 奉使龜城 知契丹將侵我 爲書 付蕃人以報 於是命有司 選軍三十萬 號光軍".

던 것으로 생각된다.

특히 1품군은 그 지휘권이 鄕吏에게 주어져 있었는데, 이는 1품
군의 기원이 되었다고 할 수 있는 光軍의 지휘가 호족들을 매개로
해서 이루어졌음을 보여주는 예다.[24] 한편 光軍 가운데에서는 1품
군만이 州縣軍으로 그 軍額이 파악되고 있는데, 이는 호족들의 휘
하에 있는 그 밖의 인적 요소에 대해서는 국가의 직접적인 통제력
이 미치지 못하였음을 말해준다. 달리 표현한다면 국가의 집권력이
아직 성숙되지 못한 상태였다고 하겠다.

光軍 가운데에서도 향리의 지휘를 받으며 국가에 의해 파악된 1
품군 외에 따로 2·3품군이 존재하였고 이들 2·3품군이 국가의 군
역 대상에서 제외되었다는 사실은, 2·3품군의 경제적 기반이 국가
에 군역을 제공할 만큼 충분하지 못했음을 보여준다. 요컨대 1·2
·3품군 가운데 특히 2·3품군은 경제적 기반이 열악하여 국가의
군역 파악 대상에서 벗어나 있었고, 주로 1품군이 담당하는 일 이
외의 일에 동원되었던 것으로 여겨진다. 그러나 고려 후기에 이르
면 중앙집권력의 강화, 농민사회의 성장, 몽골의 침략이라는 외적인
요인이 작용하면서 1·2·3품군은 모두 군역체계에 속하게 된다.

3) 州縣軍의 임무와 경제적 토대

州縣의 保勝·精勇에게 부여된 가장 중요한 임무 중 하나가 上
京侍衛다.[25]

---

24) 李基白, 1968, 「高麗光軍考」, 『高麗兵制史研究』, 173~167쪽.

25) 『高麗圖經』권11, 伏衛 序, "其制 民十六以上 充軍役 其六軍上衛 常
   留官府"; 『宋史』권487, 列傳246 外國 高麗傳, "國無私田 民計口授業
   十六以上則充軍 六軍三衛 常留官府 三歲以選". 『高麗圖經』의 六軍
   上衛, 『宋史』의 六軍三衛는 二軍六衛를 뜻하는 것이 확실하다.

『高麗史』兵志의 州縣軍條 序文26)에는 6위 외에 별도로 州縣軍은 없다고 되어 있는데, 이는 주현군이 전혀 없다는 뜻이 아니라 6위와 주현군이 별도의 軍이 아니라 주현군이 번상해서 6위를 구성하였음을 뜻한다. '上京侍衛'에 대해서는 지방으로부터 교대하여 상경한 것이 아니라고 보는 견해도 있지만, 주현군의 보승·정용이 상경하여 6위의 보승·정용을 구성했다는 사실은 위의 序文을 통해 충분히 입증된다. 따라서 『高麗圖經』과 『宋史』에 보이는 '상경시위'는 문자 그대로 '上京 交代 侍衛'의 뜻으로 보아야 할 것이다.

또한 2군6위는 常留官府하며 三歲以選한다고 되어 있는 것으로 보아, 이들이 지방에서 번상하여 3년을 주기로 교대하였음을 알 수 있다. 上京侍衛의 구체적인 임무로는 주로 扈駕儀衛,27) 외국사신 迎送,28) 都城巡檢29)을 들 수 있다.

非番中인 주현의 보승·정용은 필요에 따라서는 유사시에 외적을 막기 위해 동원되는 경우도 있었다.30) 그러나 이는 역시 국가가

---

26) 『高麗史』 권83, 志37 兵3 州縣軍 序, "高麗兵制 大抵皆倣唐之府衛 則兵之散在州縣者 意亦皆屬乎六衛 非六衛外別有州縣軍也 然無可考 始以此目之".

27) 『高麗史』 권81, 志35 兵1 兵制 靖宗 11年 5月, "凡扈駕內外力役 無不爲之".

28) 『高麗史』 권81, 志35 兵1 兵制 五軍 文宗 11年 5月, "今尙書兵部請遣軍卒 以備東西兩界 近來軍民困於封冊使迎送 又赴興王寺之役 不得休息 廩料亦乏 乞依封冊軍例 賜物以遣".

29) 『高麗史』 권85, 志39 刑法2 禁令 仁宗 9年 6月, "陰陽會議所奏 近來僧俗雜類聚集成群 號萬佛香徒 或念佛讀經 作爲詭誕 或內外寺社 僧徒 賣酒鬻葱 或持兵作惡 踴躍遊戱 亂常取俗 請令御史臺 金吾衛 巡檢禁止".

30) 『高麗史』 권98, 列傳11 金富軾 仁宗 2年 3月, "命諸將起土山於楊命浦 山上堅柵列營 移前軍據之 發西南界州縣卒二萬三千二百 僧徒 五百五十 負土石 集材木 分命將軍義甫方宰盧冲積 先將精卒四千二百及"

위급한 비정상적인 상황으로서, 예외적인 경우라고 할 수 있다. 원칙적으로는 비번중인 주현의 보승·정용은, 6위의 보승·정용으로 번상할 차례가 될 때까지는 별도의 임무가 주어지지는 않았을 것이다. 물론 州縣의 보승·정용도 京軍과 같이 征戍의 役을 지고 있었다고 보는 논자도 있지만, 주현의 보승·정용은 경군으로 番上時 征戍의 役에 동원되었기 때문에 역시 별도로 주현에서 征戍의 役에 동원되었다고는 볼 수 없지 않는가 한다.

한편 해체된 호족의 사병 가운데 6위의 보승·정용으로 편제된 자 이외에 군역을 담당하기에 부적절한 층은 경제적인 상태에 따라 1품군 내지는 2·3품군으로 조직되었다.

그 중 1품군은 그 액수가 국가에 의해 파악되고 있으며, 주로 노동부대로서의 역할을 담당하였다.[31] 1년씩 二番으로 교대되었으며 교대 시기는 가을이었다.[32] 1품군의 지휘는 향리들이었고, 이 점에 비추어 볼 때 1품군을 토착적인 성격이 농후한 군대로 보는 것은 올바른 지적이라고 생각된다.[33]

1품군과 마찬가지로 고려 초의 光軍에서 비롯되었을 것으로 보이는 2·3품군 역시 본질적으로는 1품군과 마찬가지로 노동부대였을 것이다. 단 1품군과는 달리 국가의 직접적인 파악에서 벗어나 있었고, 경제적인 토대도 1품군보다는 열악한 처지에 있었던 것이 분명하다.

北界州鎭戰卒 三千九百爲遊軍 以備剽掠".

31) 『高麗史節要』 권16, 高宗 22年 12月, "崔瑀與宰樞議 徵州縣一品軍 加築江華沿江堤岸".

32) 『高麗史』 권83, 志37 兵3 工役軍 明宗 21年 8月, "分外方役軍爲三番 舊制諸州一品軍 分爲二番 當秋而遞 使之循環 比緣營造 合而役之 至是分焉".

33) 李基白, 1968, 「高麗州縣軍考」, 『高麗兵制史硏究』, 225쪽.

2·3품군이 수행한 노동 성격에 대해서는 '科田의 경작'이라는 설명이 있는데, 적절한 견해라고 생각된다.[34]

앞서 보았듯이 전시과의 군인전을 지급받은 군인은 2군과, 6위 가운데 특수령이라고 하는 일부 군인이었다. 따라서 주현의 보승·정용의 番上으로 구성된 나머지 6위의 보승·정용은 전시과 군인전의 지급 대상자가 되지 못했다. 그렇다고 해서 6위의 보승·정용 및 비번인 주현의 보승·정용이 아무런 경제적인 대가도 없이 군역을 담당했을 리는 없다. 즉 이들에게는 전시과 군인전과는 구별되는 별도의 군인전이 인정되었던 것으로 생각된다.

2군 및 6위의 특수령에게 지급된 군인전은 佃戶들이 경작을 하고 그들이 국가에 낼 租를 대신 받을 수 있는 收租權을 매개로 한 軍人田이었고, 6위의 보승·정용이 받은 군인전은 이것과는 차이가 있었던 것으로 생각된다. 다음 사료는 고려에 전시과 군인전과는 다른 군인전이 존재하였음을 보여주는 기사로 생각된다.

典法判書趙仁沃等亦上疏曰…… 三百六十莊處之田 所以奉供上也 田柴口分田 所以優士大夫礪廉恥也 州府郡縣鄕所部曲津驛之吏 以至凡供國役者 莫不受田 所以厚民生而殖邦本也 四十二郡府 四萬二千之兵皆授以田 所以重武備也…… 近來貪墨擅權 莊處田柴外役軍田 皆入其門[35]

國家以田十七結爲一足丁 給軍一丁 古者田賦之遺法也[36]

---

34) 李佑成, 1965, 「高麗의 永業田」, 『歷史學報』 28, 12쪽.
35) 『高麗史』 권78, 食貨1 田制 祿科田 辛禑 14年 7月.
36) 『高麗史』 권81, 兵志1 兵制 恭愍王 5年 6月.

이러한 군인전은 2군 및 役領·監門衛를 제외한 6위군에게 주어
졌을 것이다. 위의 내용을 "軍民非有統屬 緩急難以相保 是以先王
丙申之敎 以三家爲一戶 以百戶統主隸於師營 無事則三家番上 有
事則俱出 事急則悉發家丁 誠爲良法"[37]이라는 사료와 아울러서
보면, 이들은 3家를 단위로 하여 17결을 부여받은 것으로 보인다.
그렇다면 6위에게 주어진 군인전은 어떠한 성격의 토지였을까?

추측컨대 이 군인전은 6위군으로 선별된 자들의 民田 위에 설정
되었던 것이 아닌가 한다. 여기에서 고려에 넣어야 할 것이 이들 군
인전은 3家를 단위로 하여 17결이 주어졌다는 점이다. 그렇게 보면
보승·정용 38령이 入役時에 평균 6결(17÷3 = 5.6)에 해당하는 토
지에 대하여 免稅되었다고 보면, 약 20여만 결(38000×5.6 =
212,8000) 정도가 계상되었을 것이다. 이는 전국의 田結數를 염두
에 두더라도 비교적 합리적인 숫자라고 할 수 있다.

6위의 보승·정용으로 선발되는 기본적인 기준이 된 것은 군역
을 부담할 수 있는 民田의 소유 정도라고 하였다. 그러나 현재로서
는 보승·정용으로 군역을 부담할 수 있는 民田의 소유 규모가 어
느 정도 되었는지 구체적으로 보여주는 자료가 없어 명확하지 않
다. 대략적으로 보건대, 2군이나 6위의 특수령이 收租地로서 지급
받은 규모가 약 20결이라고 볼 때, 이 20결의 수조권을 행사해서 얻
을 수 있는 경제적 규모보다 크지는 않았을 것이다.

한편 주현의 보승·정용이 군역을 自擔할 수 있는 경제적 토대
를 가졌던 데 비해, 1품군은 그 경제적 능력이 이들보다 열악하였
다. 그러나 이들의 규모가 국가에 의해 파악되고 있고 이들의 노동
력 제공이 1년 단위로 이루어지고 있다는 점을 고려한다면, 6위의

---

37) 『高麗史』 권81, 兵志1 兵制 辛禑 9年 8月.

보승·정용보다는 못하지만 일정하게 경제적인 기반을 가진 자들로 구성되었다고 이해된다. 그 경제력의 규모가 어느 정도 되었는지는 구체적으로 설명하기 어렵다. 단지 아무런 경제적인 기반 없이 국가의 科田을 경작하는 것으로 생업을 이어갔을 2·3품군에 비하면 그래도 그 경제적인 처지가 다소 나았을 것으로 생각된다.

2. 州鎭軍의 성립과 六衛의 保勝·精勇

1) 州鎭軍의 설치

州鎭軍은 지방 행정구획의 하나인 鎭에 설치된 군사로, 주로 兩界地域에 집중적으로 설치되었다. 鎭은 통일신라시대부터 군사적 거점에 설치되었는데, 태조 왕건은 즉위 초부터 鎭의 설치에 많은 관심을 가져 禮安鎭, 鶻岩鎭, 昵於鎭 등을 꾸준히 설치해 나갔다. 태조대의 '鎭' 설치는 크게 두 가지 양상으로 나타났다. 하나는 南方에 설치된 진으로 위에서 지적한 신라의 방식을 본떠 일정한 방면을 군사적 거점으로 삼기 위하여 분산적으로 설치한 것이다. 다른 하나는 北方에 설치된 것으로 궁예의 것을 본떠 국경지대에 집중적으로 설치되었다. 후에 후삼국 통일을 달성하고서는 남방쪽에는 鎭을 설치할 필요성이 사라지면서 북방에 한하여 鎭을 설치하였다.[38]

이 같은 鎭의 설치를 州鎭軍의 성립과 직접 연결시킬 수는 없겠으나, 적어도 州鎭軍의 성립과 밀접한 관계가 있었다고 생각한다. 위에서 보았듯이 鎭은 이미 태조 즉위 초부터 설치되었고, 州縣軍

---

38) 李基白, 1968,『高麗兵制史硏究』, 238쪽.

은 成宗 연간에 설치되었다. 鎭이 州鎭軍보다 일찌감치 설치되었던 것은 무엇보다도 鎭이 설치되는 지역들이 국경과 맞닿아 있어 외적들로부터 자주 침입을 받고 있었기 때문이다. 다음 사료는 그러한 사정을 잘 보여준다.

> 왕이 群臣에게 말하기를, "平壤은 古都인데 황폐해진 지 이미 오래 되어 荊棘이 滋茂하여 藩人이 그 사이에서 遊獵하고, 인하여 邊邑을 侵掠하니 해가 크다. 마땅히 民을 이주시켜 채움으로써 藩屛을 굳게 하여 百歲의 이로움이 되게 하라" 하였다. 드디어 大都護를 두고 堂弟 王式廉과 廣評侍郎 列評을 보내어 이를 지키게 했다.[39]

태조 왕건 때 古都인 평양이 황폐해지고 荊棘이 무성해져 藩人들의 침입을 받고 있으므로 이에 대비하기 위해 평양을 大都護로 삼고 堂弟인 王式廉을 보내 이에 대비하도록 하였다는 내용이다. 즉 이 조치는 蕃人, 女眞族의 노략질에 대비하기 위한 군사상의 목적에서 나온 것이라고 할 수 있다.[40] 비록 즉위 초 왕권을 능가하는 강력한 호족세력의 존재 때문에 어수선한 상황이었지만, 외적의 침입에 대한 국경방어는 고려로서는 대단히 중요한 문제였을 것이다.

---

39) 『高麗史』권1, 世家1 太祖 元年 9月 丙申, "諭群臣曰 平壤古都 荒廢雖久基址 尙存而荊棘滋茂 藩人遊獵於其閒 因而侵掠邊邑爲害大矣 宜徙民實之 以固藩屛爲百世之利 遂爲大都護 遣堂弟式廉 廣評侍郎列評守之".

40) 평양에 도호부를 설치한 이 조치는 얼마 뒤 호족세력을 견제하고 왕권의 안정을 보장할 수 있는 새로운 세력기반의 구축에 이용되기도 하였다(河炫綱, 1988, 『韓國中世史研究』, 46~47쪽).

그런데 鎭의 설치가 주현군의 설치보다 빨랐던 데는 이러한 국경
방어상의 목적뿐만 아니라, 다른 한편으로는 鎭이 설치된 지역의
호족세력의 기반이 약했던 것과도 관련이 있는 것으로 보인다. 위
의 사료에 보면 평양이 황폐해지고 荊薊가 무성했다고 말이 나오
는데, 이것으로 보건대 이 지역에는 호족세력이 없었던 것이 아닌
가 짐작된다. 만일 이 지역을 장악한 호족세력이 있었다면 荊薊가
무성해질 정도로 내버려 두었을 리 없고 또한 都護府를 설치할 수
도 없었을 것이기 때문이다. 물론 진이 설치된 지역이 모두 호족세
력이 없었던 것은 아닐 터지만, 적어도 후에 州縣軍이 설치되는 지
역보다는 호족의 영향력 정도가 낮은 곳이었을 것이라는 점은 충분
히 짐작된다고 하겠다.

이렇게 설치된 鎭의 관리는 중앙에서 파견된 관리가 담당한 것으
로 생각된다. 이는 태조 12년 9월에 大相 式廉을 파견하여 安水鎭
에 성을 쌓고 元尹 昕平으로 鎭頭를 삼았다는 사료[41]를 통해 잘
알 수 있다. 즉 鎭은 중앙의 직접적인 지휘 아래 놓여 있었던 것이
다. 이러한 鎭은 태조 이후 계속 증가하였고, 점차 지방제도가 정비
되면서 고려의 정상적인 행정구획으로 자리를 잡아가게 되었다.

우선 성종 14년 10道制가 실시되면서 鎭은 道 아래의 행정구획
으로 설정되었다. 10道의 하나인 浿西道의 경우 14개의 州와 4縣,
7鎭으로 이루어져 있었다.[42] 穆宗 8년 3월에는 外官을 정리하면서
12節度使, 4都護府, 東西北界防禦鎭使, 縣令, 鎭將만을 설치하
고,[43] 顯宗 9년 2월에는 諸道의 安撫使를 혁파하는 대신 4都護, 8

---

41) 『高麗史』 권82, 志36 兵2 鎭戍 太祖 12年 9月, "遣大相式廉 城安水鎭
　　以元尹昕平爲鎭頭".
42) 『高麗史節要』 권2, 成宗 14年 7月.
43) 『高麗史節要』 권2, 穆宗 8年 3月.

牧, 56知州郡使, 28鎭將, 20縣令을 설치하였다. 이러한 과정을 거치
면서 鎭은 도호부 아래의 행정구획으로서 자리를 잡아나갔다. 동시
에 이러한 지방제도의 정비 과정 속에서 일괄적인 체계를 갖춘 州
鎭軍이 성립되었다.

鎭의 특징은 무엇보다도 城으로 둘러싸인 武裝都市라는 점에 있
다.44)

東路兵馬使가 아뢰기를, 長州는 지형이 높고 험하며 성 안에는
우물이 없습니다. 청컨대 남문밖 평지에 木柵을 세우고 백성들을
이주시켜 위급한 일이 생길 때 성 안으로 들어오게 하십시오.45)

위의 사료에서 長州의 지형이 높고 험하며 성 안에는 우물이 없
다고 한 것을 보아 성으로 둘러싸인 곳임을 알 수 있다. 鎭이 성에
둘러싸인 곳이라고 할 때, 주목되는 것은 『高麗史』나 『高麗史節
要』에 나오는 築城에 관한 사료들이다. 『高麗史』 兵志2 城堡에 나
오는 축성 기사들은 거의 전부가 양계지역을 대상으로 한 것이다.
특히 태조 13년 馬山에 성을 쌓고 이를 安水鎭이라고 한 것을 보건
대,46) 築城과 鎭의 설치는 매우 밀접한 관련이 있었음을 알 수 있
다. 물론 『高麗史』 兵志2 城堡에 나오는 축성 기사를 모두 鎭의 설
치와 연결시켜 볼 수 있을지는 의문이지만, 많은 경우 城을 쌓고 鎭
을 설치하고 있으므로 축성 기사를 設鎭 기사와 연결시켜 보아도
좋지 않을까 한다.47)

---

44) 李基白, 1968, 『高麗兵制史研究』, 241쪽.
45) 『高麗史』 권7, 世家7 文宗1 8年 8月 庚申, "東路兵馬使奏 長州地高且
險 城中無井 乞令設柵南門外平地 徙民居之 有急入城 從之".
46) 『高麗史』 권82, 志36 兵2 城堡 太祖 13年.

高麗前期 築城에 관한 것은 다음 표와 같다.

<高麗 北境 築城 연표>

年 代		地 名	城周	門	水口	城頭	遮城
太祖	2년	龍岡縣城	1,807間	6	1		
	3년	咸從縣城	236間	4	3	4	2
	8년	成 川 城	691間	7	5	7	1
	13년	安北府城	910間	12	7	20	5
	13년	朝陽鎭城	821間	4	1	2	2
	17년	通海縣城	513間	5	1	4	
	20년	順 川 城	610間	5	9	15	6
	21년	陽嵒鎭城	252間	3	2	2	2
	22년	肅 州 城	1,225間	10	1	70	
	23년	殷 州 城	739間	8	4	2	4
定宗	2년	博 川 城	1,001間	9	1	16	9
光宗	2년	撫 州 城	603間	5	2	8	3
	20년	長平鎭城	535間	4			
	20년	泰 州 城	885間	6	1	37	4
	24년	高 州 城	1,016間	6			
	24년	和 州 城	1,014間	6	3		
	24년	嘉 州 城	1,519間				
成宗	2년	樹德鎭城	235間	4	1	9	9
	3년	文 州 城	578間	6			
	14년	靈 州 城	699間	7	2	12	2
	14년	猛 州 城	655間	5	4	19	2
	15년	宣 川 城	1,158間	6	1	36	3
穆宗	3년	德 州 城	784間	5	9	24	3
	8년	金壤縣城	768間	6			
	8년	郭 州 城	787間	8	1	5	2
	8년	鎭溟縣城	510間	5			

47) 양계지역의 築城은 靖宗年間에 高麗長城이 완성됨으로써 거의 일단락
되다.

年 代		地 名	城周	門	水口	城頭	遮城
穆宗	9년	龍津鎭城	501間	6			
	9년	龜 州 城	1,507間	9	1	41	5
	10년	翼嶺縣城	348間	4			
	11년	登 州 城	602間	14	2		
顯宗	5년	龍 州 城	1,573間	10	1	12	4
	7년	宣 州 城	652間	5			
	7년	鎭 州 城	789間	7	1	18	4
	8년	安義鎭城	834間	5	1	2	3
	18년	淸塞鎭城	821間	7	4	15	4
	20년	威遠鎭城	825間	7	3	12	5
	21년	寧 德 城	852間	7	12	14	7
	21년	麟 州 城	1,349間	9	2	23	6
德宗	원년	朔 州 城	865間	8	2	17	5
	2년	靜州鎭城	1,553間	10	1	45	9
	2년	杆城縣城	1,553間	10	1	45	9
	2년	安戎鎭城	1,553間	10	1	45	9

* 신영훈, 1978,「韓國의 城郭」,『신동아』에서 재인용.

兩界는 행정구획상 州, 鎭, 縣으로 구성되어 있다.[48] 이 가운데 鎭은 城으로 둘러싸인 군대 주둔지였으며, 鎭이라고도 불린 州는 행정 조직상 格의 차이를 제외하면 鎭과 다름없는 군사적 행정단 위였다. 이 밖에 縣은 주로 청천강 및 원산만 이남에 위치하고 있어 兩界에서는 어느 정도 예외적인 후방지역에 해당한다고 볼 수 있다. 그렇게 보면 양계의 행정조직에서 기본 단위가 되는 것은 州와 鎭이라고 할 수 있다.[49]

양계지역의 州, 鎭을 관할한 것은 都護府였다. 양계에는 安北都 護府와 安邊都護府의 두 도호부가 있었고, 각기 관할 하의 鎭을 다

---

48)『高麗史』권58, 地理志3 東界, 北界 참조.
49) 李基白, 1968,『高麗兵制史研究』, 240~241쪽.

스렸다.

2) 州鎭軍의 編制와 軍額

鎭에 있어서의 군대 배치 상황은『高麗史』권83, 兵志3 州縣軍條를 통해 살펴볼 수 있다. 兵志에서는 州縣軍과 州鎭軍을 구분하지 않고 주진군도 주현군으로 보고 있으며 다만 北界와 東界라는 구분을 두고 있을 뿐이다. 이것을 표로 만들면 <표 1>, <표 3>과 같다.

먼저 北界에 관해서 살펴보기로 하자.

아래의 표에서 알 수 있듯이 한 州鎭의 군대에 대한 기록은 약간 예외가 있기는 하지만, 대체로 세 부분으로 나눌 수 있다. 먼저 (가)는 지휘 계통에 대한 기록으로 中郞將, 郞將, 別將, 校尉, 隊正, 行軍으로 구성되어 있다. (나)는 州鎭에 소속된 군대의 부대에 대한 기록으로 여기에는 精勇, 抄軍, 左軍, 右軍, 保昌 등이 있다. 한 가지 주목할 것은 아래 표에서 抄軍이 있으면 精勇이 없고, 精勇이 있으면 抄軍이 빠져 있다는 사실이다. 특히 麟州에서는 抄精勇이라는 표현이 보이는데, 이것으로 보아 精勇과 抄軍은 서로 다른 부대를 지칭하는 것이 아니라 동일한 부대를 때에 따라서 精勇 혹은 抄軍으로 불렀던 것으로 생각된다. (다)는 神騎·步班·白丁에 대한 기록이다. 神騎·步班은 인원수가 기입되어 있되 그 수가 많지 않은 반면, 白丁은 隊로 표시되어 있으며 그 수가 상당히 많음을 알 수 있다.[50]

---

50) 李基白, 1968,『高麗兵制史研究』, 245～248쪽.

<표 1> 北界 州鎭軍 일람표

	가							나						다			
	都領	中郎將	郎將	別將	校尉	隊正	行軍	精勇(馬/弩)	抄軍(馬)	左軍(馬/弩)	右軍(馬)	保昌	小計	神騎	步班	白丁	白丁
	人	人	人	人	人	人	人	隊	隊	隊	隊	隊	隊	人	人	隊	(25X隊)人
西京							1,950	40				19	(海軍1)60			(元定兩班軍閑人雜類 9,572)	
安北府	中郎將1	2	7	14	28	58	1,515		16(4)	26(2/2)	4(1)	7	53			27	675
龜州	中郎將1	2	7	15	30	60	1,642		24(4)	20(4/2)	⟨5⟩	8	⟨57⟩52				
宣州	中郎將1	2	6	12	25	50	1,337		26(4)	20(2/2)	4(1)	6	56			76	1,900
龍州	中郎將1	2	8	19	23	60	1,778		32	32(4/2)	4	6	74			74	1,850
沙比江					2	4	99						⟨4⟩				
靜州	中郎將1	2	9	19	39	79	2,075		36(6)	30(4/4)	4	6	76	108		28	700
麟州		2	9	18	36	72	1,893	36(6/)		34(4/4)	4	4	78			36	900
義州		3	6	12	24	48	1,249										
朔州		1	5	10	22	45	1,209	18(6/)		18(2/1)	4(1)	5	45	45	12	48	1,200
昌州		1	4	9	18	36	971	16(2/)		10(2/2)	3(1)	4	33	22	21	22	550
雲州		1	3	8	16	31	926	12(2/2)		12(2/1)	4(1)	4	32	33		49	1,225
延州		1	4	9	18	41	1,052	12(2/)		10(2/2)	3	4	29	26		50	1,250
博州		1	5	9	19	39	1,387	14(2/)		14(5/5)	4(1)	5	37	49	25	120	3,000
嘉州		1	5	10	21	43	1,119	15		13(/1)	2(1)	4	34	50	40	113	2,825
郭州		1	4	9	18	36	966	13(3/)		14(3/1)	2	4	33	53	42	142	3,550
鐵州		1	4	8	16	32	870	12(2/)		12(2/2)	2	4	30	32	29	62	1,550
靈州			4	7	14	28	729	10(1/)		10(2/1)	2	4	26	15	17	25	625
猛州			3	5	10	20	630	10(2/)		8(/1)	2(1)	4	24	28	25	96	2,440
德州			4	7	14	28	778	10(2/)		10	2	4	26	26	23	55	1,375
撫州			4	7	14	29	801	10(1/1)		⟨10⟩	3	3	⟨26⟩16	35		78	1,950

								가		나					다			
	都領	中郎將	郎將	別將	校尉	隊正	行軍	精勇(馬/弩)	抄軍(馬)	左軍(馬/弩)	右軍(馬)	保昌	小計	神騎	步班	白丁	
	人	人	人	人	人	人	人	隊	隊	隊	隊	隊	隊	人	人	隊	(25X隊)人
順州		1	2	7	13	27	755	10(2/)		10(1/1)	2	3	25	40	20	154	3,850
渭州			5	8	16	⟨30⟩20	918	12(2/)		12(1/1)	3	5	32	32	32	83	2,075
泰州			4	7	14	28	895	13(3/)		10(1/)		3	26	22	39	57	1,425
泰州			4	7	14	28	895	13(3/)		10(1/)		3	26	22	39	57	1,425
成州		1	3	7	12	27	744	10(1/1)		9(1/1)	3	5	27	17	33	201	5,025
殷州			5	8	18	33	917	⟨12⟩22(1/1)		12	3	4	⟨31⟩41	34	59	85	2,125
肅州		郎將1	4	8	15	32	⟨895⟩95	12(2/)		12(2/2)	3	4	31	39	50	37	925
寧德城		1	4	8	16	32	832	15(3/)		10(2/2)	2	3	30	49		51	1,275
威遠鎭			4	6	12	25	689	12		7(2/2)	2	4	25	27	24	52	1,300
威遠鎭			4	6	12	25	689	12		7(2/2)	2	4	25	27	24	52	1,300
定戎鎭			5	7	14	28	713	10(4/)		8(1/1)	4(1)	5	27	33	10	56	1,400
寧朔鎭			5	8	⟨16⟩10	32	851	13(4/)		13(2/1)		4	30	29	23	15	375
安義鎭			4	7	14	38	711	9(2/)		6		7	22	30	17	54	1,350
淸塞鎭		1	3	7	15	31	830	12(/2)		10(/1)	3	5	30	50	36	62	1,550
平虜鎭		1	3	7	15	⟨31⟩21	847	13(3/)		10(2/)	3	3	30	28	42	42	1,050
寧遠鎭			4	7	13	28	783	10		10(1/1)	1	5	26	23	51	30	750
朝陽鎭	將1 副將1	1	5	8	20	41	1,143	15(2/)		15(2/2)	3	5	38	42	44	67	1,675
陽嵓鎭	將1	1	3		7	14	422	5(1/)		5(1/1)	1	3	14	11	12	30	750
樹德鎭	將1			1	2	5	153	2(1/)		2		1	5	10		22	550
安戎鎭	將1		1	2	4	8	206	2		3		1	6	11	27	33	835
通海縣			1	2	5	10	274	4		3		1	9	5	14		
通海江					1	2	43						⟨2⟩				
永淸縣			3	4	8	16	432	6		5	2	2	15	28	9	100	2,500

	都領	中郎將	郎將	別將	校尉	隊正	行軍	精勇 (馬/弩)	抄軍 (馬)	左軍 (馬/弩)	右軍 (馬)	保昌	小計	神騎	步班	白丁	
				가					나						다		
	人	人	人	人	人	人	人	隊	隊	隊	隊	隊	隊	人	人	隊	(25X隊)人
咸從縣			1,假郎將3	6	13	26	729	8		10	2	4	24	20	31	49	1,225
龍江縣			3	6	12	24	656	8		8	2	4	22	35	40	59	1,475
三和縣				1	2	5	135						〈5〉				
三登縣				假別將1	2	5	121						〈5〉				
計	11	31	174	341	680〈686〉	1,387〈1,407〉	39,870〈40,670〉	451(64/5)	134(18)	483(59/49)〈493〉	93(9)〈98〉	187	(1)1,349〈1,370〉	1,137	847	2,440	61,000

* 李基白, 1968, 『高麗兵制史研究』, 246쪽에서 재인용. 밑줄은 李基白의 계산, 〈 〉는 李基白의 수정.

위의 표에서 (가), (나), (다)의 내용을 별개의 것이라 생각할 수도 있으나, 실제로는 (가)와 (나)는 동일한 부대를 인원수와 부대별로 나누어 표시한 것이다. 이러한 사정은 李先齊가 인용한 『高麗式目形止案』에 의해 분명히 알 수 있다. 『高麗式目形止案』에 보이는 龜州城 이하 4城에 대한 것을 표로 만들면 다음과 같다.[51]

<표 2> 『高麗式目形止案』 소재 北界 州鎭軍[52]

	都領	中郎將	郎將	別將	校尉	隊正	抄軍	左軍	右軍	保昌	合軍	白丁軍	
	人	人	人	人	人	人	隊	隊	隊	隊	人	隊	計人
龜州城	(中郎將)1	2	6	14	28	57	24	20	5	8	1,637	125	3,294
寧州城	(中郎將)1	假中郎將1	6 攝郎將3	13	26	53	16	26	4	7	1,523	141	3,666
猛州城	(郎將)1		1	5	11	22	8	8	2	4	630	89	2,072
麟州城	(中郎將)1	2	7	18	39	79	34	34	4	7	2,230	36	821

---

51) 李基白, 1968, 『高麗兵制史研究』, 234쪽.
52) 『文宗實錄』 권4, 文宗 卽位年 10月 己卯(이기백, 1968, 『高麗兵制史研究』, 249쪽에서 재인용).

<표 2>의 合軍은 <표 1>의 行軍에 해당되는 것으로 抄軍, 左軍, 右軍, 保昌 등이 포함되어 있다. 이 <표 2>는 <표 1>과 대체로 일치하는데, 이것은 <표 1>의 (나)에 나타난 隊의 長이 곧 隊正이라는 것을 말한다고 생각한다. 지휘계통들이 분명한 抄軍(精勇), 左軍, 右軍, 保昌은 北界 州鎭軍의 기간부대들이며, 아마도 이들 부대는 州鎭의 성 안에 배치되어 있었을 것이다. 여기에 소속된 군인의 수는 대략 39,870명 내지 40,670명이었을 것이다.

이 밖에 神騎, 步班, 百丁 등이 있다. 이들은 각기 州鎭에 배치된 군대지만, 鎭城의 상비군이 아니라 위급한 때에 동원할 수 있는 예비부대였다고 생각한다. 神騎와 步班, 특히 神騎는 명칭상 馬와 관계되는 부대이므로 말을 준비할 능력을 갖춘 부유층으로 편성되었을 것이다. 白丁은 명칭으로 보건대 일반 농민으로 구성된 것으로 보이며, 이들은 아마도 성 밖의 인근 부락에 거주하고 있었을 것이다.

한편 아래 <표 3>의 東界 州鎭軍에 대한 것을 보면 우선 북계와는 달리 行軍의 인원수가 표기되어 있지 않다. 또한 保昌, 神騎, 步班, 白丁이 없는 대신 寧塞, 工匠, 田匠, 投化, 鉎川軍, 沙工 등이 더 있다. 東界 行軍의 인원은 (가)의 隊正數 혹은 (나)의 合計隊數에 25명을 곱하면 대략적으로 얻을 수 있는데, 약 11,521명 내지 11,571명으로 추산된다.

<표 1>과 <표 3>에서 보이는 것처럼 兩界 州鎭軍의 기간부대는 수정된 수로 계산하여 약 52,241명, 여기에 北界 西京의 元定兩班軍閑人雜類와 기타 州鎭의 神騎, 保班, 白丁隊 및 東界의 기타 諸軍을 합치면 약 125,372명이 된다. 만일 東界의 神騎, 步班, 白丁隊의 존재를 상정하고 이를 北界와 같은 비율로 계산할 경우 약 17,000명이 되며 兩界의 총 兵員 수는 대략 142,372명이 된다.『高

麗式目形止案』에 따르면 이 수는 약간 더 늘어날 것이다.53)

<표 3> 東界 州鎮軍 일람표

	가						나					다				
	都領	郎將	別將	校尉	隊正	行軍	抄軍	左軍	右軍	寧塞	小計	工匠	田匠	投化	銓川軍	沙工
	人	人	人	人	人	人	隊	隊	隊	隊/人	隊	梗	梗	梗	隊	隊
安邊府	1	2	4	12	27	675	8	8	8	3/5	27	1				
瑞谷縣		1	2		3	75	.	1	2	3/	4	1				
汝山縣				<1>		<25>			1		1	1				
衛山縣				1	<4>	<100>		2	1	1/	4	1				
翼谷縣				1	<3>	<75>		1	1	1/	3					
鐵垣戍					<2>	<50>			1	1/	2					
凝川貢所					<2>	46			1	1/	2					
孤山縣			1	3	7	175	2	2	2	1/	7					
鶴浦縣			1	2	4	100	2	1	1	1/	5					
壓戎戍				1	2	50		1	1	/7	2					
霜陰縣				1	2	50		1	1	1/	3					
禾登戍					<2>	<50>		1	1	/5	2					
福寧鄉				1	2	50		1	1	1/	3					
和州	1	3	7	13	32	800	10	10	8	4/	32	1				
高州	1	3	7	15	32	800	<11>1	<11>1	8	22/	<32>12		1	1		
宜州	1		3	7	16	400	5	5	4	2/	16	1				
文州	1	2	4	9	22	550	6	8	5	1/	20	1				
長州	1	2	4	9	<23>33	<575>825	6	8	6	3/	23				4	
定州	1	4	8	16	37	925	14	13	6	4/	37					
德州	1	2	4	8	20	500	9	9	4	/66	22					
元興鎮	1	2	5	13	29	725	9	9	4	4/	26					4
寧仁鎮	1	1	3	7	16	400	4	6	4	2/	16					
耀德鎮	1	1	8	9	20	500	8	4	6	2/	20	1				
鎮溟縣	1		2	6	11	275	5		2	1/	8		1			

---

53) 李基白, 1968, 『高麗兵制史研究』, 248~253쪽.

	가						나					다				
	都領	郎將	別將	校尉	隊正	行軍	抄軍	左軍	右軍	寧塞	小計	工匠	田匠	投化	鉦川軍	沙工
	人	人	人	人	人	人	隊	隊	隊	隊/人	隊	梗	梗	梗	隊	隊
長平縣	1		2	6	13	325	5	5	2	1/	13					
龍津鎮	1		2	4	10	250	2	4	2	2/	10	1				
永興鎮	1		2	5	11	275	4	4	3	2/	13					
靜邊鎮	1			5	11	275	4	3	4	/40	11					
雲林鎮				1	3	75		2	1	1/	4					
永豊鎮			1	2	5	125		2	2	1/	5					
隘守鎮			1	2	6	150		3	2	1/	6	1				
金壤縣			2	4	10	250	4	3	3	1/	11					
高城縣			1	4	9	225	1	1	3	2/	7					
杆城縣			1	5	10	250	4	4	2	1/	11					
翼令縣			3	3	9	225	4	2	4	1/	11					
溟州			5	10	23	575	8	8	8	4/	28	1				
三陟縣			1	8	16	400	4	4	9	1/	18	1				
蔚珍縣			1	3	8	200	2	2	3	1/	8					
計	16	22	84	198	459 <463>	11,521 <11,571>	131 <141>	140 <150>	125	56隊 123 人	453 <473>	12	2	1	4	4

* 李基白, 1968, 『高麗兵制史研究』, 250쪽에서 재인용. 밑줄은 李基白의 계산,
  < >는 李基白의 수정.

州鎮軍의 핵심이 되는 부대는 <표 1>과 <표 3>에서 보이듯이 抄軍, 左軍, 右軍이며, 그 이외에 北界에서는 保昌, 東界에서는 寧塞軍이 더 있다. 이 중에서 抄軍은 앞서 언급한 것처럼 精勇 혹은 抄精勇이라고 불린 것으로 보아 아마 精勇의 다른 명칭으로 생각된다. 또한 保昌은 그 명칭이 京軍의 保勝과 비슷한 것으로 보여 京軍의 保勝과 같은 기능을 가진 부대가 아닐까 한다. 그런데 東界에서는 보승이라는 이름을 가진 군대가 보이지 않는데, 『高麗史』 兵志 州縣軍條에서 北界의 주력부대를 精勇(抄軍), 左軍, 右軍, 保

昌으로 서술하고 있어 東界 역시 北界와 같은 식으로 편성되었을 것이다. 따라서 寧塞軍이 北界의 保勝과 같은 군대가 아닐까 한다.54)

3) 州鎭軍과 六衛의 保勝・精勇

中央과 州縣에서는 모두 보승과 정용의 존재가 확인된다. 이들 보승과 정용은 성종대에 해체되기 시작한 지방 호족들의 私兵들로서, 주현의 보승・정용과 중앙 6위의 보승・정용으로 편성되어 국가의 公的인 군사조직으로 자리잡았다. 특히 주현군의 보승・정용이 중앙으로 번상하여 6위의 보승・정용을 구성하였다는 것은 앞에서 살펴본 대로다.

이들 州縣軍의 보승・정용은 6위의 보승・정용으로 번상되었을 뿐 아니라, 州鎭軍의 보승・정용으로 번상되었을 것으로 생각된다. 물론 州縣軍의 보승・정용이 곧바로 州鎭軍의 보승・정용으로 번상되는 것이 아니라, 주현군의 보승・정용이 6위의 보승・정용으로 번상되고, 그 다음 6위의 보승・정용에서 주진군의 보승・정용으로 번상되었을 것이다. 이 같은 추론은 鎭이 국방 목적으로 국경지대에 설치되었고, 건국 초기부터 중앙에서 파견된 관리에 의해 관할되었다는 사실로부터 나온 것이다. 물론 건국 초기에 중앙에서 파견된 관리의 관할 하에 있었다고 해서 鎭에 소속된 군인이 모두 중앙에서 파견한 군대였다고는 볼 수 없을 것이다. 그러나 지방제도와 군제가 정비되는 가운데, 호족들의 사병을 혁파하고 이들을 국가의 公的인 군사로 편성시켜 중앙으로 번상시켰다는 점을 생각할 때, 중앙으로 번상된 이들 가운데 일부를 국방의 요충지인 鎭으로

---

54) 李基白, 1968,『高麗兵制史研究』, 255~256쪽.

보내 州鎮軍의 일부를 구성하게 하였을 것이란 점은 쉽게 짐작된다.

실제로 중앙군이 州鎭의 防戍에 동원된 사실은 崔承老의 上書文에 잘 나타난다.

　　正匡 崔承老가 상서하여 말하기를, 우리나라가 삼국을 통일한 이래 士卒들이 베개를 편안히 하지 못하고 군량을 많이 허비하는 것은 西北 지방이 오랑캐와 이웃하여 防戍하는 일이 많기 때문입니다. 馬歇灘을 경계로 삼은 것은 태조의 뜻이고 압록강변의 石城을 경계로 삼음은 大朝의 정한 바입니다. 청컨대 요충지를 택하여 疆域으로 정하고 토착인으로서 활쏘기와 말타기에 능한 자를 뽑아서 防戍에 충당하고 또 그 가운데서 偏將을 선발하여 이를 통솔하고 거느리게 하면 京軍이 교대로 防戍하는 괴로움을 면하고 蒭와 粟의 운반하는 비용을 덜 것입니다.55)

최승로는 국방의 중요성을 강조하며, 그에 대한 대책으로서 土人 가운데 射御에 능한 자를 선발하여 防戍에 충당하고 偏將을 선발하여 이들을 統領하게 한다면, 京軍은 更戍之勞를 면하게 되고 마초와 군량을 운반하는 비용을 줄일 수 있을 것이라고 하고 있다. 위의 사료에서 나오는 '土人'이란 당연히 양계지역 사람들을 말하는 것이다. 즉 양계지역 사람들을 선발하여 국방을 담당하게 한다면 京軍이 更戍之勞를 면할 수 있다는 것이다. 위의 사료만 갖고는 京

<hr/>

55)『高麗史』권82, 志36 兵2 鎭戍 成宗 元年 6月, "正匡崔承老上書曰 我國家統三以來 士卒未得安枕 糧餉未免糜費者 以西北隣於戎狄 而防戍之所多也 以馬歇灘爲界 太祖之志也 鴨江邊石城爲界 大朝之所定也 乞擇要害 以定疆域 選土人能射御者 充其防戍 又選偏將 以統領之 則京軍免更戍之勞 蒭粟省飛輓之費".

軍이 언제부터 防戍를 행했는지 분명히 알 수 없지만, 어쨌든 최승로가 상서문을 올릴 당시에는 京軍이 防戍를 담당하고 있었고, 이 防戍의 役은 경군에게 상당히 부담이 되었음을 알 수 있다.

한편 京軍이 州鎭에 防戍하는 것과 관련하여 州縣軍으로써 州鎭軍에 충당되는 경우가 州鎭入居軍人의 존재에서 확인된다.

> 州와 鎭에 있는 군인에게 이전의 사례대로 本貫에 養戶 두 사람을 줄 것을 명하였다.[56]

> 西京의 東西 州, 鎭에 있는 군인에게 本貫의 雜役을 경감시키되 만약 소란을 피우는 자가 있으면 色典・記官에게 벌하도록 결정하였다.[57]

> 北路 邊城의 將士들은 山南 州, 縣으로부터 충당하는 경우가 많으므로, 丁田이 멀리 있고 貲産이 궁핍하다. 만약 兵事가 있으면 모두 先鋒이 될 것이니……[58]

州鎭入居軍人은 本貫에 養戶를 준다거나 本貫에서 雜役을 면하게 해 준다는 기사로 보건대 완전히 토착화한 군인은 아니라고 보인다. 그리고 北路 邊城의 壯士들이 山南 州, 縣에서 많이 充入되었다고 하는 기사는 州鎭軍의 일부가 州縣軍에서 충당되었음을 보

---

56) 『高麗史』 권81, 志35 兵1 兵制 五軍 文宗 27年 3月, "命州鎭入居軍人 例給本貫養戶二人".

57) 『高麗史』 권81, 志35 兵1 兵制 五軍 仁宗 22年, "判 西京東西州鎭入居軍人 蠲本貫雜役 若有侵擾者 罪其色典記官".

58) 『高麗史』 권95, 列傳8 邵台輔, "北路邊城將士 多自山南州縣充入 故丁田在遠 貲産貧乏 脫有兵事 並爲先鋒".

여준다고 생각된다.

　그러나 다음 사료에서 보듯이 州縣軍에서 곧바로 州鎭軍으로 충당된 것은 아니다.

　　나라에는 私田이 없고 백성은 사람 수를 헤아려 업을 받았다. 16세 이상이면 充軍하고 六軍과 三衛는 항상 官府에 머물러 3년마다 군사를 뽑아 서북지방을 지키도록 하고 반년 만에 교대하였다. 변란이 생기면 무기를 잡고 일이 생기면 노역에 봉사하다가 일이 끝나면 복귀하여 농사를 지었다.[59]

　六軍, 三衛가 官府에서 常留한다고 한 것으로 보건대 이들은 다름 아닌 二軍六衛, 즉 京軍으로 보인다. 이 기록대로라면 이들 경군은 3년마다 西北에 戍자리를 섰음을 알 수 있다. 京軍을 六軍三衛라고 한 것은 약간 문제가 있지만, 崔承老傳에 언급된 '京軍이 防戍한다'는 기사와 연결시켜 생각해 보면 京軍이 西北에 戍자리를 선 것은 틀림없는 사실이었던 것으로 보인다.

　그런데 京軍 중 일부가 州鎭에 防戍를 갔다면 경군 가운데에서 누가 州鎭에 파견되었을까? 이는 京軍의 편성을 통해 쉽게 추측할 수 있다. 2군과 6위 가운데 役領·常領·海領·監門軍은 모두 전시과의 군인전을 지급받는 군인으로서 保勝·精勇과는 신분이 다른 군인이라는 것은 이미 앞서 살핀 대로다. 이들은 왕을 호위하거나 도성 경비, 국가의 儀仗을 담당하는 등 고유한 업무를 가지고 있었다. 그렇다면 당연히 이들을 鎭에 파견하여 防戍를 서게 하지

---

59) 『宋史』 권487, 列傳246 外國3 高麗, "國無私田 民計口授業 十六以上則充軍 六軍三衛 常留官府 三歲以選 戍西北 半歲而更 有警則執兵任事則服勞 事已復歸農畝".

는 않았을 것이다. 그러므로 경군 가운데 방수를 담당한 자들은 보
승과 정용이었다고 볼 수 있다.

그런데 6위의 보승·정용은 州縣軍의 보승·정용이 번상한 군인
이므로 결국 州鎭軍의 보승·정용은 곧 주현군의 보승·정용에서
번상했다고 할 수 있을 것이다. "北路邊城壯士 多自山南州縣充入"
했다는 기사는 곧 이러한 사실을 말하는 것이라고 생각된다.

4) 州鎭軍의 임무

州鎭軍의 가장 중요한 임무는 국방이었다. 주진군이 설치된 兩界
지역은 契丹·女眞·蒙古 등의 북방민족과 접해 있으면서 자주 이
들로부터 침입을 받고 있었다. 건국 초기부터 이지역에 鎭이 설치
된 것은 이러한 이유 때문이고, 따라서 이들 진은 城으로 둘러싸인
무장도시의 특징을 갖고 있었다.『高麗史』兵志에 나오는 築城 기
사가 양계지역에 집중되어 있는 것은 외적 방어와 관련한 鎭의 특
성을 보여준다고 하겠다.

국방의 임무는 州鎭軍만이 담당한 것이 아니다. 일반 民들도 평
화시에는 각자 맡은 바 임무에 종사했지만, 전쟁이 일어날 경우에
는 모두 동원되어 전쟁에 참여하였다.

　　通州 振威副尉 戶長 金巨와 別將 守堅은 경술년에 거란병이
　침입해 들어왔을 때 성을 견고하게 지켰을 뿐만 아니라 적의 大
　夫 馬首를 사로잡은 공로가 있어, 金巨를 郎將으로 올려주고 守
　堅에게는 郎將으로 벼슬을 贈職하였다.[60]

60)『高麗史』권5, 世家5 德宗 元年 2月 壬寅, "以通州振威副尉戶長金巨
　　別將守堅 當庚戌丹兵之來 堅壁固守 又禽其大夫馬首 加金巨郎將 守

기미에 거란이 通州를 공격하였다. 계해에 興化鎭大將軍 鄭神勇, 別將 周演, 散員 任億, 校尉 楊春, 大醫丞 孫簡, 太史丞 康承穎 등이 군대를 인솔하고 거란군의 배후에 나가 쳐서 700여 명을 살상하였으나 鄭神勇과 6명이 전사하였다.[61]

위의 사료에서 戶長과 같은 향리나 大醫丞, 太史丞 같은 기술직을 가진 자들도 모두 전투에 동원되고 있음을 알 수 있다. 이로써 보건대 전쟁이 나면 州鎭의 모든 주민이 무장을 하고 전투에 동원되었다고 할 수 있다.[62]

州鎭軍은 국경방어 외에 州城의 축조와 수리, 무기의 준비, 군사훈련, 교대로 행해졌을 근무, 특히 戍所에의 差遣 등 여러 가지 일을 담당하였다. 뿐만 아니라 軍需 확보를 위해 양계지역에 설치된 屯田 경작에 종사하기도 하였다.[63]

州鎭의 屯田軍 1隊에 田 1結을 주되, 田 1결에서 1石 9斗 5升, 水田 1결 3석을 거두게 하고, 10결에서 20석 이상 낸 色員은 표창한다. 軍卒이나 百姓에게 거두어 액수를 채운 자는 죄를 논한다.[64]

堅贈郎將".

61) 『高麗史』 권4, 世家4 顯宗 6年 9月, "己未 契丹來攻通州 癸亥 興化鎭大將軍鄭神勇別將周演散員任億校尉楊春大醫丞孫簡太史丞康承穎等引兵出契丹軍後 擊殺七百餘級 神勇及六人死之".

62) 李基白, 1968, 『高麗兵制史硏究』, 259~263쪽.

63) 李基白, 1968, 『高麗兵制史硏究』, 267쪽.

64) 『高麗史』 권82, 志36 兵2 屯田 肅宗 8年, "判 州鎭屯田軍一隊 給田一結 田一結 收一石九斗五升 水田一結三石 十結出二十石以上色員褒賞 徵斂軍卒百姓以充數者 科罪".

위에서 州鎭 屯田軍에게 둔전 1결을 지급하였다고 하는데, 이 규정이 그대로 지켜졌는지는 분명하지 않다. 그러나 州鎭 屯田軍이라고 한 것으로 보아 州鎭軍 중 일부가 둔전 경작에 참여하였음을 알 수 있다.[65]

5) 州鎭軍의 경제적 토대

州鎭軍도 州縣軍과 같이 전시과의 지급 대상에서 제외되었다. 대신 주현군에서 살펴보았던 것처럼 6위의 번상하는 보승·정용과 州縣의 보승·정용에게는 이들이 소유한 民田 위에 군인전이 설정되었던 것으로 생각된다.

그런데 주진군의 보승·정용, 즉 抄軍(精勇)·保昌(寧塞軍)은 주현군에서 번상된 존재로 생각되므로, 이들이 소유한 民田에 조세를 면제하는 조건으로 군인전이 설정되었을 것이다. 물론 이들에게는 다른 경제적인 지원도 있었을 것이다.

> 州와 鎭에 있는 군인에게 이전의 예대로 本貫에 養戶 두 사람을 줄 것을 명하였다.[66]

州鎭入居軍人에게는 과거의 예에 따라 본관에 양호 두 사람을 지급하라는 규정으로 미루어 보건대, 이들이 州鎭軍으로 들어갈 때에는 따로 이들의 民田을 경작할 양호를 지급해 주었던 것으로 보

---

65) 이들 州鎭 屯田軍은 군졸이나 백성과는 구별되는 존재로서 둔전을 경작하기 위해 徙民된 部曲民이 아닌가 하는 견해도 있다(趙仁成, 「高麗兩界의 國防體制」, 『高麗軍制史』, 163쪽).

66) 『高麗史』 권81, 志35 兵1 兵制 文宗 27年 3月, "命州鎭入居軍人 例給本貫 養戶二人".

인다.

이 밖에 神騎·步班·白丁 등은 이들이 鎭城의 상비군이 아니라 위급한 때에 동원될 수 있는 예비부대였다는 점에서 전시과 지급 규정에서 제외되었을 것으로 보이며, 이들이 소유한 民田 역시 군인전으로 설정되지 않았을 것으로 생각된다. 神騎와 步班, 특히 神騎는 말을 준비할 능력을 갖추고 있어야 하므로 아마 부유층으로 편제되었을 것이다. 白丁은 성밖에 거주하는 것으로 보아 神騎와 步班보다는 경제적으로 더 열등한 위치에 있었다고 생각된다.[67]

---

67) 兩界의 州鎮軍에 소속된 白丁을 南道 州縣軍의 二·三品軍에 비견하기도 한다(李基白, 1968, 『高麗兵制史研究』, 249쪽).

제5장 高麗軍制의 특징과 그 변화

1. 二軍과 六衛의 상이성

二軍과 六衛가 성격을 달리하는 군인이라는 것을, 이들 전체를 대상으로 하여 전시과의 군인전이 지급된다고 할 경우 필연적으로 국토의 전 결수를 상회하는 모순을 해결할 수 없다는 점, 2군과 6위의 형성 과정 등을 통해 검토해 보았다. 실제로 2군과 6위가 다른 성격의 군인이라는 사실은 다음 사료에서 더욱 명백하게 뒷받침된다.

  가) 穆宗 5년에 6위의 職員을 두었다. 그 뒤에 鷹揚軍과 龍虎軍 2군을 두었는데 2군은 6위 위에 두었다.[1]
  나) 穆宗 때 6위 외에 鷹揚·龍虎의 2군을 더 두었다.[2]

대체로 제도의 정비 때 上位에 자리하는 것은 신분상의 우위가 고려된 것이다. 따라서 2군인 鷹揚軍과 龍虎軍이 6위와는 별도로 설치되었으며, 특히 사료 가)에서 2군이 6위 위에 설치되었다고 한

---

  1) 『高麗史』 권77, 志31 百官2 西班 穆宗 5年, "備置六衛職員 後置鷹揚 龍虎二軍 在六衛之上".
  2) 『磻溪隨錄』 권23, 兵制考說, "穆宗時 於六衛之外 加置鷹揚龍虎二軍".

것은 적어도 6위보다는 2군의 구성원이 신분적으로 우위에 있었음을 보여주는 것이라 생각된다. 물론 6위 가운데에서도 特殊領인 役領, 海領, 常領, 監門衛 등은 2군과 비슷한 경제적인 처우를 받고 있으며, 성원의 충원도 지배층에서 이루어지고 있음을 볼 때 응양군·용호군과 비슷한 성격의 군인이라고 할 수 있다. 그러나 이들 6위의 특수령이 설치된 것은 적어도 穆宗 이후다. 그렇다면 목종대의 6위란 보승·정용의 38령만으로 구성되어 있었을 것이고, 2군인 응양군·용호군이 이들 6위 위에 자리잡고 6위와 구별되었다는 것은, 목종 때의 2군과 6위의 구성상의 특징을 고려할 때 적절한 설명이라고 하겠다.

요컨대 2군은 적어도 6위의 보승·정용과는 다른 성격의 군인이며 이들은 6위의 아래가 아니라 6위 위에 자리한 일종의 상층군인이라는 점을 위의 사료를 통해 확인할 수 있다. 따라서 2군의 성립 시기를 성종대로 보고 있는 필자로서는 2군의 설치 시기와 관련한 약간의 문제점만 제외한다면, 위 자료는 2군과 6위가 다른 성격의 군인임을 웅변적으로 보여주는 실증적 자료가 된다고 볼 수 있다.

2군과 6위를 이렇게 보면, 다음 사료들에서 보듯이 2군과 6위가 별도의 군인으로 다루어지고 있는 사실은 주목할 만하다.

> 다) 각 衛의 군인으로서 집이 가난하고 토지가 부족한 사람이 매우 많다. 지금 변경 방어가 안정되지 못하였는데 그들을 구제하지 않을 수 없으니 戶部에 지시하여 公田을 나누어 주게 하라.3)
>
> 라) 侍中 崔齊顔 등이 아뢰기를, 兵書에 일러 만 명이 되는 군

---

3) 『高麗史』 권81, 志35 兵1 兵制 五軍 靖宗 2年 7月, "諸衛軍人 家貧而 名田 不足者頗衆 今邊境征戌未息 不可不恤 其令戶部分 公田加給".

대는 3천 명을 뽑아서 奇로 하고, 1천 명이 되는 군대는 3
백 명을 뽑아서 奇로 한다 하였으니 청컨대 6위군 내의 매
한 장군이 영솔한 부대에서 각각 2백 명씩을 뽑아 선봉군으
로 조직하소서, 하니 왕이 허락하였다.4)

마) 都兵馬使 王寵之가 아뢰기를 좌전에는 편안할 때에도 위태
함을 잊지 말라 하였고 또 적이 오지 않을 것을 믿지 말고
자기의 방비가 잘 되어 있는 것을 믿으라고 하였습니다. 그
러므로 우리나라에서는 매년 중추절에 동반·남반 관리들까
지도 시외에 모여 활쏘기와 말다루기를 연습하였는데 하물
며 각 위의 군사는 나라의 초병이니 마땅히 농한기에는 북
을 울리며 깃발을 들고 동작하는 절차를 가르쳐야 합니다.5)

바) 요사이 들으니 모든 衛에서 도망하는 군인이 매우 많다 합
니다. 이것은 일을 바르게 처리하지 못한 데 원인이 있습니
다. 富强한 자는 세력에 의탁하며 면제되고 빈약한 자만 힘
든 일을 부담하는 데서 먹고 입을 것이 부족하고 조금도 휴
식하지 못하며 또 여러 번 조서를 내려 힘든 일을 덜어 주
라고 하였으나 관리들이 계속 부리기만 합니다.6)

고려 군인의 기간을 구성하는 京軍은 2군과 6위다. 그럼에도 불

---

4) 『高麗史』 권81, 志35 兵1 兵制 五軍 文宗 卽位年, "侍中崔齊顔等曰
兵書云 萬人之軍 取三千爲奇 千人之軍 取三百爲奇 請以六衛軍 每一
將軍領下 選二百人爲先鋒軍 從之".

5) 『高麗史』 권81, 志35 兵1 兵制 五軍 文宗 4年 10月, "都兵馬使王寵之
奏 傳曰 安不忘危 又曰 無恃敵之不來 恃吾有備 故國家每當中秋 召
會東南班員吏於郊外 敎習射御而況諸衛軍士 國之瓜牙 宜於農隙 敎
金鼓旌旗坐作之節".

6) 『高麗史』 권81, 志35 兵1 兵制 五軍 文宗 25年 6月, "近聞諸衛軍人亡
命者甚多 是由執事不公 富强者托勢以免 貧弱者獨受其勞 衣食乏絶
而略無休息 雖每降恩詔減省 而有司營作不已".

구하고 위의 조치들은 유독 諸衛만을 대상으로 하고 있어 2군과 6
위가 구별되는 존재임을 보여주고 있다. 물론 여기에 대해서는 다
음과 같은 상이한 해석이 나올 수도 있다. 첫째, 諸衛라는 것이 2군
과 6위를 포함하여 군인 전체라는 의미의 통칭으로 쓰였을 가능성
이다. 둘째 사료 바)를 기준으로 해서 보건대 2군의 형성이 최소한
문종 25년까지 이루어지지 않은 것은 아닐까 하는 의문이다.

우선 첫 번째의 六衛軍 또는 諸衛라는 말이 2군6위의 통칭으로
쓰였다고는 생각할 수 없다.[7] 왜냐 하면 2군과 6위는 명확히 구분
되는 별개의 체계로서 그 맡은 바의 임무가 뚜렷이 구분되는 조직
이었기 때문이다. 요컨대 "國家之制 近仗及諸衛"[8]에 보이는 近仗
이라는 표현은 親衛軍 혹은 侍衛軍의 성격을 보여주며, 이 近仗으
로써 구분되는 2군을 諸衛라는 용어로 6위와 통칭해서 불렀다고는
볼 수 없다. 따라서 고려 말 공양왕 때에 2군6위를 並稱해서 八衛
라고 부르기[9] 전까지는 諸衛 또는 六衛가 2군까지 통칭하는 의미
로 사용되었다고 볼 수 없다.

두 번째의 경우 2군이 문종 25년까지 확립되지 않았다는 사실만
확인된다면, 그 때까지의 군인이라고 하면 당연히 6위밖에 없을 것
이다. 그렇게 되면 위에 열거한 제반 조치들이 諸衛만을 대상으로
하고 있다는 사실[10]은 하등 흥미로울 것이 없게 된다. 그러나 과연
2군이 문종 25년에 가서야 성립되는 것일까? 여기에 대한 대답은

---

7) 이에 대해 이기백은 중앙군 소속의 군인은 중앙군의 구체적인 부대편
   성의 중심이 六衛였기 때문에 六衛軍 혹은 六衛軍人으로 불렸다고 보
   고 있다(李基白, 1960, 「高麗軍人考」, 『震檀學報』 21/1968, 『高麗兵制
   史研究』, 89쪽).
8) 『高麗史』 권81, 志35 兵1 兵制 靖宗 2年 7月.
9) 『高麗史』 권77, 志31 百官2 西班, "至恭讓王時 並稱八衛".
10) 諸衛 가운데도 保勝·精勇을 대상으로 한 조치로 보인다.

부정적이다. 2군은 이미 성종 7년에 성립하고 있기 때문이다.

따라서 위의 제반 조치는 모두 2군이 성립된 후에 취해진 것들로 보아야 한다. 그리고 여기에서 2군이 언급되지 않은 것으로 보아, 의식적으로 2군은 제외하고 諸衛만을 대상으로 한 것이라고 볼 수 있다. 즉 이들 사료에 보이는 조치가 유독 諸衛만을 대상으로 하고 있다는 것은 이들 조치가 諸衛에게는 필요한 사항이지만 2군에 대해서는 전혀 필요가 없었기 때문이다. 이는 2군과 6위가 서로 구별되는 존재로서 상호 다른 신분의 군인임을 명확히 뒷받침해 주는 근거다.

그러면 어떤 이유에서 위의 조치들은 2군을 제외하고 諸衛만을 대상으로 한 것일까? 거기에는 2군과 6위가 근본적으로 서로 신분을 달리하는 군인이라는 점에서 파생된 각각의 이유가 발견된다.

먼저 사료 다)에서는 집이 빈한하여 名田[11]이 부족한 자에게 公田을 지급하되 그 대상을 諸衛軍人으로만 한정하고 있다. 이는 무엇을 의미하는 것일까?

앞에서 이미 밝혀졌듯이 문무관료와 같이 전시과 규정에 의해 군인전을 지급받을 수 있는 대상은 2군·6위의 성원 모두가 아니었다. 즉 2군과, 약간의 예외로서 6위 가운데 役領, 海領, 常領, 監門衛 1領씩이었다. 따라서 대부분의 6위 군인은 전시과 규정에 있는 군인전의 급전대상에서 제외되어 있었다. 6위군은 軍役 人役時 단지 군인으로 복무하는 대가로서 그들이 본래 소유하고 있던 民田에 대한 과세 면제와 경작 노동만을 제공받으며[12] 병농일치의 番

---

11) 名田에 대한 이해는 여러 가지나 이를 祖上傳來의 토지, 즉 개인소유의 民田으로 보는 것이 타당하다고 생각한다(姜晉哲, 1980, 『高麗土地制度史硏究』, 113쪽).

12) 6위의 보승·정용으로 番上入役하는 군인에게는 그들의 民田으로 주

上原理에 의해 번상하는 농민층이었다. 단 이들 가운데에는 본래 소유한 名田이 극히 부족하여 국가에서 부득이 公田을 지급해 줌으로써 군역 비용을 보조해 줄 필요가 있었던 것으로 보인다. 즉 6위의 보승·정용이 되기 위해서는 필수적으로 갖추어야 할 토지가 정해져 있었는데(이를테면 三家一戶 17結), 어떤 저간의 사정으로 그보다 모자랄 경우 부족한 부분에 대하여 公田을 지급하여 免租時의 불이익을 상쇄시켜 주었다는 의미로 보아야 할 것이다. 사료 다)의 조치가 바로 여기에 해당할 것이고, 따라서 이 경우의 公田 지급은 실제로 토지를 지급한 조치라고는 볼 수 없다.

사료 라)는 6위에 대해 每領마다 200명씩의 先鋒軍을 두자는 崔齊顔의 건의다. 이 건의가 2군은 제외하고 6위만을 대상으로 하였던 것은 2군이 친위군인 관계로 불가피한 경우가 아니면 전투나 防戍에 동원되지 않았기 때문으로 보인다. 따라서 2군 안에서는 특별히 선봉군을 만들 필요가 없었던 것이다.

사료 마)는 王寵之가 비농번기에 諸衛軍의 훈련을 실시할 것을 건의한 내용이다. 여기에서 군이 農閑期 훈련을 건의하고 있는 점은 대단히 시사적이다. 만일 諸衛軍이 농민으로 이루어진 것이 아니라 전문적인 직업군인이었다면 당연히 농사철을 피해 농한기에 훈련할 필요는 없을 것이다. 이는 諸衛軍이 농민으로 구성된 '非番在鄕軍'이라는 사실을 명확히 보여주며, 여기에서 2군이 전혀 언급

어진 군인전의 경작을 돕기 위하여 養戶가 주어졌다. 『高麗史』 권81, 志35 兵1 兵制 五軍 文宗 27年 3月, "命州鎭入居軍人 例給本貫養戶二人" ; 『高麗史』 권79, 志33 食貨2 農桑 睿宗 3年 2月, "近來州縣官祗以宮院朝家田 令人耕種 其軍人田 雖膏腴之壤 不用心勸嫁 亦不令養戶輸粮 因北軍人飢寒逃散 自今先以軍人田 各定佃戶勸嫁輸粮之事 所司委曲奏裁".

되지 않은 것은 2군이 농한기건 농번기건 구분 없이 언제든지 훈련
과 근무에 동원될 수 있는 전문적 직업군인이라는 사실을 보여준
다.

한편 王寵之가 국가적인 兵制를 언급하면서 군이 諸衛만을 基幹
軍으로 파악한 점은 대단히 주목되는 부분이다. 이는 왕총지가 2군
과 6위의 성격 차이를 인식하고 있었던 데서 비롯된 것으로 보이기
때문이다.

요컨대 왕총지는 2군이 고려의 기간군이라기보다는 전문군인(군
반씨족)으로 구성되는 왕의 친위군으로서, 농민의 番上으로 이루어
지는 諸衛軍과는 구별되는 군인이며, 그 수도 제한된 소수에 불과
하다는 점을 알고 있었기 때문에 諸衛軍만을 국가의 기간군으로
파악하고 있었던 것이다.

사료 바)에서는 군인의 심각한 망명 현상을 지적한 것인데 역시
그 대상으로 諸衛軍人만 언급하고 2군에 대한 언급은 보이지 않는
다. 이 사료는 諸衛軍에게 부여된 경제적인 반대급부가 그들이 져
야 하는 부담에 비하여 보잘것이 없었고, 따라서 그 짐이 과중하였
음을 보여준다. 새삼 언급할 것도 없이 여기에서 2군이 언급되지
않은 것은 2군은 따로이 전시과 군인전을 규정대로 지급받고 있는
군인이었기 때문이다. 이 역시 2군과 6위가 성격을 달리하는 군인
이라는 사실을 분명히 보여주는 사료다. 단 定宗代에 2군6위에 결
원이 심하다는 기사가 보이는데,[13] 이 같은 현상은 顯宗 때 일어난
거란의 침입으로 파생된 일시적인 현상이며 따라서 이것을 가지고

---

13)『高麗史』권81, 志35 兵1 兵制 靖宗 11年 5月, "比經禍亂 丁人多闕 丁
人所爲賤役 使祿官六十七代之 因此領役難苦 爭相求避 伍尉隊正等
未能當之 若有國家力役 乃以秋役軍品從五部坊里各戶刷出以致搔擾
今國家大平 人物如古 宜令一領 各補一二百名".

이후에도 2군 역시 망명자가 많았다고 볼 수는 없을 것이다.

2군과 6위가 근본적으로 성격을 달리하는 군인이라는 사실은 『高麗史』兵志 州縣軍條에서도 찾아진다.

　고려의 병제는 대개 모두 당나라의 府兵·衛兵制度를 모방한 것이므로 縣에 흩어져 있는 군사도 역시 다 6위에 속하였고 6위 외에 따로 州縣軍이 있는 것 같지 않다. 그러나 상고할 만한 것이 없어 우선 이로써 기록한다.14)

　州縣에 산재한 군인이 전부 6위에 속하므로 6위 외에 주현군이 따로 있다고 할 수 없지만 이를 고찰할 수 없으므로 州縣軍條를 둔다는 단서 조항이다. 이는 주현군조는 두지만 그렇다고 해서 6위와 주현군이 별개의 군인이 아니라는 뜻으로 볼 수 있지 않을까. 실제로 주현군은 6위와 별개의 조직이 아니라 바로 6위의 非番在鄕軍人이었다. 즉 이 사료는 6위가 곧 주현군이며, 주현군이 番上하여 6위를 구성한다는 사실을 설명해 주는 사료인 것이다. 단 여기에는 6위의 役領·常領·海領·監門衛 각 1領이 주현군 안에서 보이지 않고 있는데, 그것은 이들이 특수령으로서 番上하는 군인이 아니기 때문이다. 따라서 정확히 말한다면 6위 = 주현군이라기보다는 京軍의 保勝·精勇 38領 = 州縣軍(1품군 제외)이라는 표현이 적절할 것이다. 그러나 6위의 핵심은 보승·정용이고 이들은 주현군의 보승·정용과 일치하므로 6위 = 주현군으로 보았을 것이다.

　그런데 위의 사료에서 보다 주목해야 할 사항은 고려의 경군에는

<hr>

14)『高麗史』권83, 志37 兵3 州縣軍, “高麗兵制 大抵皆倣唐之府衛 則兵之散在州縣者 意亦皆屬乎六衛 非六衛外別有州縣軍也 然無可考 始以此目之”.

2군과 6위가 있었음에도 유독 6위만을 들어 주현군과 동일한 존재라고 지적하고 2군에 대하여서는 어떤 언급도 하지 않은 점이다. 이 역시 2군이 6위와는 다르게 농민의 번상으로 이루어지는 병농일치의 농민군이 아니며, 특별히 구분되어야 할 군인이었기 때문이다.

다음 기사는 고려를 굴복시킨 몽골이 자신들의 정벌사업에 고려 군대의 참가를 요구한 내용을 담은 것인데, 여기에서도 2군과 6위가 각기 다른 성격의 군인이라는 점이 확인된다.

사) 그 당시 永寧公 緯이 몽골에 가 있었는데 그는 말하기를, "고려에는 38領의 군대가 있고 1령은 각각 천 명씩으로 도합 3만 8천 명이다. 만일 나를 보내주면 이들을 모두 데리고 와 조정을 위해 소용이 되도록 하겠다"고 하였다. 몽골이 승상이 이장용을 중서성으로 불러다가 질문하였다. 이장용이 대답하기를, 우리나라 태조 때의 제도는 대개 그와 같았습니다. 그러나 근래에 와서 전란과 흉년으로 죽었으므로 비록 천 명이라고는 할지라도 실상은 그렇지 못합니다.[15]

아) 몽골 황제가 사신을 보내 우리나라에 징병하고자 하여 勅旨으로 와서 이장용에게 軍額을 아뢰게 하였다. 이장용이 몽골 황제를 謁見하니 황제가 말하기를, "내가 너희 나라에 명령하여 출병하여 싸움을 돕도록 하였는데 너희 나라에서는 징병 인원수를 분명히 하지 않고 모호한 말로써 보고하였다. 왕순이 일찍이 나에게 고하기를 우리나라에 4만 명의 군과 잡색군 1만 명이 있다고 하였으므로 내가 前日에 너희 나라에 이르기를 왕국에 군대가 전혀 없을 수 없으니 1만

---

15) 『高麗史』 권102, 列傳15 李藏用, "時永寧公緯在蒙古言 高麗有三十八領 領各千人 通爲三萬八千人若遣我 當盡率來 爲朝廷用 史丞相召藏用 至中書省問之 藏用曰 我太祖之制 盖如此 比來死於兵荒 雖曰千人 其實不然".

명은 남겨 두어 왕국을 보위하고 4만 명은 이리로 보내어
전쟁에 협조하라고 하였다. 그런데 너희들이 주장하기를 '우
리나라의 군인은 5만 명이나 되지 않으며 왕순이 한 말은
사실과 맞지 않는다. 만일 이것을 믿지 못하겠거든 왕순과
함께 사신을 보내어 고한 자와 더불어 그 군액을 조사하여
만약 4만 명이 있으면 내가 죄를 질 것이요 그렇지 않으면
誣告한 자가 벌을 받아야 한다'고 하였으니, 만일 너희들이
군인 수를 분명히 보고하였다면 내가 이런 말을 왜 하겠는
가"라고 하며 드디어 왕순을 불러서 이장용과 대질하여 변
명하여 보라고 하였다. …… 이장용이 말하기를 우리나라에
는 과거에 4만 명의 군대가 있었으나 30년 간의 兵役과 疫
疾로 거의 없어졌으며 百戶 千戶 하는 제도가 있었으나 단
지 빈 이름일 뿐입니다라고 하였다.16)

위의 사료로 보건대 몽골은 당시 몽골에 와 있던 永寧公 綧을 통
해 고려 군대의 상황을 파악하고 있었다. 그런데 王綧이 말한 고려
군사의 내용이 사료 사)에서는 38領으로 되어 있고, 사료 아)에서는
4만 군대와 雜色軍 1만이 있다고 되어 있다. 이는 고려 병제에 대
하여 익히 알고 있던 왕순이 2군과 6위 42領 가운데 전투시 동원
가능한 군대는 우선 보승·정용의 38領이기 때문에 이를 2군 및 6

---

16) 『高麗史』 권102, 列傳15 李藏用, "蒙古帝遣使徵兵于我 勒令藏用來奏
軍額 及藏用謁帝 帝曰 朕命爾國出師助戰爾國不以軍數分明奏聞 乃
以模糊之言來奏 王綧曾奏 我國有四萬軍 又有雜色一萬 故朕昨日勅
爾等云 王所不可以無軍 其留一萬以衛王國 以四萬來助戰 爾等奏云
我國無五萬軍 綧之言非實也 苟不信 試遣使與告者 偕往點其軍額 若
實有四萬 陪臣受罪 否則反坐 誣告者爾等 若以軍額分明來奏 朕何有
此言 遂呼 綧曰 宜與藏用辨 …… 藏用對曰 我國肯有四萬軍 三十年
間死於兵疫殆盤 雖有百戶千戶 但虛名耳".

위 내의 役·常·海領, 監門衛 각 1領과 별도로 구분해서 정보를
제공하였던 데 기인한 것이 아닌가 한다. 따라서 사료 아)에서 지적
한 4만 군과 1만 군은 각각 38領의 보승·정용군과 2군 및 6위 내
의 특수군인 海領, 役領, 常領, 監門衛 1領을 모두 포함한 숫자라
고 생각된다. 몽골은 이 5만 군사 가운데 1만 명은 王所에 두고 4만
명의 군대를 정벌사업에 내어줄 것을 요구하고 있다. 이것은 2군
및 6위 내의 海領·役領·常領·監門衛의 각 1領은 제외하고 그
나머지인 보승·정용 38령을 동원시키라는 의미다.

2군의 경우는 왕의 친위군인 관계로 동원을 강제할 수 없었을 것
이고, 역령·해령·상령·감문위 각 1령 역시 특수 임무를 띤 군대
로서 王所에 항상 기거하면서 임무를 수행하였기 때문에 마찬가지
로 동원시킬 수 없다고 보았을 것이다. 따라서 2군 및 6위 내 특수
부대 4령을 제외한 군대만이 동원 가능한 군대였고, 이들이 바로
국가의 기간부대인 보승·정용이었던 것이다. 결국 몽골이 6위 중
보승·정용 38령의 4만 군을 요구한 것은, 고려의 병제와 병제 구
성상 각 부대의 특징을 정확히 파악한 데서 나왔던 것이다.[17]

恭讓王代의 다음 사료도 2군과 6위가 별개의 군인이었다는 사실
을 명확히 뒷받침해 준다.

공양왕에 이르러 二軍六衛를 모두 八衛로 불렀다.[18]

---

17) 몽골이 38령 약 4만 군을 요구한 것과, 그 당시에 실제로 이만한 수의
부대가 유지되었는가 하는 것은 별개의 문제다. 추측컨대 고려는 몽골
과 격전을 벌이기 전에도 이미 軍人의 심각한 亡命현상으로 결원이 심
했으며, 여기에 몽골과의 격전으로 크게 손상을 입어 2군6위체제에는
이상이 있었다. 따라서 몽골 측의 요청을 거절한 고려의 변명은 결코
과장만이 아닐 것이다.
18)『高麗史』권77, 志31 百官2 西班, "至恭讓王 二軍六衛竝稱八衛".

위의 사료는 그 동안 2군과 6위로 구별되었던 군인들이 2군 및 6위 가운데 상층군인들이 퇴조하면서 공양왕대에 이르면 더 이상 구별할 필요가 없는 동질의 군인이 되었음을 보여준다. 예컨대 공양왕대에 다시 정비된 2군6위가 8위로 병칭되었다는 사실 자체는 이들 사이의 구별이 이미 사라졌음을 의미한다.

2군과 6위가 성격을 달리하는 군대였다는 것은 다른 사례를 통해서도 확인된다. 예컨대 고려 건국 초의 군사기관이 兵部와 徇軍部의 二元體制로 구성되어 있었던 점을 들 수 있다. 즉 兵部가 주로 왕의 친위군을 관장하는 기관이고, 徇軍部가 호족들의 참여 하에 호족들의 사병을 총괄적으로 관장하는 기관이었다고 본다면, 이러한 이원성은 곧 2군과 6위가 다른 성격의 군인임을 시사해 준다고 볼 수 있다. 특히 徇軍部의 경우, 그 책임자를 국왕이 임명할 수 있었다고는 하나 그것이 곧 주요 호족들로 구성된 순군부를 국왕이 마음대로 조정하여 호족들의 사병을 통제할 수 있었다는 의미는 아닐 것이다. 이 순군부는 光宗 11년에 軍部로 개편되었다가 광종의 호족 숙청으로 호족들의 사병이 해체되면서 폐지되고, 兵部는 호족들 예하의 사병이 왕권 아래 복속되자 국가의 모든 군사를 관장하는 유일한 기관으로 확립된 것으로 보인다.

이 밖에 6위군이 호적에 의해 軍役에 차출되었던 데 비해 2군은 군반씨족으로서 帳籍을 갖고 있었다는 것도 역시 2군과 6위군의 상이성을 보여주는 예라고 할 수 있다.

이상에서 살펴본 사례들은 모두 2군과 6위가 각각 서로 다른 사회적 신분을 가진 군인이었음을 구체적으로 확인시켜 주는 좋은 근거가 된다. 따라서 이제까지 2군과 6위를 동질적인 군인으로 이해해 왔던 종래의 시각은 신분적 차이를 전제로 하는 이질적인 군대임을 인정하는 방향으로 수정되어야 할 것이다.

2. 高麗軍制의 특징

二軍과 六衛가 각각 사회적 신분을 달리하는 상이한 성격의 군인이라는 것은 매우 주목되는 사실로서, 이로 말미암아 새롭게 밝혀질 중요한 문제가 있다. 바로 고려 전기 병제의 성격에 관한 것이다.

高麗前期 兵制의 성격을 둘러싸고는 크게 府兵制說과 軍班氏族制說이 주장되어 왔는데, 2군6위의 구성원에 대해 판이한 입장을 취하고 있다.

즉 부병제를 주장하는 측에서는 2군6위가 주로 농민층으로 구성된 것으로 본 반면,19) 군반씨족제를 주장하는 쪽에서는 2군6위를 농민층과는 동질시할 수 없는 일종의 하급지배층으로 구성되었다고 보고 있다.

여기서 주목되는 것은 부병제를 주장하는 쪽이든 군반씨족제를 주장하는 쪽이든 모두 2군6위의 구성원의 성격에 대해서는 '병농일치의 농민군인'과 '하급지배층에 위치하는 전문군인'이라고 해서 전혀 이해를 달리하지만, 이들을 한데 묶어 일원적인 사회적 신분을 가진 군인으로 보고 있다는 데서는 공통된다는 점이다. 이것은 2군과 6위의 형성 과정을 살핌으로써 얻을 수 있었던 본서의 고찰 내용, 즉 2군은 군반씨족으로 이루어진 계층이며, 6위의 보승·정용은 주로 농민층으로 이루어진 계층이라는 주장과 크게 어긋난다.

본서의 추론이 타당한 것이라면, 사회적 신분을 달리하는 2군과 6위를 동질의 군인으로 파악한 입장에서 고려의 병제를 규명하려 한 두 설은 그 출발에서부터 문제점을 안고 있다고 할 것이다.

---

19) 姜晉哲, 1963,「高麗初期의 軍人田」,『淑明女子大學校論文集』3 ; 李佑成, 1965,「高麗의 永業田」,『歷史學報』28.

그렇다고 해서 두 설이 주장하는 설명이 2군6위를 근간으로 하는 고려 전기 병제의 실상과 완전히 동떨어진 것은 아니다. 단지 두 설은 고려 2군6위의 사회적 신분이 서로 다르다는 점에 주목하지 못한 채 각각 한 쪽만의 시각을 가지고 2군6위 전체를 설명하면서 무리를 빚게 되었던 것이다.

즉 두 설은 2군과 6위의 성격을 총체적으로 파악하는 데는 실패했지만 부분적으로는 설득력을 갖고 있다고 볼 수 있다. 이는 두 설이 상대편 설에 대해 서로 이유있는 비판을 가하고 있는 데서도 알 수 있다.

요컨대 두 설이 상대방에게 가하는 비판은, 두 설이 모두 2군6위를 획일적인 성격의 것으로 보고 그것만으로 고려 군인(京軍)의 성격을 설명하려 한 데서 비롯된 것이다. 이 문제는 이미 밝혀진 대로 2군에 대해서는 군반씨족제, 6위의 保勝・精勇에 대해서는 부병제가 적용되었다고 이해하면 해결될 수 있는 문제다.

실례로 이제까지 고려 병제를 부병제로 보는 데 대해 군반씨족제설이 가한 비판은, 부병제설의 주장과 같이 2군6위가 주로 농민으로 이루어지는 병농일치의 군인이라면 이들 농민이 어떻게 지배층을 대상으로 하는 전시과 급전체계에 포함될 수 있었는가 하는 점이었다.[20] 이는 매우 타당한 의문이며, 실제로 2군6위가 모두 농민

---

20) 李基白은 직접 이러한 표현을 사용하지는 않았지만, 전시과를 받는 군인이 농민과 동질의 성격일 수 없다는 표현(李基白, 1968, 「高麗府兵制說의 批判」, 『高麗兵制史研究』, 277쪽)은 농민은 지배층을 대상으로 하는 전시과의 지급 대상이 될 수 없다는 것을 의미한다고 생각된다. 군인이 병농일치의 원칙에 입각한 경작자로서의 농민이 아니며, 비록 말단이기는 하지만 국가의 관료체계 안에서 전시과의 지급을 받고 있다는 표현(李基白, 1956, 「高麗京軍考」, 『李丙燾博士華甲紀念論叢』/ 『高麗兵制史研究』, 66쪽) 역시 같은 의미로 이해해야 할 것이다.

층으로 구성된 단일한 성격의 군인이라고 볼 경우 해결될 수 없는
난제다. 그러나 2군6위는 부병제설이 주장하는 바와 같이 모두가
농민층으로 구성된 군인은 아니었다. 2군6위 중 농민층으로 구성되
는 군인은 주로 6위의 보승·정용이며, 2군은 농민층과는 다른 일
종의 지배계층에 속하는 군반씨족으로 구성되어 있었다. 따라서 군
반씨족제설이 제기한 의문은 2군6위를 모두 농민군으로 본 부병제
설의 잘못된 이해에서 비롯된 것이라고 할 것이다.

　이는 군반씨족제설도 마찬가지다. 2군6위가 모두 군반씨족이 아
님에도 불구하고 전체를 군반씨족으로 봄으로써, 부병제설이 2군6
위를 획일적으로 농민군으로 봄으로써 범한 잘못을 똑같이 범하고
있는 것이다.

　먼저 군반씨족제설은 京軍 내의 6위 보승·정용과 주현군 내의
보승·정용을 番上關係의 군인으로 보고 있지 않다. 이는 군반씨족
제설이 경군 내의 보승·정용으로 구성되는 6위를 모두 군반씨족
의 전문군인으로 본 데서 비롯된 것이다. 군반씨족제설은 경군 내
의 6위의 보승·정용의 전체 人員數와 그 보승·정용의 構成比가
주현군의 보승·정용의 수 및 구성비와 일치하지 않는다는 사실을
중시하여 이들의 番上을 인정할 수 없다고 하고 있다.

　예컨대 『高麗史』兵志 州縣軍條에 보이는 보승은 총 8,601명, 정
용은 총 19,754명으로 도합 28,355명이고, 경군 가운데 보승은
22,000명, 정용은 16,000명으로 도합 38,000명이다. 이처럼 주현군과
경군의 보승·정용은 그 수와 비율에서 일치하지 않고 따라서 이들
은 相互番上하는 上番·非番軍이라고 볼 수 없다는 것이다. 그러
나 수와 구성비의 불일치가 이들이 번상관계에 있지 않았다는 중요
한 이유가 될 수는 없다고 본다. 이러한 군반씨족제설의 주장에 대
해 姜晋哲은 합리적인 설명을 통해 양자의 번상관계를 주장하였다.

즉 경군이 45,000명이라고는 하지만 그 軍額은 항상적인 부족 상태에 놓여 있었고, 따라서 확보된 군인은『高麗圖經』에서 볼 수 있듯이 약 3만 명 정도였고[21] 每領 평균 700명 정도밖에 안 되었다. 따라서 보승·정용 38령이 실제로 확보하고 있던 병력은 38領×700명으로 26,600명 정도였다. 그렇게 보면 경군의 보승·정용 26,600명과 주현군의 보승·정용 28,355명은 결코 크게 어긋나지 않게 된다. 단 중앙과 지방의 보승·정용의 비율이 문제가 되는데, 보승·정용의 비율 문제는 오랜 시간의 경과와 함께 여러 사정으로 보승보다 정용이 많이 늘어나면서 빚어진 것으로 보고 있다.[22] 이 점에 대해서는 스에마쓰 야스카즈(末松保和)도 지적한 바 있다.『高麗史』兵志 州縣軍條의 기록연대에 대해서는 ① 神宗 7년(1204)~高宗 2년(1215)說, ② 仁宗 14년(1136) 이후 說, ③ 仁宗 14년(1136)~仁宗 21년(1143) 說의 세 가지가 있는데, ②의 견해를 취하게 될 경우 6위의 番上에 의한 고려 병제는 최소한 인종 14년까지는 존속한 것이 된다. 하지만 이것은 肅宗代에 別武班이 설치되면서 이미 이완되기 시작하였고, 무신정권 하에서와 몽골침략기에 나타난 私兵의 난립 및 무차별적인 징병으로 말미암아 명목상으로밖에 그 형태를 유지하지 못하였다.

이 같은 설명을 염두에 둔다면, 경군과 주현군의 보승·정용의 수 및 구성의 불일치는 이들이 상호 무관하다는 점을 증명해 주는 것은 되지 못한다. 오히려 京軍과 州縣軍에 보승·정용이라는 공통된 명칭을 가진 군인이 있었다는 것 자체가 이들이 번상관계에 있는 농민군임을 보여주는 움직일 수 없는 증거라고 생각된다.

---

21)『高麗圖經』권11, 仗衛序, “其留衛王城常三萬人”.
22) 姜晉哲, 1980,『高麗土地制度史研究』, 123~124쪽.

따라서 경군 내의 보승·정용과 주현군의 보승·정용과의 번상
관계를 부정한 군반씨족제설에 대한 부병제설 측의 문제제기는 정
당하다고 생각된다. 그리고 경군 내의 보승·정용과 주현군의 보승
·정용이 번상관계에 있음이 확실하다면, 경군 2군6위 4만 5천 명
이 모두 군반씨족의 전문군인으로서 開京에 살았다는 군반씨족제
설의 주장은 더 이상 받아들여지기 어려울 것이다.

실제로 경군이 모두 군반씨족으로서 개경에 거주하였다고 상정
할 경우, 군인가족을 최소한 4인으로만 잡아도 18만 명이라는 엄청
난 인구가 개경에 거주하였다는 이야기가 된다. 당시 개경에는 이
들뿐만 아니라 문무관료와 그에 따른 사람들이 살고 있었다. 고려
一代를 전부 고려하더라도 이렇게 방대한 규모의 인구가 개경에
살았다고 보기는 아무래도 무리가 있다. 이 점에서 몽골침략 당시
개경에는 약 10만 정도의 인구가 살았다는 강진철의 견해는 참조할
만하다.23)

따라서 이러한 무리를 범하면서까지 2군과 6위 모두가 개경에 거
주한 전문직업군인이라고 주장할 수는 없다.24) 실상 군인들 가운데
에서도 가족과 함께 개경에 거주한 군인은 전문적인 직업군인인 2
군 소속의 군인들이었고,25) 그 외 대부분의 6위 보승·정용은 가족
과 생활기반이 주로 지방에 있었다.26)

---

23) 姜晋哲, 1980, 『高麗土地制度史硏究』, 121쪽.

24) 姜晋哲, 1980, 『高麗土地制度史硏究』, 121쪽.

25) 전문군인으로 선발된 것으로 보이는 李義旼은 즉각 개경으로 거주지를
옮기고 있다. 이 사실은 군반씨족으로 구성되는 전문군인인 2군이 개경
에 생활 기반을 가지고 있었음을 짐작케 한다. 『高麗史』 권128, 列傳41
叛逆2 李義旼, “李義旼 慶州人 父善以販鹽鬻篩爲業 母延縣玉靈寺婢
也 …… 及壯 身長八尺膂力絶人 …… 選補京軍 乃携妻負載至京”.

26) 『高麗史』 권22, 世家22 高宗 4年 10月, “又軍士有因取冬衣 請告歸鄕

군반씨족제설의 이 같은 문제점은 6위의 성격을 이미 밝혀진 대로 병농일치에 입각한 番上農民軍으로 인정하면 쉽게 해결될 수 있다.

이와 관련하여 군반씨족제설에서는 非番 농민군의 겨울철 훈련임이 분명한 諸衛軍의 농한기 훈련 기사[27]에 대해 전문적인 직업군인이 농작물의 피해를 줄이기 위하여 겨울철에 훈련을 받은 것으로 해석하고 있다. 농작물에 대한 피해 때문에 전문적 직업군인이 농번기에 훈련을 하지 못했다는 것이 과연 논리상 가능한 것인지 생각해 볼 문제다.[28] 이기백은 이 농한기 훈련기사에 보이는 諸衛軍人을 望軍丁人으로 보기도 한다.[29] 그러나 망군정인을 주현군의 보승·정용으로 보는 것은 검토의 여지가 있다. 망군정인은 每領 600명씩이므로 경군의 精勇에 소속된 망군정인은 9,600명(16領×600)이고 保勝에 소속된 망군정인은 13,200명(22領×600)이며, 기타 2군 및 海領·役領·常領·監門衛 각 1領에 소속된 망군정인은 4,200명(7領×600)이다. 주현의 보승·정용을 이들 망군정인이라고 본다면, 중앙의 보승에 소속된 망군정인은 9,600명인 데 비해 주현은 8,601명, 중앙의 정용에 소속된 망군정인은 13,200명인 데 비해 주현은 19,754명으로서 그 수가 일치하지 않는다. 게다가 기타 2군 및 해령·역령·상령·감문위의 각 1령에 소속된 망군정인은 州縣軍에서 찾아볼 수 없다. 이러한 숫적 불일치는 주현의 보승·

久不番上者 督令赴京". 이는 군사들의 경제적 기반이 지방에 있었음을 보여주는 것으로, 군사의 番上을 짐작할 수 있다.

27) 『高麗史』 권81, 志35 兵1 兵制 五軍 文宗 4年 10月, "諸衛軍士 國之瓜牙 宜於農隙 教金鼓旌旗坐作之節".

28) 姜晉哲, 1980, 『高麗土地制度史研究』, 123~124쪽.

29) 李基白, 1968, 「高麗州縣軍考」, 『高麗兵制史研究』, 210쪽.

정용을 경군의 每領에 소속된 망군정인으로 볼 수 없게 하는 유력한 근거가 된다.

결국 군반씨족제설의 이러한 모순은 諸衛軍人을 농민부병으로 보지 않고 전문적인 직업군인으로 본 데서 기인한 것이다.

이처럼 이제까지 고려 전기의 병제를 府兵制나 軍班氏族制 중 하나로 보아 온 견해들은 自說에 대한 근거 및 상대편 설에 대한 비판의 근거를 가짐으로써 팽팽히 맞서 왔다. 그러나 동일한 시기에 한쪽이 다른 한쪽을 배척하는 서로 다른 병제가 병존했다는 것은 생각할 수 없다. 따라서 부병제나 군반씨족제로 대립되는 고려 전기의 병제는 양 설 가운데 어느 한 쪽으로 통일되든지, 아니면 둘 다를 넘어선 새로운 설명틀이 제시되어야 할 것이다.

이에 본서에서는 2군이 왕의 친위군에서 이어지는 군반씨족이며, 6위의 보승·정용은 주로 호족들의 私兵이 중앙집권화 과정에서 왕권 아래 예속되어 형성된 府兵的 성격의 군인임을 밝혔다.

고려 전기의 兵制가 부병제와 군반씨족제의 혼합된 형태라는 이 같은 설명에 대해서는 어떠한 역사적 의미를 부여할 수 있을까?

주지하다시피 군반씨족은 통일신라 말에 각지에서 대두한 호족들의 군대에서 비롯된 것이다. 즉 통일신라 말, 중앙권력이 약화되면서 주로 토착세력으로 등장한 호족세력이 그 자신을 城主로 칭하는 동시에 각자 독립된 군사력을 거느리며 일정한 지방에 대해 경제적 지배권을 장악하였다. 이들 호족은 이러한 각각의 근거지에 정착해 있던 농민들을 주축으로 하여 군대를 형성하였으며 여기에는 기타 流民 및 각자의 奴僮도 포함되었을 것이다. 그리고 이들 호족의 군대는 이후 복무가 장기화되면서 점차 전문군인으로 변화하게 되었다.[30]

고려 태조는 이러한 호족들의 전문화된 군사력을 통합함으로써 후삼국 통일에 성공할 수 있었다. 그러나 통일 후에도 태조는 본래 호족과 밀착된 전문군인이라는 성격을 그대로 유지하고 있는 호족들의 군대를 국가적 지배 하에 놓을 수 없었고, 호족들은 이러한 독자적 군사력을 바탕으로 하여 왕권으로부터 독립된 세력으로서 영향력을 발휘하였다. 고려 건국 초기에 왕권이 불안정하고 호족연합정권이라는 성격을 벗어날 수 없었던 것은 이 같은 사정에 기인한다.

그러나 점차 왕권이 강화되면서 호족들의 독자적인 군사력을 와해시킬 수 있을 만큼 자체 군사력을 보강하게 되고, 이를 바탕으로 호족들에 대한 대대적인 숙청을 단행하여 그들의 독자적인 군사기반을 해체하기에 이르렀다. 이렇게 해서 전문군인으로서의 성격은 주로 국왕의 친위군에게만 남게 되고, 이들은 군반씨족인 2군으로 성립하게 되었다. 그리고 호족 예하의 대부분의 私兵에 대해서는, 직접 국가의 통제 하에 편성하면서 이들의 군사적 성격과 농민으로서의 성격을 유지시킬 필요에서 唐의 부병제를 모방하여 6위로써 정비하게 된 것이다. 요컨대 새로 실시된 병제는 통치질서를 정비하고 중앙집권력을 확대하려는 고려정부의 목적에 부합하는 것이었다.

고려 전기의 병제가 이처럼 2군에게는 군반씨족제가, 6위의 保勝·精勇에게는 부병제의 원리가 적용되었다는 것은, 군반씨족제가 전통적 성격이 농후하고 부병제가 당나라 것임을 감안할 때 전통적인 것과 唐制的인 것의 혼합이 兵制에서 일어나고 있음을 뜻한다.

당제의 채택이 보다 중앙집권적인 정치질서의 확립에 기여했다는 점을 인정할 수 있다면, 兵制에서 이처럼 唐制的 요소를 채용하

---

30) 李基白, 1957, 「新羅私兵考」, 『歷史學報』 9, 59~63쪽.

였다는 것은 고려정부의 통치질서를 한 차원 높여준 것이었다고 볼수 있다. 동시에 이는 기존의 傳統兵制를 청산하고 國民皆兵制로넘어가는 과도기적 현상31)으로서 그 역사적 의의가 있다고 생각된다.

그런데 고려의 병제가 부병제적 형태를 취하면서도 모든 농민층을 대상으로 삼을 수 없었던 것은 왜일까. 이는 무엇보다도 모든 농민층이 부병제에 입각한 軍役 담당층이 될 수 없었기 때문이다. 요컨대 당시까지 농민층은 미성숙하였고, 이 때문에 집권력은 그 말단까지 침투할 필요성을 느끼지 않았던 것이다. 고려의 2·3품군이중앙정부의 통제 바깥에 놓여 있었다고 추측되는 것도 이 농민층의미성숙과 관련이 있을 것이다.32)

그러나 농민층은 고려 중기를 거쳐 말기에 이르기까지 꾸준한 성장을 보였고,33) 이는 조선시대 들어 모든 농민을 일원적인 군역 담당자로 파악할 수 있도록 해줌으로써 소위 국민개병제로의 길을 열었다.

결국 조선시대의 軍制가 부병제를 표방할 수 있었던 것은 바로고려 중기와 말기를 거쳐 이루어진 농민층의 성장에 힘입은 것이고, 이는 중앙집권력의 확대와 함께 농민을 통치체제의 구체적 대상으로 파악하려 했던 고려 전기의 부병제를 역사적으로 계승함으

---

31) 『高麗史』권77, 志31 百官2 西班, "至恭讓王 二軍六衛竝稱八衛". 二軍六衛가 八衛로 竝稱되었다는 것은 2군이 그 역사적 성격을 잃어가는 것을 보여준다.

32) 李基白, 1968, 「高麗州縣軍考」, 『高麗兵制史硏究』, 225쪽. 集權力이농민층의 말단까지 미치지 못한 데는 농민층의 미성숙이라는 점과 아울러 지방세력의 독자성이란 측면도 작용했을 것이다.

33) 이는 농업기술력의 발달과 밀접하게 관련되어 있다(李泰鎭, 1989, 『韓國社會史硏究』, 91~106쪽).

로써 가능하였다. 따라서 고려 전기의 병제에 보이는 부병제와 군반씨족제 요소의 공유는 전통적인 병제가 점차 국민개병제로 변모되어 가는 과도기에 보이는 현상이라고 할 수 있다.

3. 高麗軍制의 변화

1) 田柴科 동요와 상층군인

고려는 건국 후 後三國 鼎立期라는 불안전한 정치적 상황을 극복하기 위해 군사력 강화를 꾀했고, 이 과정에서 호족들과의 연합은 선택의 여지가 없었다고 생각된다. 이런 노력은 결실을 맺어 후백제를 군사적으로 제압하고 후삼국의 통일을 가능하게 해주었다.

후삼국 통일 후 고려의 당면 과제는 왕권을 강화하여 호족연합정권으로서의 한계를 극복하는 것이었다. 즉 호족들의 강대한 군사력을 어떻게 제압하고 이들 호족에 비해 상대적으로 취약한 왕실의 지지기반을 어떻게 강화할 것인가가 문제였다. 그런데 호족들의 강대한 군사적 기반은 호족들의 私兵에서 비롯된 것이고, 왕실의 미약은 왕실을 옹위할 무력적 기반이 취약한 데 그 일차적인 원인이 있었다.

태조 왕건은 적절한 豪族施策[34]을 통해 호족들을 견제해 갔으나 태조 사후 호족들의 드센 왕권도전으로 시련에 직면하였고, 이러한

---

34) 호족들과의 유대강화를 위한 혼인정책과 호족들의 자제를 인질로 삼는 其人制度, 호족의 연고지에 호족들의 자문을 얻기 위해 事審을 파견한 것은 그 대표적인 예다(李光麟, 1954,「其人制度의 變遷에 대하여」, 『學林』3 ; 金成俊, 1958,「其人의 性格에 대한 考察」,『歷史學報』10 · 11).

불안정한 상황은 光宗代에 들어서야 일정하게 극복되었다.

광종대에 왕권강화를 이루어 국가 주도 아래 행정력을 발휘할 수 있었던 것은 역시 무력을 동원하여 호족을 숙청할 수 있었기 때문이다.

호족 숙청은 그들이 갖고 있던 무력적인 기반과 경제적 기반을 일거에 제거하는 일이었다. 이 과정은 왕실의 무력적 기반을 마련하는 데서 시작하여 호족들을 물리적으로 제거하는 데서 마무리지어졌다.

호족을 제거하기 위한 왕실의 무력기반으로서 親衛軍이 강화되었고, 이를 토대로 호족들이 숙청되고 아울러 그들의 무력기반이 된 私兵이 해체되기 시작하였다.

景宗代를 거쳐 成宗代에 들어서면 중앙은 일부이긴 하지만 지방으로까지 통제력을 발휘할 수 있게 되었고, 이렇게 해서 해체된 호족들의 사병은 국가적인 공적 군사조직으로 재정비되고 동시에 왕실 친위군에 대한 대대적인 정비도 이루어졌다.

成宗代에 대대적으로 국가제도가 정비되는 가운데 軍事制度도 그 윤곽을 갖추어 갔다. 새롭게 정비된 고려의 군사제도는 二軍 및 六衛의 일부 特殊兵種으로 이루어진 上層軍人과, 六衛의 대부분을 구성하는 保勝·精勇의 38領으로 구성되었다. 특히 6위의 보승·정용 38령은 州縣의 보승·정용과 유기적인 番上關係를 갖는 체제였다.

친위군인 2군과 6위 特殊領에게는, 景宗代에 마련되고 이후 제도적으로 보완이 이루어진 田柴科가 지급되었다. 반면 이들을 제외한 6위의 보승·정용과 주현의 보승·정용은 자신들의 自耕地를 軍人田으로 인정받아 조세를 감면받음으로써 軍役을 수행하였다.

문종 이후 전시과가 제대로 지급되지 못하게 되면서 고려의 전시과체제는 붕괴를 보이기 시작하였고,[35] 이에 따라 전시과체제의 급전 대상이었던 2군과 6위의 특수령은 심각한 위기에 직면하게 되었던 것으로 보인다. 이에 따라 소위 고려의 상층군인이라 할 2군과 6위의 특수령 소속 군인들 사이에서 복무를 기피하는 현상이 나타나게 되었다.[36] 이는 그들의 경제적 기반을 국가가 제공해 주지 못하는 상황에서는 피할 수 없는 일이었다.

상층군인으로 볼 수 있는 2군은 고려 초 태조의 친위군에 그 기원을 두고 있다. 태조대에 役分田의 지급 대상이 된 軍士는, 역분전이 광범위한 군사 모두에게 지급된다는 것은 현실적으로 불가능하였다는 점을 염두에 둘 때, 태조의 친위군 정도로 제한되었을 것이다. 역분전에서 비롯된 친위군에 대한 토지 지급은 穆宗 田柴科에서 본격적으로 명시되었고[37] 이후 전시과 정비가 이루어질 때마다 이들에 대한 전시과 지급규정도 보완되었다.[38]

전시과 군인전의 지급이 고려의 군인 모두를 대상으로 한 것이

---

35) 『高麗史』卷78, 志32 食貨1 田制 田柴科 明宗 18年 3月, "凡州縣各有京外兩班軍人家田永業田 乃有姦黠吏民 欲托權要 妄稱閑地 記付其家"; 『高麗史』卷94, 列傳7 皇甫兪義, "奪京軍永業田 以充祿俸".

36) 『高麗史』卷81, 志35 兵志 兵制 五軍 靖宗 11年 5月, "比經禍亂 丁人多闕 丁人所爲賤役 使祿官六十七代之 因此領役難苦 爭相求避 伍尉隊 正等未能當之 若有國家力役 乃以秋役軍品從五部坊里各戶刷出以致搔擾 今國家大平 人物如古 宜令一領 各補一二百名". 이기백은 군인전이 제대로 지급되지 못한 결과 이들이 빈궁화되어 군역을 감당할 능력을 상실한 것으로 보고 있다(李基白, 1978, 「韓國의 傳統社會와 兵制」, 『韓國史學의 方向』, 206쪽).

37) 『高麗史』권78, 志32 食貨1 田制 田柴科, "改正文武兩班及軍閑人田柴科".

38) 문종대에 정비된 전시과에서는 馬軍 25결, 役步軍 22결, 監門軍 20결로 되어 있다.

아니라 친위군에서 비롯된 제한적인 군인만을 대상으로 하였다는 사실은 전시과 지급의 실질적 내용을 검토해 보면 분명해진다.

전시과 군인전은 군반씨족을 포함한 2군 및 전시과 지급 규정에 명기되어 있는 6위의 役領 등에게도 주어지고 있다.39) 6위 가운데 保勝·精勇을 제외한 특수 임무를 띤 이들에게 전시과가 지급되었다는 사실은 이들 군인이 농민으로 番上되는 6위의 보승·정용과는 성격을 달리하는 군인이었다는 것을 보여준다. 2군과 6위 특수령은 고려 군인 가운데에서 농민으로 구성되는 보승·정용과는 다른 이른바 상층군인으로 볼 수 있다는 것은 언급한 대로다.

실제로 2군과 6위 특수령은 군반씨족, 양반 및 향리자제로 선발되고 있고40) 이들의 임무가 왕실과 밀접히 관계된 일에 집중되어 있는 점41)은, 이들이 6위의 보승·정용과 다른 신분임을 명확히 보여주는 증거가 된다. 따라서 2군과 6위 특수령은 비교적 지배계층에 근접한 군인들이라고 볼 수 있다.

2군과 6위 특수령이 이러한 임무를 수행하고 지배계층에 근접한

---

39) 문종 30년 更定田柴科에서 22결의 토지를 받고 있는 役軍은 金吾衛의 役領이다.

40) 『高麗史』 권81, 志35 兵1 兵制 五軍 靖宗 11년 5月, "今國家大平人物如古 宜令一領各補一二百名 京中五部坊里 除各司從公令 史主事記官有蔭品官子有役賤口外 其餘兩班及內外白丁人子 十五歲以上五十以下選出充補 令選軍別監依前田丁連立";『高麗史』 권81, 志35 兵1 兵制 五軍 文宗 5年, "五年判 有蔭奇光軍 以文武七品以上之子 五品之孫 京職大常以上之子爲之";『高麗史』 권81, 志35 兵1 兵制 五軍 高宗 39년 8月, "設充實都監 點閱閑人白丁 充補各領軍隊";『高麗史』 권81, 志35 兵1 兵制 五軍 元宗 12年 4月, "司空田份左僕射尹君正等閱府衛兵 不滿其額 乃并閱文武散職白丁雜色及 僧徒".

41) 2군의 임무는 王室 近衛였고, 金吾衛의 役領과 千牛衛의 常領·海領·監門衛의 임무도 왕실과 관련이 깊었던 것으로 생각된다.

사회적 지위를 가질 수 있었던 것은 그에 상응하는 전시과 지급규정이 있었기에 가능했을 것이다.[42]

그런데 고려의 전시과체제는 문종대 이후 田地의 항상적 부족이라는 문제에 직면하였다.[43] 이는 文·武의 모든 관료에게 영향을 미쳤고, 마찬가지로 전시과를 지급받고 있던 군인들에게도 중대한 문제를 야기하기 시작하였다. 우선 군반씨족이 제대로 유지되지 못하는 현상이 나타났다. 이러한 군반씨족의 유명무실화[44]는 군반씨족이 2군을 구성하는 주된 兵的 자원이었기 때문에 자연히 2군의 부실화를 불러왔다. 마찬가지 의미에서 양반 및 향리 자제 가운데에서 충원되고 있던 6위의 특수령도 큰 타격을 받았을 것이다.[45]

요컨대 고려의 상층군인으로 볼 수 있는 2군과 6위 특수령의 군인들이 그 경제적 기반이었던 전시과의 붕괴와 함께 무너지는 현상

---

42) 전시과가 지배계층을 대상으로 한 給田制度임을 상기할 때, 전시과에서 급전 대상이 된 자들은 지배계층으로 보아 무난하다.

43) 田地의 부족 현상은 문종대의 갱정전시과 지급 규정에서 전지의 축소된 지급 규모를 통해 엿볼 수 있다.

44) 『高麗史』 권8, 世家8 文宗 18年 5月, "兵部奏 軍班氏族成籍旣久 蟲亂朽爛 由此軍額不明 請依舊式 改成帳籍 從之". 군반씨족의 帳籍이 허술하게 관리되었다는 것은 군반씨족이 제대로 유지되지 못한 사실을 보여준다.

45) 『高麗史』 권81, 志35 兵1 兵制 五軍 靖宗 11年 5月, "國家之制 近仗及諸衛 每領設護軍一中郞將二郞將五別將五散員五伍衛二十隊正四十正軍訪丁人一千望軍丁人六百 凡扈駕內外力役 無不爲之 比經禍亂 丁人多闕 丁人所爲 賤役 使祿官六十七代之 因此領役難苦 爭相求避 伍尉隊正等未能當之 若有國家力役 乃以秋役軍從五部坊里各戶刷出 以致搔擾 今國家大平人物如古 宜令一領 各補一二百名". 양반과 향리 자제는 六衛 특수령에 충원되어 왔는데, 2군과 6위의 항상적인 兵役 부족 현상은 이들이 군인 구성에 응하지 않았음을 보여준다. 이들의 군역 기피는 필연적으로 6위 특수령의 허실화라는 결과를 가져왔다.

이 나타나기 시작한 것이다. 이로 인해 2군 및 6위의 특수령이 유명무실화되고, 이를 대신할 다른 형태의 軍制가 요청될 수밖에 없는 상황이 전개되었다.

이러한 상황은 2군과 6위 특수령이 맡고 있던 기존의 역할을 대신하는 새로운 兵種이 등장하고 있는 데서 확인된다. 牽龍軍, 控鶴軍, 巡檢軍, 內巡檢軍 외에 원간섭기에 보이는 忽赤, 成衆愛馬, 忠勇衛, 子弟衛 등이 여기에 해당한다. 최근 中禁, 都知, 白甲, 牽龍, 控鶴, 巡檢, 內巡檢軍 등을 禁軍으로 보고 이 禁軍을 2군6위와는 별도의 군사조직으로 보는 견해가 제기되기도 하였다.[46] 그러나 이들 금군은 2군과 6위 특수령의 조직이 이완된 후 이들의 임무를 계승할 별도의 필요성에 따라 등장한 것으로 보아야 할 것이다. 우선 금군으로 분류되는 軍號들이 2군6위제가 성립되는 시기에는 발견되지 않는다는 점이 이를 반증한다. 따라서 이들을 별도로 고려 군사조직의 한 갈래로 보는 데 대해서는 좀더 신중한 검토가 필요하다고 본다.

2) 農民番上軍의 苦役化

군인 가운데 지배계층에 속하였던 2군과 6위 특수령의 상층군인이 전시과의 붕괴와 함께 기피되는 가운데, 農民番上軍인 6위의 보승·정용도 심각한 상황을 맞이하게 되었다.

6위의 보승·정용은 본래 자신의 民田을 軍人田으로 인정받아 이것을 토대로 군역에 드는 제반 경비를 자변하여 왔다. 즉 6위의 보승·정용은 군역을 감당할 수 있는 경제력을 갖춘 자들로 충원되

---

46) 宋寅州, 1995, 「高麗時代의 牽龍軍」, 『大邱史學』 49 ; 宋寅州, 1996, 「高麗時代의 禁軍」, 『韓國中世史硏究』 3.

었기 때문에 이들의 경제력의 원천이 되는 각자의 소유지에 문제가
발생하지 않는 한, 軍役戶로 유지되는 데는 커다란 문제는 발생하
지 않았을 것이다.

그러나 田柴科體制가 붕괴되면서 지배층의 토지 겸병 및 침탈이
가속화되고 이에 6위 보승·정용의 토지도 잠식당하게 됨에 따
라47) 이들이 군역을 감당하는 것이 점차 어려워지게 되었다. 이러
한 상황은 더욱 악화되어 급기야는 군역을 기피함으로써 軍額의
항상적인 부족이라는 상황을 초래하게 되었다.48)

결국 軍役의苦役化와 軍役忌避 현상은 농민의 경제적인 기반이
침탈당한 데서 연유한 것이고, 이로 인해 軍額의 항상적인 부족 현
상이 심화되었다. 보승·정용의 정상적인 番上이 불가능해지고, 필
요에 따라 그때 그때 무리한 軍役 충원이 이루어지는 상황이 전개
되었다.49)

肅宗代 別武班의 편성은 이처럼 많은 문제점을 안고 있는 기존
의 군사제도로는 女眞에 대처할 수 없다는 절박한 인식을 토대로
한 것이었다. 2군6위제는 몽골이 침략하기 전까지 유지된 것으로
보이나50) 숙종대에 이러한 별무반이 등장했다는 사실은 2군6위제

---

47) 『高麗史』 권81, 志35 兵1 兵制 五軍 靖宗 2年 7月, "諸衛軍人 家貧而
  名田 不足者頗衆 今邊境征戌未息 不可不恤 其令戶部 分公田加給".
  名田 不足者 加給이란 상황은 군역호가 소유한 토지에 문제가 발생하
  여 이를 타개하기 위해 나온 조치로 보인다.
48) 『高麗史』 권81, 志35 兵1 兵制 五軍 文宗 25年 6月, "近聞 諸衛軍人
  亡命者甚多 是由執事者不公 富强者托勢以免 貧窮者獨受其勞 依食
  乏絶 而略無休息";『高麗圖經』 권11, 仗衛序, "其留衛王城 常三萬人
  迭分番以守 制兵之略王城侍衛".
49) 『高麗史』 권78, 志32 食貨1 田制 禑王 14年 7月, "今也兵與田俱亡 每
  至倉卒 則驅農夫以補兵 故兵弱而餌敵 割農食以養兵 故戶削而邑亡".
50) 2군6위의 조직은 외형상으로는 별다른 변화가 없었으나 무신집권기와

로서는 이제 국가적인 중대한 군사행동을 감당할 수 없게 되었음을
보여준다. 물론 別武班 조직은 騎馬兵 위주의 여진에 효과적으로
대처하기 위해 마련된 군사조직이기는 하지만, 역시 이를 편성할
수밖에 없었다는 것은 기존의 군사조직이 한계에 직면한 것으로 보
아야 하기 때문이다.

3) 二軍六衛制의 虛實化

2군6위제는 그 형성 과정에서도 확인되었듯이, 2군은 태조의 친
위군에서 비롯되었고 6위의 保勝・精勇은 해체된 호족들의 사병에
서 그 기원을 구할 수 있다.

2군은 친위군이라는 성격으로 알 수 있듯이 선별된 집단에 의해
구성되었고 軍班氏族으로서 그 임무를 계승하였다. 이들 군반씨족
은 軍役을 담당하는 대가로 전시과 지급 규정에 의해 경제적인 혜
택을 받았다. 2군에 대한 전시과의 지급은 그들의 경제적 기반의
확보라는 차원에서 이루어진 조치로서, 일반 문・무 관료의 경제적
인 기반이 전시과에 있었던 것과 다를 바 없다.

그런데 고려 중기 이후 전시과의 田地 지급이 점차 어려워지고
운영상 난맥을 드러내면서 다른 관료들과 마찬가지로 군반씨족도
커다란 위기에 직면하게 되었다. 田地 지급의 불이행은 결국 이들
군반씨족으로 하여금 軍役을 기피하게 만들었고, 이 과정에서 전지
를 지급 받는 군인으로 구성되었던 2군 및 6위의 몇몇 兵種은 커다

대몽항쟁기를 거치면서 크게 파괴되고, 각 領은 대부분 정원을 채우지
못하였다(權寧國, 1995, 『高麗後期軍事制度研究』, 36쪽). 李基白은 이
미 무신집권기에 들면 2군6위제가 형식화된 것으로 보고 있다(李基白,
1978, 「韓國의 傳統社會와 兵制」, 『韓國史學의 方向』, 206쪽).

란 타격을 받게 되었던 것이다. 그 결과 2군으로 충원되어야 할 軍額이 부족해지고, 군반씨족이 유명무실해지게 되었다. 이러한 2군의 유명무실화는 기존의 친위군 역할을 담당하는 별도 兵種의 등장을 가져왔고, 이것이 武臣亂 이후 보편화되었다고 생각된다.

　요컨대 田柴科體制가 무너지면서 軍班氏族으로 구성된 2군이 유명무실해지고, 고려 군제로서의 2군은 더 이상 그 기능을 유지하지 못하게 된 것이다.

　이는 6위의 保勝·精勇도 마찬가지였다. 전시과 군인전을 지급받던 군반씨족 및 6위의 특수 병종과는 달리 자신의 民田을 경제적인 기반으로 하여 軍役을 부담한 이들도 경제적 기반이 무너지면서 보승·정용으로의 軍役 충원이 어려워져 그 명맥조차 유지하기 어렵게 되었다. 급기야 武臣亂을 지나 몽골의 침입이 진행되었을 때는 軍制로서 전혀 기능을 발휘하지 못하는 상황이 전개된다.[51]

　2군6위가 제 기능을 발휘하지 못하게 된 것은 이미 肅宗代에 別武班이 조직된 사실을 통해서도 엿볼 수 있다. 女眞 정벌이라는 목적 하에 별도의 군인조직이 필요해서였기도 하겠지만, 국가 국방력의 근간이 되는 2군6위제를 대신해서 새로운 형태의 조직이 구성되었다는 것은 역시 기존의 2군6위제가 제 기능을 못하고 그 조직이 제대로 유지되지 못했음을 보여준다. 물론 그 핵심은 2군6위에 대한 경제적 뒷받침이 제대로 이루어지지 못한 데 있었다.[52] 姜邯贊

---

51)『高麗史』권81, 志35 兵 序, "毅明以後 權臣執命 兵柄下移 悍將勁卒 皆屬私家 國有方張之寇 而公無一旅之師 卒至倉皇不振 然後始多方調發 或括京都無問貴賤 或閱文武散職白丁雜色 或斂四品以上家童 或以屋間多少爲差 國勢至此 雖欲不危得乎".

52)『高麗史』권81, 志35 兵1 兵制 五軍 靖宗 11年 5月, "比經禍亂 丁人多闕 丁人所爲賤役 使祿官六十七代之 因此領役難苦 爭相求避 伍尉 隊正等未能當之 若有國家力役 乃以秋役軍品從五部坊里各戶刷出以致

이 자신의 토지를 軍戶에게 나눠준 것도 군인들의 이러한 열악한 경제적인 상황과 무관하지 않을 것이다.[53]

국가의 公的인 군사제도는 이미 武臣亂 아래에서 크게 무너졌고, 몽골의 침입 하에서 다시 한 번 큰 타격을 받았다. 필요에 따라 무차별적으로 징병이 행해졌으며, 필요에 따라 私兵이 조직되는 비정상적인 상황이 전개되었던 것이다. 전시과도 제대로 지급되지 않고 2군 및 6위의 보승·정용으로 충원되어야 할 대상에 대한 파악도, 관리도 제대로 이루어지지 못하였다. 이러한 상황에서 고려 말의 2군6위는 고려 초와는 다른 '國民皆兵制'로 자리를 잡아 나갔다. 2군과 6위가 同質의 군인으로 된 것은 물론이고, 징병 대상도 모든 농민층으로 확대되었던 것이다. 즉 6위의 보승·정용에게 적용되었던 府兵制적인 요소가 확대되면서 國民皆兵制라는 형태가 자리를 잡게 되고 이는 조선왕조로 그대로 계승된다.

搔擾 今國家大 平人物如古 宜令一領 各補一二百名"；『高麗史』권94, 列傳7 皇甫兪義, "奪京軍永業田 以充祿俸".

53) 『高麗史節要』권3, 顯宗 7年 12月, "吏部尙書姜邯贊奏 臣於開寧縣 有良田十二結 請給軍戶 從之".

제6장 高麗 軍班氏族制說의 성과와 과제

1. 고려 태조 직속군의 성격

軍班氏族制說을 최초로 주장한 李基白은 「高麗京軍考」에서, 고려의 京軍은 모두 군반씨족이며 군반씨족으로 구성되는 고려 경군의 토대는 王建의 直屬軍에 있다고 보았다.[1] 그리고 왕건의 직속군은 첫째 松嶽城主로서 왕건이 거느렸을 松嶽郡民, 둘째 과거 弓裔가 거느렸던 궁예 휘하의 모든 병력, 셋째 북변 국경지대에 배치되었던 舊新羅 軍隊(北鎭, 浿江鎭, 穴口 鎭), 네째 왕건에게 歸附해 온 諸將의 군대, 다섯째 모집에 응하거나 혹은 강제로 군대에 편입된 流民과 일반 농민들로 구성되었으며, 이런 군인들은 戶籍과는 구별하여 軍籍에 올려져[2] 일반 농민과는 다른 특수한 존재로

---

1) 李基白, 1956, 「高麗京軍考」, 『李丙燾博士華甲紀念論叢』/1968, 『高麗兵制史研究』, 46쪽.

2) 『高麗史』권3, 列傳3 成宗世家 7年 10月, "武班年老無子孫 自癸卯年 錄軍籍者 皆放還鄉里". 고려 초에는 왕권보다는 호족 휘하의 군사력이 많았다. 이러한 상황에서는 왕권에 직속된 군인이라면 몰라도 호족 휘하의 군사력을 정확히 파악하기는 불가능했을 것이다. 따라서 이 때의 軍籍이란 왕건과 관계가 깊은(일종의 친위군으로 보이는) 제한된 이들의 명부가 아닌가 한다. 즉 군적에 파악된 군적자는 왕실직속의 군인으로 보인다.

발전해 나갔다고 파악하였다.3)

이러한 견해에 대해 먼저 검토되어야 할 것은 왕건의 직속군4)에 대한 실제적인 통제력이 어느 정도였는가 하는 점이다. 우선 왕건의 私兵, 즉 왕건의 先代와 왕건 자신이 松岳의 城主로서 주로 송악의 郡民으로 이루어진 자기 私兵에 대해서는 깊은 영향력을 시종 행사하였을 것이다. 물론 이 부분에 대해 반론이 없는 것은 아니다.

예컨대 洪承基는 송악과 그 인근의 私兵을 거느렸던 것은 王隆이고, 왕륭이 유지한 이러한 군사적 기반은 궁예에게 귀부한 후 궁예에게 흡수·해체되었으므로 송악의 성주로서 갖고 있던 군사적 기반은 왕건에게 연결되지 못한 것으로 보았다.5) 이는 궁예의 部將으로서 왕건이 거느리고 싸운 군대에는 송악 및 기타 인근 지역 사람들로서 그가 과거로부터 줄곧 관계를 맺어 온 자들이 포함되어 있었으며, 궁예가 축출된 후 이들이 태조 왕건의 직속군으로 편제되었다고 본 이기백의 견해와는 자못 다르다. 홍승기에 따르면, 왕건의 出戰은 모두 궁예의 명에 따른 것으로서 독자적인 것이 아니며, 특정 지역에서 특정 군대를 지휘한 것이 아니었던 만큼 왕건이 거느리고 출전한 병사들과 왕건과의 연계성은 인정할 수 없다는 것이다. 더욱이 왕건이 출전할 때 副將의 임명이 궁예에 의거하였던 점, 그리고 이 부장들이 정변 때 왕건의 추대에 가담하지 않았으며 정변 주모자들은 오히려 洪儒 등 네 명의 騎兵將軍이었다는 사실을 들어, 궁예가 부장 임명권을 장악하여 지휘관인 왕건을 견제함

---

3) 李基白, 1968, 「高麗 京軍考」, 『高麗兵制史研究』, 49쪽.
4) 이기백은 이를 中央軍으로 부르고 있다.
5) 洪承基, 1983, 「高麗初期 中央軍의 組織과 役割」, 『高麗軍制史』, 16~19쪽.

으로써 그의 독자적인 세력 형성을 저지하였던 것으로 보았다. 결국 왕건의 부장들이 궁예에 종속되어 있었고 그 예하 병력이 모두 궁예에게 충성을 바치는 정예군인이었던 상황 하에서, 왕건이 그의 아버지와 연결되는 옛 병사들이나 송악 내지 기타 인근 지역 출신의 병사들을 독자적인 세력으로 키운다는 것은 불가능했다는 것이다.

그러나 이 같은 견해는 검토의 여지가 있다. 우선 왕건이 궁예의 휘하에 들어갔다고 해서 송악 시절부터 왕건의 집안과 관계를 맺어온 군사들과의 유대가 단절되었다고는 볼 수 없다. 왜냐 하면 후삼국시대 말기 각 정권의 세력 확장 과정을 보면, 무력에 의한 통합도 있지만 왕건이 궁예에게 歸附한 것처럼 평화적인 관계에 의한 것도 많기 때문이다. 전자의 경우는 말할 것도 없이 그 세력의 대표격인 城主가 제거되고 그 군사력도 해체되어 통합자에게 필요한 부분만 흡수되었을 것이다. 그러나 후자의 경우는 통합 주체가 피통합 세력을 강압적인 방법으로 해체시킬 경우 통합 자체가 성립되지 못하므로, 피통합 세력에 대해 독자적인 영역을 보장해 주었다고 보아야 한다.

예컨대 피통합 세력을 근거지에 남겨 두고 그 군사적 기반을 계속 유지케 하거나(고려왕조에 귀부한 후에도 城主들은 대부분 본 거주지에 머물러 있으면서 자신의 독자적인 병사를 지휘하고 있었다), 또는 직접 휘하세력으로 흡수하더라도 과거의 군사적 세력기반을 존중해 주는 의미에서 과거 그들이 지배하던 군사력을 통할하는 책임자로 임명하였다고 보는 것이 합리적이며 또 실제로도 그러하였다.6) 이 같은 정황으로 미루어 궁예의 부장으로 있던 왕건은

---

6) 王順式의 아들 長命과 李言의 아들 永의 경우가 좋은 예다. 李基白,

송악 시절부터 유대관계를 맺어온 그의 사병을 지휘했을 것이고,[7] 더구나 이들은 후에 고려 2군의 중요 구성원이 되고 있어 송악의 성주로서 왕건과 그의 집안이 거느린 송악 군민과 기타 인원은 그의 군사적 기반에 포함시키는 것이 마땅할 것이다.

오히려 문제는 송악의 성주로서 왕건이 갖고 있던 현실적인 세력이 크지 못했다는 점에 있었다. 왕건이 궁예의 휘하로 들어갔다는 사실 그 자체, 그리고 궁예 휘하로 들어갈 당시 송악에는 築城조차 되어 있지 않았다는 점,[8] 왕이 된 뒤 역대 祖上의 이름조차 제대로 파악할 수 없었다는 점,[9] 즉위 후 이탈하는 호족세력을 막기 위해서는 重幣卑辭를 해야 했던 점,[10] 즉위 후 곧바로 터져나온 크고 작은 왕실에 대한 반란,[11] 태자 책봉시 유력호족의 지원을 받아야만 했던 점,[12] 태조의 사후 왕권이 안정을 잃고 극심한 王位繼承亂을 치른 점[13] 등은 송악의 성주로서만이 아니라 건국 후 왕건의 세

1968,「高麗京軍考」,『高麗兵制史研究』, 48쪽 ; 河炫綱, 1977,「高麗王朝의 成立과 豪族聯合政權」,『한국사』4, 48~49쪽.

7) 拙稿, 1990,「高麗 二軍 六衛制의 性格」,『韓國史研究』68, 38쪽.

8)『高麗史』권1, 世家 太祖, "大王若慾王朝鮮肅愼卞韓之地 莫如先城松嶽 以吾長子爲其主 裔從之 使太祖築 勃禦塹城 仍爲城主".

9) 金庠基, 1961,『高麗時代史』, 8쪽 ;『高麗史』高麗世系 참조.

10)『高麗史』권1, 世家1 太祖 元年 8月 己酉, "諭群臣曰 朕慮諸道寇賊 聞朕初卽位 或構邊患 分遣單使 重幣卑辭 以示惠和之義".

11)『高麗史』권1, 世家1 太祖 元年 6月 庚申, "馬軍將軍桓宣吉謀逆伏誅" ;『高麗史節要』권1, 太祖 元年 6月, "馬軍大將軍李昕嚴棄市" ;『高麗史』권1, 世家 太祖 元年 9月 乙酉, "徇軍吏林春吉等謀叛伏誅".

12)『高麗史』권92, 列傳5 朴述熙.

13) 이에 대해서는 다음의 논고를 참조할 것. 河炫綱, 1967,「高麗西京考」,『歷史學報』35·36/『高麗 地方制度의 研究』; 河炫綱, 1968,「高麗 惠宗代의 政變」,『史學研究』20 ; 河炫綱, 1974,「豪族과 王權」,『韓國史』4 ; 姜喜雄, 1977,「高麗 惠宗朝 王位 繼承亂의 新解釋」,『韓國學

력이 강대했다면 있을 수 없는 일들이다.

　한편 왕건이 궁예를 대신한 뒤 궁예 휘하의 병력을 그대로 물려 받아 자신의 영향력 아래 둘 수 있었는지도 의문이다. 왕건이 즉위 한 후에도 요직에 남아 있었던 인물들은 주로 즉위에 기여한 측근 보다는 미온적인 태도를 취한 泰封에서 정권의 핵심에 위치했던 자들이다.[14] 이는 왕건이 궁예를 제거한 후에도 태봉의 강력한 호 족들을 제거하거나 직접적으로 통제할 수 없었음을 말한다.

　또한 北邊에 설치된 구신라의 군대도 北鎭의 경우 궁예를 통해 왕건에게 인계되었다고는 하지만[15] 北鎭을 대표하는 유력자를 거 쳐야만 원활한 지휘가 가능했을 것이란 점에서 그 통제에는 한계가 분명했을 것이다. 浿江鎭, 穴口鎭 역시 그 지역의 有力將帥를 통해 서만 고려의 軍士로 순조롭게 동원될 수 있었을 것이다.[16]

　왕건에게 내부해 온 諸將의 군대[17] 역시 여러 군데에서 지적되 었듯이[18] 독자적인 성격을 유지하고 있었고, 그 점에서 결코 태조

　　報』7 ; 李鍾旭, 1981, 「高麗初 940年代의 王位繼承戰과 그 政治的 性 格」, 『高麗光宗硏究』.

14) 河炫綱, 1988, 「高麗王朝 成立期의 諸問題」, 『韓國中世史硏究』, 38～ 39쪽.

15) 李基白, 1968, 「高麗京軍考」, 『高麗兵制史硏究』, 47쪽.

16) 平州 출신인 庾黔弼, 朴守卿 등은 군사 동원시 왕건이 협력을 구해야 할 유력자였다.

17) 『高麗史』 권1, 世家1 太祖 3年 庚辰, "康州將軍閏雄 遣其子一康 爲 質" ; 『高麗史』 권1, 世家1 太祖 1年 春2月, "下枝縣將軍元奉來投" ; 『高麗史』 권1, 世家1 太祖 5年 秋7月, "冥州將軍順式 遣子降附" ; 『高 麗史』 권1, 世家1 太祖 5年 冬11月, "眞寶城主洪述 遣使請降" ; 『高麗 史』 권1, 世家1 太祖 6年 春3月, "命旨城將軍城達與其弟伊達端林 來 投" ; 『高麗史』 권1, 世家1 太祖 6年 秋8月, "碧珍郡將軍良文遣其甥圭 奐來降".

18) 李基白, 1968, 「高麗京軍考」, 『高麗兵制史硏究』, 48쪽 ; 河炫綱, 1977,

왕건의 직접적인 통제 아래 놓였다고 말할 수 없다. 고려정부는 군사 편성 및 동원에서 이들을 책임자로 임명하고[19] 그들의 협력과 동의 하에 군사행동을 취할 수 밖에 없었다.

결국 직속군(중앙군)이라고는 하지만 왕건이 송악의 성주 때부터 관련을 맺어 온 일부 군사력을 제외하면 나머지 대부분은 직접적인 통제가 불가능하였고, 따라서 直屬軍이라는 표현 자체도 합리적이라고 보기 어렵다. 단, 고려 정부와 이들 호족들 간의 이해관계가 일치하는 한에서는 호족들의 자발적이고 적극적인 지지도 전혀 불가능한 것은 아니었으므로, 비록 半獨立的인 호족들의 군사력에 의존하기는 했지만 고려는 후백제와의 대결에서 종국적으로 군사적 우위를 확보할 수 있었던 것이다.[20]

따라서 고려 건국 초 중앙군으로 묘사된 부분에 대해서는,[21] 왕

「豪族과 王權」,『韓國史』4, 106쪽. 고려왕조 하에서 유력 호족들이 사병을 가지고 있었던 점은 이를 잘 보여준다.

19) 실제로 많은 歸順 城主들이 군사책임자로 임명되고 있다.『高麗史』권 2, 世家 太祖 19年 9月 참조.

20) 고려가 후백제에 대해 군사적 우위를 점한 것은 古昌 전투 후이고, 그 전까지는 군사적인 열세를 면치 못했다. 그 주된 원인은 무엇보다도 왕권 직속의 군사력이 약한 데 있었다.

21)『高麗史』권2, 世家2 太祖 19年 9月, "王率三軍至天安府 合兵進次一善郡 神劍以兵逆之 甲午隔一利川而陣 王與甄萱觀兵 以萱及大相堅權述希皇甫金山 元尹康柔英等 領馬軍一萬 支天軍大將軍元尹能達奇言韓順明昕岳 正朝英直廣世等 領步軍一萬 爲左綱 大相金鐵洪儒朴守卿 元甫連珠元尹萱良等 領馬軍一萬 補天軍大將軍元尹三順俊良 正朝英儒吉康忠昕繼等 領步軍一萬 爲左綱 溟州大匡王順式 大相兢俊王廉王乂元甫仁一等 領馬軍二萬 大相庚黔弼 元尹官茂官憲等 領黑水達姑鐵勒諸蕃勁騎九千五百 祐天軍大將軍元尹正順正朝哀珍等 領步軍一天 天武軍大將軍元尹宗熙 正朝見萱等 領步軍一千 杆天軍大將軍金克宗 元甫助杆等 領步軍一千 爲中軍 又以大將軍大相公萱

건의 직속군이라 할 수 있는 자는 얼마 안 되는 제한된 수에 불과
하고[22] 나머지 대부분은 오히려 호족들의 직속군이었다고 보는 것
이 타당할 것이다.[23] 이 같은 점이 바로 건국 초 왕건의 중앙군의
성격을 재검토할 필요성을 제기하는 것이고, 왕건의 중앙군 가운데
실제로 그의 직속군이라 할 자들이 얼마 되지 않았다는 사실은 고
려 초의 兵制를 이해할 때 중요한 단서가 된다고 할 수 있다.[24]

2. 왕건의 중앙군과 군반씨족과의 관계

이기백은 국가에 의해 호적과 구별되어 軍籍에 올려진 태조의
직속군이 일반 농민과는 다른 존재이며, 이들에 의해 고려의 중앙
군이 편성되었다고 보고 있다. 그리고 이러한 고려의 중앙군이 태
조의 役分田 설치시 軍士로서 朝臣과 함께 토지를 지급받았으며,
이후 군인이 穆宗 改定田柴科에서 토지를 분급받게 되는 것도 이
역분전과 같은 맥락에서 이해될 수 있다고 본다. 나아가 이처럼 군
인에 대해 토지가 지급되었다는 사실은 군인의 사회적 지위를 보여
주는 중요한 자료로서, 이를 통해 군인은 원칙적으로 소위 전문적

元尹能弼 將軍王舍允等 領騎兵三百 諸城軍一萬四千七百 爲三軍援
兵 鼓行而前".

22) 왕건이 친히 이끌고 출정한 中軍(祐天軍·天武軍·杆天軍) 3천 명이
여기에 속한다.

23) 拙稿,「高麗 二軍 六衛制의 性格」,『韓國史研究』68, 43~44쪽 참조.

24) 李基白도 고려 초 諸部隊의 통솔권이 호족들에게 半獨立的으로 맡겨
져 있었을 것이라고 보고는 있다(李基白, 1968,「高麗京軍考」,『高麗兵
制史研究』, 56쪽). 그러나 이들 제 부대를 토대로 이루어진 고려의 2군
6위가 모두 전문적인 군반씨족으로 보는 데 대해서는 의견을 같이하기
어렵다.

인 병사였으며 비록 최하위의 지위나마 관료체계의 한 귀퉁이를 차지하였다고 하고 있다.[25] 바로 이러한 논리에 입각하여 고려의 중앙군은 전문군인으로 이루어지는 軍班氏族이라고 규정한 것이다. 그러나 이 軍班氏族制說은 적지 않는 문제점을 안고 있다.

먼저 이기백은 태조 당시의 고려 중앙군의 면모를 後百濟의 神劒을 쳐서 통일을 완성할 때 동원한 군대를 통해 설명하고 있다. 후백제 神劒 정벌 당시 동원된 고려 군사는 支天軍 1만, 馬軍 1만의 左綱, 步軍 1만, 馬軍 1만의 右綱; 祐天軍, 天武軍, 杆天軍 각 1천의 中軍 3천, 그 밖에 溟州大匡 王順式 등의 馬軍 2만, 諸城軍 1만 4천 7백 및 黑水, 達姑, 鐵勒의 蕃兵 9천 5백으로 구성되어 있다. 이 중 左·右綱 및 中軍을 각각 6위 42領과 2군 3領에 상응하는 것으로 보아 여기에서 고려 경군의 전신을 구하고 있다.

이러한 이해에 대해 제기될 수 있는 문제는, 과연 左·右綱 및 中軍 4만 3천이 태조의 직속 중앙군이며 또 군반씨족으로서 전문적 군사인 2군6위로 편제되었냐 하는 점이다. 이들이 모두 문자 그대로 태조의 직속군이 아니었다는 점은 이미 언급한 바와 같다. 만일 이들이 정말 태조의 직속군인이었다면 고려 초에 분명히 확인되는 왕실의 허약성은 어떻게 설명할 수 있을까. 사실 태조는 방대한 통혼정책을 통해 유력호족들과 제휴하는 등의 방식으로 이러한 허약성을 일정하게 메울 수 있었다.[26] 따라서 신검 전투 때 동원된 군사 가운데 中軍을 제외한 左·右綱軍은 모두 호족들의 군사적 도움으로 구성된 병력이라고 이해해야 할 것이다. 설사 이기백의 견해대로 좌·우강군 및 중군이 군반씨족으로 구성된 태조의 직속

---

25) 李基白, 1968, 「高麗京軍考」, 『高麗兵制史研究』, 53쪽.
26) 河炫綱, 1977, 「高麗 王朝의 成立과 豪族聯合政權」, 『韓國史』 4, 52~
54쪽.

군인이고 나중에 전문적인 무사계급인 2군6위로 되었다 하더라도, 이들이 태조의 직속군으로서 역분전의 지급대상자가 되었듯이 穆宗 田柴科에서 收租地를 받았다고 할 경우 1인당 收租地 지급액을 평균 20結로만 잡아도 필요한 수조지가 90만 결이 넘는다는 모순을 낳게 된다.[27] 즉 고려 초 전국의 結數를 초과하게 되는 것이다.[28]

이에 2군6위의 형성 과정과 고려 건국 후 제반 정치·경제적 상황을 아울러 고찰한다면, 후백제 정벌 때 보이는 고려의 중앙군 가운데 左·右綱軍을 제외한 中軍이 중심이 되어 이후 고려의 군반씨족으로 고정되어 간 것으로 보인다.[29] 고려 초 중앙군과 군반씨족과의 관계를 재조명해 볼 필요가 바로 여기에서 제기된다. 결론적인 견해지만 필자는 이 중앙군 가운데 일부만이 군반씨족으로 자리잡았으며, 그 대부분은 병농일치의 6위군이 되었거나 一品軍 또는 村留 二·三品軍으로 되었다고 본다.

27) 고려 초의 전국 토지면적과 군인전으로 지급되는 수조지의 면적 및 군인전 지급시의 수조지 지급 방식에 관해서는 拙稿, 1990, 「高麗 二軍 六衛制의 性格」, 『韓國史研究』 68, 33~36쪽 참조.

28) 洪承基는 후삼국통일 전 태조의 중앙군 규모를 李基白보다 2만 명 정도 더 많이 잡고 있다. 그 역시 이들을 모두 軍戶制에 의한 전문군인으로 보고 있으므로(洪承基, 1983, 「高麗初期 中央軍의 組織과 役割」, 『高麗軍制史』, 30쪽) 이들에게 지급되어야 할 수조지의 확보 문제는 더 큰 문제로 남는다.

29) 후백제 정벌시 주목되는 中軍이 이후 친위군으로서의 전문적 군인계급인 2군으로 성립되어 가는 과정은 拙稿, 1990, 「高麗 二軍 六衛制의 性格」, 『韓國史研究』 68, 40~50쪽 참고.

3. 府兵制說과 麗末 高麗兵制에 관한 諸說과의 相馳問題에 대한 검토

군반씨족제설은, 서양의 騎士階級이나 일본의 武士階級이 서양과 일본의 봉건사회를 형성하는 데 중요한 요소가 되었으므로30) 한국 사회에서도 이들과 동일한 군인계급이 존재하였음을 확인함으로써 비록 서양·일본과 동일하지는 않다 하더라도 한국 사회도 이와 비슷한 역사 과정을 밟았음을 밝혀 그 역사 발전 과정이 세계사적인 역사 발전 과정과 괴리됨이 없이 전개되었음을 입증하려 한 것으로 보인다. 이러한 작업의 일환으로 이기백은 「新羅 私兵考」에서 그 실제의 일단을 밝혔고 「高麗京軍考」에서는 신라 말과 고려 초의 私兵的 존재를 기초로 하여 軍班氏族이라고 부를 수 있는 군인계급이 형성되었음을 언급하였던 것이다.

이러한 군반씨족제설에 대해 府兵制說이 계속적으로 비판을 제기하였다. 이 비판에 대한 대응으로서 군반씨족제설은 고려의 병제를 府兵制로 파악하게 된 가장 근본적인 요인은 『高麗史』 兵志 序文의 부병제설을 금과옥조로 여기고 이에 입각해 고려 초기의 사료를 해석하고 체계화한 데 있다고 주장하였다. 그리고는 고려 초기의 병제를 정확하게 이해하기 위해서는 『高麗史』 兵志 序文의 부병제설에 전적으로 의존하여 초기 사료를 해석·체계화할 것이 아니라, 먼저 고려 초기 병제에 대한 후대의 해석이나 여러 설들을 검토해야 할 것이라고 주장하였다.

이러한 논리 선상에서 이기백은 고려 초기 병제에 대한 후대의 諸說로는 『高麗史』 찬자의 부병제설을 비롯하여 麗末 改革論者의

---

30) 李基白, 1958, 「高麗 初期 兵制에 관한 後代 諸說의 檢討」, 『亞細亞研究』 1-2/1968, 『高麗兵制史研究』.

부병제설, 恭愍王敎書의 選軍給田說, 對蒙交涉에서 나타난 軍民 無別 주장, 宋人의 見聞錄에 나타난 견해 등 다양한 설이 있으므로 이들 諸說이 부병제설과 상호 충돌관계에 있지 않는가를 검토하였 다.[31] 그 검토 과정에서 『高麗史』 찬자의 부병제설은 여말 개혁론 자들의 주장을 답습한 것에 불과하며, 여말 개혁론자들은 부병제설 을 일견 주장하면서도 그와 상치되는 다른 주장도 하고 있으며, 그 밖에 고려초 병제에 관한 고려 후기의 각종 설이 통일되지 못한 채 때로는 모순되고 있음을 볼 때, 고려초 병제에 관한 후대의 설들은 각기 상이한 시대적 배경 속에서 상이한 인물들에 의해 상이한 목 적들을 갖고 주장된 것임을 밝혔다. 따라서 이들 제설의 眞否를 검 토하지 않고, 고려 병제에 관한 여러 설 가운데 하나에 불과한데다 시기적으로 수백 년 뒤지는 후대의 일방적인 기록에 불과한 『高麗 史』 兵志 序文의 부병제설을 고려 초기의 병제를 설명하는 신빙성 있는 유일한 근본자료로 삼아 군반씨족제설을 비판하는 것은 의미 없다고 보았다. 그리고 고려 초기의 병제를 해명하기 위해서는 상 호 충돌되는 후대 기록에 의존하지 말고 비록 단편적이고 체계는 서 있지 않지만 고려 초기의 사료를 이용하는 것이 열쇠가 된다는 입장을 취했다.[32]

부병제설을 비판하고 군반씨족제설의 입지를 마련하기 위해 제 시된 이기백의 이러한 견해는 무엇보다도 기존의 자료에 대한 보다 신중한 검토가 필요함을 일깨워 준 점에서 매우 의미있는 지적이 다. 그럼에도 불구하고 고려 후대에 주장된 여러 가지 설들, 즉 부

---

31) 李基白, 1958, 「高麗初期 兵制에 관한 後代 諸說의 검토」, 『亞細亞硏 究』1-2/1968, 『高麗兵制史硏究』, 4쪽.
32) 李基白, 1958, 「高麗 初期 兵制에 관한 後代 諸說의 檢討」, 『亞細亞硏 究』1-2/1968, 『高麗兵制史硏究』, 27쪽.

병제를 위시하여 軍民一致, 軍民無別, 選軍給田, 軍戶連立, 募軍, 鄕民制 등이 상호 충돌, 모순된다는 견해에 대해서는 선뜻 동의하기 어렵다.

먼저 이기백은 고려 병제를 부병제로 본 장본인은 바로 여말의 개혁론자이며[33] 이들의 주장 안에는 부병제설과 상호 배치되는 주장도 들어 있다는 사실을 지적하고 있다. 부병제설을 주장한 개혁론자의 주장 가운데 부병제설과 상치될 수 있는 견해는 趙浚의 상소문에 보이는 "兵이 망하고야 비로소 농민이 징병의 대상이 되었다"는 기록이다.[34] 이 기록은 고려 초의 병제를 부병제로 본다면 분명 납득하기 어려운 자료일 것이다.

그러나 고려 초의 병제가 부병제와 군반씨족제의 이중성을 띠고 있었다고 본 필자의 견해에서 보면, 이 자료는 고려 초의 병제가 와해된 이후에 나타나는 현상의 하나를 지적한 것으로 볼 수 있다. 더욱이 6위의 편성원리였던 부병제가 唐과 같은 의미의 부병제가 아니며 또한 고려의 농민 가운데에는 6위로 편성되어 번상하는 군인 외에 1·2·3품군으로 따로 편성되는 군인[35]도 있었다는 사실을 염두에 둔다면, "兵이 亡하고야 일반 농민이 징병되었다"는 것은 2

---

33) 이기백은 그 대표적 인물로 趙浚과 鄭道傳을 지목하고, 특히 조준을 그 장본인으로 들고 있다. 그러나 비록 조준 이전에 고려 초기의 병제를 부병제라고 직접 언급한 내용이 보이지 않는다고 해도, 이미 고려 초의 기록에 唐의 것과 같은 형태의 6위와 折衝府라는 명칭이 나타나고 있다. 이는 고려의 6위가 명확히 唐의 부병제를 모방하였음을 보여주는 좋은 자료로서, 조준이 부병제설을 주장한 장본인으로 보기 어렵게 한다.

34) 『高麗史』 권78, 志32 食貨1 田制 禑王 14年 7月, "今也兵與田俱亡 每至倉卒 則驅農夫以補兵 故兵弱而餌敵 割農食以養兵 故戶削而邑亡".

35) 拙稿, 1990, 「高麗 二軍 六衛制의 性格」, 『韓國史硏究』 68, 60쪽 참조.

군과 6위제가 붕괴된 이후 군인을 확보하기 위하여 2군과 6위군의 편성대상을 무시하고 무차별적으로 징병을 행한 결과 나타난 현상으로 보인다.

따라서 趙浚의 상소에 "兵이 망하고서야 일반 농민이 징병되었다"라고 할 때의 '兵'은 6위의 保勝·精勇軍으로 생각된다. 이들 兵이 여러 가지 이유로 몰락하자 과거 6위로 번상을 담당하지 않던 농민들까지 무차별 징병을 당하게 되었고, 조준은 이 점을 지적하였던 것이다.

이러한 이해를 전제로 한다면, 조준의 상소 속에 보이는 '兵이 망하고 일반 농민이 징집'되는 상황은 고려 초기 병제의 한 단면과 초기 병제가 변질 과정을 시사한 것이라 하겠다.

둘째, 이기백은 憲司 上狀 속의 '軍民一致'[36] 기록이 여말 개혁론자의 부병제설[37]과 조준의 상소문에 보이는 '兵亡而徵兵'과 부합되기 위해서는 '軍民一致'의 '民'을 부병제 및 '兵亡而徵兵'에 맞는 범위에서 제한되게 해석해야 한다고 주장하였다.[38] 그러나 고려 초기의 병제가 부병제의 원리에만 입각해 있지 않았다는 점을 고려하면 이 같은 식으로 '民'의 범위를 제한할 필요는 없다. '軍民一致',

---

36) 『高麗史』 권81, 志35 兵1 兵制 恭讓王 2年 12月, "我國百姓 有事則爲 軍 無事則爲農 故軍民一致".

37) 이들 개혁론자들은 고려 병제를 부병제 일반으로 언급하고 있을 뿐, 군반씨족제적 요소는 전혀 언급하고 있지 않다. 이에 대해서는, 고려 병제가 초기의 부병제적 요소와 군반제적인 요소의 병존에서 점차 부병제 쪽으로 그 흐름이 바뀌어 가고 있었고, 또 실제로 조선조에서 부병제로 확립을 보았다는 점에 주목하면, 고려 초기의 병제를 부병제 일색으로 언급한 것도 전혀 이해가 가지 않는 바는 아니다.

38) 李基白, 1958, 「高麗 初期 兵制에 관한 後代 諸說의 檢討」, 『亞細亞研究』 1-2/1968, 『高麗兵制史研究』, 11쪽.

'兵亡而徵兵'이라는 조건을 까다롭게 만족시키는 방법을 찾기보다
는 "我國百姓 有事則爲軍 無事則爲農 故軍民一致"의 '民'을 非番
上 6위군 및 6위군 이외의 1·2·3품군으로 보는 것이 타당하다.
이렇게 보면 전문직업군인을 제외한 농민군에 관한 한 '軍民一致'
와 府兵制는 모순되지 않으며, '兵亡而徵兵'은 이런 상태가 무너진
후에 나온 상황으로 이해할 수 있다. '軍民一致'의 상황은 다른 한
편으로는 고려 초의 병제가 완전히 무너지고 몽골 침략 이후 모든
백성이 문자 그대로 유사시에 동원되던 양상을 보여주는 것이라고
도 생각할 수 있다.

셋째, 부병제설을 주장한 개혁론자의 견해 가운데는 選軍給田의
의견이 발견되는데39) 이기백은 이 選軍給田과 府兵制說은 제한된
경우외에는 서로 모순된다고 보았다.40) 그러나 이 역시 고려 초 병
제의 이중성을 고려한다면 하등 모순될 것이 없다. 2군이 選軍(給
田)을 통해 충원된 것은 전문군인의 성격상 자연스러운 것이고, 단
지 6위의 保勝·精勇의 選軍이 문제가 될 수 있다. 그러나 일반 농
민 가운데 보승·정용으로 번상하는 軍戶가 결핍되었을 때 6위로
번상하지 않는 1·2·3품군 가운데에서 비교적 번상 능력을 갖춘
자들을 뽑아 썼다고 보면 별 무리는 없다. 給田은, 2군의 경우 전시
과의 지급으로 이해되며 6위군의 경우에는 실제적인 급전이 아니
라 그들이 가지고 있는 토지에 대한 경작보조나 免租權 정도로 이
해된다.41) 이미 지적하였듯이 고려 초의 병제가 군반씨족제와 부병

---

39) 『高麗史』권78, 志32 食貨1 田制 恭讓王 卽位年 12月, "京畿則給居京
　　侍衛者之田 以優士族 卽文王仕者世祿之美意也 諸道則止給軍田 以
　　恤軍士 卽祖宗選軍給田之良法也".
40) 李基白, 1958, 「高麗 初期 兵制에 관한 後代 諸說의 檢討」, 『亞細亞研
　　究』1-2/1968, 『高麗兵制史硏究』, 13쪽.

제의 이중적 구조로 되어 있었으며 부병제도 엄밀한 의미에서 兵農 一致의 부병제가 아니었으므로[42] 부병제가 選軍給田과 모순된다 고 하여 고려 병제를 군반씨족제로만 이해할 수 없음은 물론이다.

결국 여말 개혁론자들이 府兵制를 내세우면서 때로 이것과 상충 되는 '軍民一致'나 '選軍給田'과 같은 견해를 보였다고 해서 고려 병제를 부병제가 아닌 군반씨족제에만 입각해서 보려는 시도는 설 득력을 갖기 어려워 보인다. 특히 부병제야말로 여말 개혁론자들이 추진한 병제개혁의 목표였고 실제로 이것이 조선 초에 실현을 보았 으므로, 고려 초기에도 부병제가 존재했던 것처럼 꾸민 것은 아닌 가 하는 의문을 제시하고 있는데,[43] 구태여 존재하지도 않았던 것 을 존재한 것처럼 꾸며 이를 계승한 것처럼 주장함으로써 개혁론자 들이 얻는 것이 무엇이었을지 궁금하다.[44]

넷째, 이기백은 選軍給田의 '選軍'은 募軍과 의미와 다를 것이 없는 이상 이는 조준 등의 부병제설과 상반된다고 주장하고 있

---

41) 따라서 6위의 보승·정용으로 選軍된 자들은 최소한 면조권을 받을 수 있는 농토의 소유자들로서, 아마 3家1戶의 軍戶로 구성되고 그 중 1家 의 丁이 번상하면 나머지 2家의 丁이 養戶로서 번상중인 자의 경작노 동을 보조하는 형식을 취했을 것이다. 따라서 고려의 부병제는 당나라 의 그것과는 차별성을 보인다.

42) 拙稿, 1990, 「高麗 二軍 六衛制의 性格」, 『韓國史研究』 68, 65쪽 참고.

43) 李基白, 1958, 「高麗 初期 兵制에 관한 後代 諸說의 檢討」, 『亞細亞研 究』 1-2/1968, 『高麗兵制史研究』, 14쪽.

44) 이 문제는 『高麗史』의 객관성과도 관련된 문제다. 『高麗史』의 주관적 서술을 염두에 둔다 해도, 『高麗史』 찬자들이 조선조의 병제를 부병제 로 만들고자 하여 고려초 병제를 부병제로 묘사했다는 주장은 쉽게 납 득이 가지 않는다. 『高麗史』의 객관성에 대해서는 邊太燮, 1982, 『高麗 史의 研究』, 三英社 ; 韓永愚, 1981, 『朝鮮前期史學史研究』, 서울대출 판부 참조.

다.45) 고려 초기 병제가 부병제가 아니라고 주장하는 쪽에서는 이 '選軍'이라는 사실은 매우 중요할 수 있다. 그러나 이 '選軍'이라는 사실이 부병제를 철저히 배격하는 가운데 募軍을 통한 전문적 군반씨족에 의해서만 고려 병제가 이루어졌다는 것을 의미한다고는 볼 수 없다. 고려 초기의 京軍에는 군반씨족으로 구성되는 2군과 함께, 농민번상으로 이루어지는 6위의 保勝·精勇이 있었으며, 이들은 모두 選軍에 의해 충당되었다. 즉 전문군인은 전문군인대로 選軍되고, 농민번상병은 농민번상병대로 선군되었던 것이다. 이 농민번상군에조차 選軍되지 못한 자들이 바로 州縣軍의 1·2·3품군이었다.

예컨대 選軍給田은 唐의 전형적인 부병제와는 충돌하지만, 고려 사회 안에서는 부병제와 군반씨족제의 성격을 동시에 가진 고려 군인을 선발하는 방법이므로, 이것이 부병제와 상충된다고 하여 고려 병제를 부병제적 요소는 배제하고 다른 형태로만 보려는 시도는 재고할 필요가 있는 것이다.

다섯째, 이기백은 軍戶가 連立된 사실46)을 들어 고려 병제가 軍戶로서 권리와 의무를 지닌 전문군인의 세습제로 이루어졌다고 밝히고 있다.47) 그러나 軍戶의 세습은 군반씨족인 전문군인만이 아니라, 농민들 가운데 1·2·3품군과는 다른 6위군의 경우에도 軍役의 세습을 위해서 역시 필요했던 것으로 보인다. 그러므로 軍戶連立이

---

45) 李基白, 1958,「高麗 初期 兵制에 관한 後代 諸說의 檢討」,『亞細亞研究』1-2 ; 1968,『高麗兵制史研究』, 18쪽.

46)『高麗史』권81, 志35 兵1 兵制 恭愍王 5年 6月, "凡軍戶素所連立 爲人所奪者 許陳告還給".

47) 李基白, 1958,「高麗 初期 兵制에 관한 後代 諸說의 檢討」,『亞細亞研究』1-2/1968,『高麗兵制史研究』, 18쪽 참조.

라는 사실이 오직 전문군인에 의해서만 고려 초기의 병제가 운영되었음을 뒷받침해 준다고는 보기 어렵다.

여섯째, 對蒙交涉 때 나타난 軍民無別의 상태[48]는 고려 병제가 붕괴된 후 초래된 무질서한 농민징발 상황을 묘사한 것으로 보고, 이것을 가지고 고려 초의 병제를 추리하는 것은 무리라고 하는 주장은 옳다.[49]

단, 軍民無別 상태가 되기 이전의 고려초 병제는 軍과 民 사이에 구별이 있어 軍에는 전문군인과 番上中인 6위군인이 포함되고, '民'에는 非番上 6위군과 1·2·3품군이 들어갔을 것이다. 이러한 고려 초 병제가 무너지면서 軍·民의 구별 없이 무차별으로 이루어지는 징병이 보편화되었을 것이다. 따라서 몽골 침략 이후 常備軍이 붕괴된 후 나타난 軍民無別 상태는 고려 초의 병제가 부병제라는 주장을 뒷받침해 줄 수는 없으나, 그렇다고 해서 부병제를 완전히 도외시한 채 운영되었다고 보는 근거도 될 수 없을 것이다.

일곱째, 『高麗圖經』의 兵制에 관한 기록이 반드시 부병제에 유리하게 해석되는 것은 아니라고 보았다.[50] 즉 『高麗圖經』의 '迭分番以守'를 지방으로부터의 番上이 아닌 都房六番의 교대근무로 보았다. 또한 王城의 伏衛가 他郡에 비해 가장 盛했다는 점에 착안하여, 이를 단순한 交代番上이 아니라 驍勇한 자들이 선발되어 중앙군을 편성한 것이라는 견해를 제시하였다. 그러나 '迭分番以守'가

48) 『高麗史』 권27, 世家27 元宗 15年 2月 甲子, "竊念 小邦軍民元來無別 并令赴役 儻延旬月 其如農何 然力所可及 敢不彈竭".

49) 李基白, 1958, 「高麗 初期 兵制에 관한 後代 諸說의 檢討」, 『亞細亞研究』 1-2/1968, 『高麗兵制史研究』, 23쪽.

50) 李基白, 1958, 「高麗 初期 兵制에 관한 後代 諸說의 檢討」, 『亞細亞研究』 1-2/1968, 『高麗兵制史研究』, 26쪽.

都房六番의 경우와 같은 교대근무가 아니라는 것은 지방에서 번상
하는 사례가 확인됨으로써 알 수 있다.[51] 그리고 중앙의 仕衛가 他
郡보다 성했던 것은 농민번상병인 6위의 보승·정용 외에 중앙의
직업군인인 2군 및 기타 특수군의 존재로 인한 것으로 이해된다.

한편 徐兢이 중앙의 6군 외에 餘軍을 前古의 鄕民制와 부합하다
고 한 점에 착안하여[52] 이들을 兵農一致 하에 있던 宋의 鄕兵을
가리킨다고 추정하고 있다. 그리고 이 餘軍이 반드시 番上宿衛했
다고 볼 수 없다면서 번상하지 않은 鄕兵과의 공통점을 부각시켜
주므로, 宋의 鄕兵에 비견되는 고려의 餘軍은 번상하는 부병이 아
니라는 견해를 피력하였다.[53]

고려의 餘軍은 병농일치의 軍으로서 그 수가 60여만으로 파악되
는데, 이들은 6군의 非番軍과 1·2·3품군으로 구성된 것으로 보인
다. 그런데 餘軍 가운데 1·2·3품군은 번상하지 않았겠지만, 6군
非番軍은 차례가 오면 당연히 번상했을 것이고 비번중이라도 유사

---

51) 『高麗史』 권22, 世家22 高宗 4年 10月, "又軍士有因取冬衣 請告歸鄕
久不番上者 督令赴京". 穆宗 田柴科에서 보이는 折衝都尉 果毅의 존
재도 고려 군인의 지방번상을 시사해 준다. 『高麗史』 권78, 志32 食貨1
田制 田柴科 穆宗 元年 12月.

52) 『高麗圖經』 권11, 仗衛1, "臣聞 高麗王城仗衛 比他郡最盛 蓋驍勇萃
於此 當中朝使至 盡出之以示榮觀焉 其制 民十六以上充軍役 其六軍
上衛常留官府 餘軍皆給田受業 有警則執兵赴敵 任事則執役服勞 事
已則復歸田畝 偶合前古鄕民之制 初高麗在魏世 戶不過三萬 至唐高
宗下平壤 收其兵乃三十萬 今視前世又增培矣 其留衛王城常三萬人
迭分番以守 制兵之略 軍有將 將有領 隊伍有正步 列有等 列爲六軍
曰龍虎神虎興威金吾千牛控鶴 分爲兩衛 曰左衛右衛 別以三等 曰超
軍海軍猛軍 無黥墨之制 無營屯之居 惟給使於公 以衣服爲別而已".

53) 李基白, 1958, 「高麗 初期 兵制에 관한 後代 諸說의 檢討」, 『亞細亞硏
究』 1-2/1968, 『高麗兵制史硏究』, 25쪽.

시에는 1·2·3품군과 같이 당연히 執兵赴敵했을 것이다. 그럼에도 서긍이 이 餘軍을 宋나라 향병에 비유한 것은 고려 餘軍의 대다수를 점한 것이 1·2·3품군이었고, 이들의 성격이 番上宿衛하지 않는 宋의 향병과 비슷했기 때문일 것이다.54) 따라서 최소한『高麗圖經』에 표명된 서긍의 견해에서는 고려 병제의 부병제적 요소를 부정할 만한 점은 발견할 수 없다고 해야 할 것이다.

끝으로 李基白은『宋史』에는 고려에서 부병제가 시행된 것으로 기록되어 있지만55) 이는 믿을 수 없고『高麗圖經』과『宋史』에 차이가 날 때는『高麗圖經』을 신빙해야 한다고 주장하였다. 그러나 위에서 지적하였듯이『高麗圖經』의 어느 곳에서도 고려에 부병제적 요소가 없음을 뒷받침해 주는 자료가 없으므로『高麗圖經』과『宋史』의 기록이 배치된다는 주장에는 따르기 어렵다.56)

이상에서 살펴본 이기백의 비판은 주로 고려 병제를 전형적인 唐의 부병제로만 설명하려 할 때 파생되는 것들이다. 따라서 고려 병제를 부병제와 군반씨족제라는 이중적 구조로 파악하고, 이러한 이해 위에서 후대의 기록에 보이는 제 설을 검토한다면 모순 충돌이 아니라 오히려 고려 병제의 전체상을 충실히 전하고 있음을 알 수 있을 것이다.

---

54) 이들에게는 중앙에 번상숙위하는 대신 다른 의무, 즉 향리의 지휘 하에 노역에 동원된 것이 아닌가 한다.

55)『宋史』권478, 列傳264 外國 高麗, "國無私田 民計口受業 十六以上則 充軍 六軍三衛常留官府 三歲以選 戍西北半歲而更 有警則執兵 任事 則服勞 事已復歸農畝".

56)『高麗圖經』과『宋史』는 고려 초기 병제의 이원적 특성을 정확히 전하고 있다고는 할 수 없으나 고려 병제 안의 부병제적 요소는 대체로 충실히 전했다고 하겠다.

4. 軍班氏族制說의 학설사적 의의

고려 군인의 성격에 專門的 軍人의 요소가 자리잡게 된 데에는 통일신라 말 귀족들의 私兵과 후삼국 말 호족들의 사병이 크게 영향을 미쳤을 것이다.[57] 통일신라 말의 정치적 난립은 私兵의 존재를 요구했고, 후삼국기의 호족들 역시 세력의 유지·확장 수단으로서 이를 필요로 했을 것이다.

이들 私兵은 그 출자가 근본적으로는 農民에 있겠지만, 정치적 격동기라는 상황 아래에서 전쟁이 빈발하자 점차 私兵主와의 관계가 긴밀해지면서 고정적인 군인층으로 자리잡아 갔다. 그 결과 후삼국시대 말 호족들은 개별적으로 私兵을 거느리고, 이들 사병은 호족들의 전문적 軍戶로서 호족들의 사회·경제적 기반을 뒷받침해 주며 여건이 허락하는 한 세습되었을 것이다.

泰封 君主로 등장한 弓裔는 세력을 확장해 나가는 과정에서 호족들과 함께 그들이 거느리고 있던 이 사병을 자신의 휘하에 예속시켰다. 그 가운데 특히 주목되는 것은 궁예가 專門軍戶로 충당시킨 靑州人 一千戶의 존재다.

이들 청주인 1천 호는 궁예의 전문적 군인으로서 결원시에는 그 戶를 토대로 보충되었을 것이다.[58] 따라서 이들 전문군호인 청주인 1천 호와 궁예는 다른 호족과 사병의 관계처럼 긴밀한 유대관계로 이어져 있었을 것으로 짐작된다.[59]

---

57) 李基白, 1957, 「新羅私兵考」, 『歷史學報』 9.

58) 洪承基, 1994, 「高麗初期 京軍의 二元的 構成에 대하여」, 『李基白古稀紀念韓國史學論叢(상)』. 24쪽.

59) 물론 이들 청주인 1천 호를 전문군호로 만드는 과정에서 강제이주 등으로 많은 원성을 샀으리라는 점은 고려되어야 하지만, 그래도 이들은 궁예의 충실한 무력기반이 되었을 것이다(李基白, 1968, 「高麗京軍考」,

요컨대 호족과 긴밀한 관계로 맺어진 軍戶들은 호족들로부터 우대를 받았을 것이고, 비록 그 지배자인 호족이 보다 세력이 큰 다른 호족에게 복속된다고 해도 그들 간의 종속관계에는 큰 변화가 없었고 지휘 역시 본래 그들의 지배자였던 과거 호족들을 통해 이루어졌을 것으로 보인다. 王建이 궁예 밑에 귀부했을 때도 사정은 비슷하여, 송악 시절부터 전문군호로서 긴밀하게 관계를 맺었던 자들에 대해서 군사적 지휘권을 가졌을 것이다.

이기백은 호족과 긴밀한 관계를 가진 사병이 전문적인 軍戶로 파악되었다는 점에 주목하여, 왕건이 태봉의 정권을 장악하고 고려를 건국했을 때 태봉의 모든 군사력이 전문군호로서 왕건에게 승계되었다고 보았다.[60] 그러나 이러한 견해에는 재론의 여지가 있다.

우선 위에서 지적했듯이 어떤 호족이 다른 호족의 밑으로 들어간다고 해서 과거 그가 가졌던 군사적 기반이 해체 흡수되는 것이 아니다. 그럼에도 태봉의 군사력이 모두 궁예 한 사람에게 집중되었고 그것이 그대로 왕건의 전문군호로 승계되었다고 주장하고 있는 것이다. 여기에서 분명히 지적해 둘 것은, 태봉의 군사력이라고 해도 궁예가 전적으로 지휘권을 행사할 수 있었던 것이 아니며 그 안에는 궁예 밑에 복속되었지만 여전히 과거 지배자의 지휘 아래 놓여 있던 다수의 전문군호가 있었다는 사실이다.

이 같은 사정은 왕건이 고려를 건국한 뒤에도 바뀌지 않았다. 따

『高麗兵制史硏究』, 46쪽 ; 洪承基, 1983, 「高麗初期 中央軍의 組織과 役割」, 『高麗軍制史』, 24쪽). 그러나 金甲童은 이들을 진정한 궁예 지지세력으로 보지 않는데, 즉 철원에 인질로 잡혀 있는 가족들 때문에 어쩔 수 없이 복무하였다는 것이다(金甲童, 1990, 『羅末麗初의 豪族과 社會變動硏究』, 31쪽).

60) 홍승기도 같은 입장을 취하고 있다(洪承基, 1983, 「高麗初期 中央軍의 組織과 役割」, 『高麗軍制史』, 19~23쪽).

라서 독자적인 군사적 기반을 가진 호족들의 참여로 이루어진 고려 왕조가 강력한 왕권을 가질 수 없었고, 호족들의 전문적인 군호는 국가의 公的인 병사로 흡수되지 않고 여전히 사병으로 남아 있었다. 그러다가 고려왕조의 중앙집권력이 강화되면서 호족숙청이 이루어지고 이에 따라 호족들의 사병도 해체되기에 이른다. 고려왕조는 해체된 이들 사병을 왕실의 전문적 군호로 파악하는 대신, 그들의 토착기반에 安集시키고 府兵制에 입각하여 국가의 公兵으로 編制시키는 작업에 착수하였다.[61] 그 과정에서 송악 시절부터 왕건의 전문적 군호로서 밀접한 관계를 맺었던 자들을 주축으로 한 국왕의 친위적 전문군사 집단만이 과거와 변함없는 전문군호로 파악되어, 그 職을 계승하면서 국왕의 전문 친위집단으로서 그에 상응하는 전시과를 지급받았다.[62]

그런데 이기백은 호족들의 專門軍戶的인 私兵이 그대로 왕건에게 계승되었으며 이들 전문군호를 토대로 하여 고려 군제가 군반씨족제의 원리 아래 二軍六衛制로 정비되었다고 보고 있다.[63] 이러한 견해가 맞다면 고려 초의 왕권이 그렇게 허약했던 것은 어떻게 설명할 수 있을까. 설사 왕건이 태봉의 군대를 고려왕실의 전문적인 군호로 승계하고 또 건국 후 고려로 새로이 귀부한 호족들의 사병을 역시 고려의 전문적인 군호로 장악했다고 가정하더라도-사실 호족들이 자신들의 독자적인 기반을 유지했던 현실에서는 있을 수 없는 일이다-, 이들에게 전문군호로서 경제적 뒷받침을 해 줄 수 있는 재정적인 토대가 고려 초기는 물론 고려왕조가 안정된 뒤에도 마련될 수 없었음을 생각한다면, 태봉의 군사 및 건국 후 고려

---

61) 拙稿, 1990,「高麗 二軍 六衛制의 性格」,『韓國史硏究』68, 56~65쪽.
62) 拙稿, 1990,「高麗 二軍 六衛制의 性格」,『韓國史硏究』68, 40~55쪽.
63) 李基白, 1968,「高麗京軍考」,『高麗兵制史硏究』, 51쪽.

로 귀부한 호족들의 사병을 왕실의 전문군호로 유지하기는 불가능
했을 것이다.

이렇게 본다면, 고려초 중앙군이 왕건의 직접적인 통제 하에 있
었고 이들이 이후 전문적인 군반씨족으로서 2군6위의 모태가 되었
다고 보는 군반씨족제설은 그 한계가 분명하다고 하겠다.

그러나 통일신라 말 사병과 후삼국 시기의 사병들이 전문적 軍戶
로서 그 지배자와 밀접한 관계를 맺고 있었다고 지적한 점은 긍정
적으로 평가된다. 특히 고려 군인 중 일부이기는 하지만 전문적 군
인이 군반씨족제로서 고려로 계승됨을 볼 때, 이기백이 주목한 전
문적 군인으로서의 군반씨족제설은 매우 탁월한 지적이었으며 여
기에 군반씨족제설의 학설사적 의의가 있다고 하겠다.

제7장 결 론

　이상을 통해서 高麗 京軍이 軍班氏族으로서의 성격과 農民府兵
으로서의 이원적 성격을 가지고 있음을 고려 초 경군의 형성 과정,
고려 초 호족과 왕권과의 관계, 그리고 田柴科 軍人田의 지급 규정
을 통하여 살펴보았다. 이상 파악된 내용을 요약하고 그 의의를 지
적하는 것으로 결론을 맺고자 한다.

　종래 高麗軍制에 대해서는 兵農一致의 府兵制 원리에 입각하였
다는 府兵制說이 주류를 점하였으나, 최소한 京軍만큼은 전문적
군인계급으로 이루어졌고 이들은 일반 농민과는 구별되는 존재라
고 하는 軍班氏族制說이 제기되었다. 그런데 이 두 견해는 각기 문
제점을 안고 있다. 우선 군반씨족제설의 경우, 전시과가 지배층을
대상으로 만들어졌고 이 전시과를 지급받은 군인을 결코 피지배층
으로 볼 수 없으므로 군인을 피지배 농민층으로 본 것은 잘못이라
고 한 지적은 인정할 수 있다. 반면 중앙군인 二軍六衛를 전문적
직업군인으로 보고 이들이 모두 開京에 거주하였다는 주장은, 개경
에만 수만 명의 군인과 그에 딸린 군인 가족이 밀집해 살았다는 문
제점을 안고 있다. 또한 二軍六衛 모두가 전시과 군인전의 지급대
상이 될 경우, 군인전으로 필요한 전결수만 해도 고려 초기 全國의
田結數를 상회한다는 문제가 있다.

따라서 二軍六衛가 모두 전시과 군인전의 지급 대상이 되었던 것이 아니라 그 안에는 전시과 군인전을 받는 군인과 받지 못하는 군인의 구별이 있었다고 보아야 할 것이다. 이에 고려 군제는 府兵制說이나 軍班氏族制說의 어느 한 관점에서만 보기보다는, 고려 경군이 군반씨족으로서의 성격과 농민부병으로서의 이원적 성격을 가지고 있었다는 이해 하에 새로운 검토가 이루어질 필요성이 있다고 하겠다.

고려의 중앙군인 二軍六衛는 신라 군제의 붕괴와 이에 따라 등장한 호족의 私兵과 밀접하게 관련되어 있다. 新羅下代 국가의 公的인 군사조직이 붕괴되자 군사력에 의한 국가통제가 해이해지면서 호족들은 각각 자신의 私兵을 거느리며 독자적인 세력을 갖게 되었다. 따라서 새로이 건국된 고려가 왕권을 안정시키기 위해서는 우선 이들 호족세력을 약화시킬 필요가 있었다. 특히 호족들의 私兵的인 기반은 왕권의 안정을 위해서는 반드시 정리해야 할 대상이었다.

태조 왕건은 일찍이 후삼국시대 말에 전국 각지에 웅거하면서 독자적으로 군사력을 가졌던 다른 群小豪族과 마찬가지로 松嶽과 禮成江 유역을 근거로 한 호족적 존재였다. 당연히 그 휘하에는 일정한 규모의 독자적인 군사력이 있었다. 고려 건국 후 아직 호족의 私兵을 왕권에 예속시키지 못하고 있던 태조로서는 왕실의 안정을 기하기 위해 과거부터 자신과 밀접한 관계를 가졌던 휘하의 군인들을 親衛軍으로 편성하는 일이 무엇보다는 급선무였다. 태조 23년 군사들에 대한 役分田의 지급은 그러한 친위군에 대한 보상조치였다. 이들 친위군이 제도적으로 二軍으로 성립되었고 役分田의 전통을 이어 田柴科 軍人田의 지급 대상이 되었다.

한편 호족 휘하의 私兵은 고려 왕권에 직속되지 않고 여전히 지휘권이 호족들에게 있었다. 태조는 호족과의 혼인정책 등을 통해 이들 호족을 견제하며 정치질서를 유지해 나갔으나 그의 사후 고려 왕실은 惠宗, 定宗의 王位繼承과 그 후 일련의 정치적 사건을 통해 불안정을 그대로 드러내었다. 태조의 장자였으나 母側이 한미한 가문 출신이라 세력기반이 약했던 혜종은 王規와 堯·昭의 강력한 왕권도전 앞에서 재위 4년 만에 病死하고, 뒤를 이어 즉위한 定宗은 王式廉 등 西京勢力의 도움으로 정권을 유지하였다. 그러나 왕식렴의 죽음과 함께 군사적 기반을 상실함으로써 더 이상 정권을 유지할 수 없게 되었다.

이어 등장한 光宗은 奴婢按檢法과 科擧制度 등을 통하여 왕권 강화에 주력하는 한편 侍衛軍의 증가를 통하여 호족들의 무력기반을 약화시켰다. 成宗은 중앙호족에 한정하여 광종대에 실시된 호족 숙청작업을 지방으로까지 확대하였다. 鄕職改編과 12牧 등의 설치를 통해 중앙 행정력을 지방에 침투시켜 지방호족의 경제적 기반과 군사력을 약화시킨 것이 그것이다. 그리고 軍籍者에 대한 鄕里放還 조치를 취하여 侍衛軍의 일부를 鄕里로 되돌려보내고 한층 정예화된 군인을 군적에 등재하였다. 이 때 군적에 등재된 자가 군반씨족이고 侍衛軍 = 親衛軍이 곧 군반씨족이므로 친위군인 2군은 군반씨족이라는 사실이 새롭게 확인된다. 國初 시위군의 전통을 계승한 2군은 궁성을 숙위하여 왕실을 지키고 왕권을 위협하는 제반 세력으로부터 왕권을 수호하는 임무를 담당하였다.

六衛의 형성은 호족세력의 약화와 밀접하게 관련되어 있다. 건국 당시 태조의 군사적 기반은 泰封의 집권층이 호족으로서 독자적인 기반을 가지고 있었던 것에 비하면 보잘것이 없었고, 따라서 豪族聯合政權의 성립은 불가피하였다. 이에 태조 이래 고려왕실은 호족 억제를 당면과제로 삼았고, 특히 光宗과 成宗은 적극적인 호족억압

정책을 취했다. 그 성과로서 성종 7년경에는 지방 호족의 私兵들까지 일정하게 왕권 아래로 예속시킬 수 있게 되었다. 이에 국가는 예속된 호족의 사병을 국가적 公兵으로 전환시키는 길을 모색하였고, 이렇게 해서 마련된 것이 六衛制度였다. 호족들의 사병이 唐의 府兵制를 모방한 六衛制로 편성된 것은 그들이 주로 농민들로 이루어진 군인이라는 사실에 기인하였다. 즉 호족 예하의 사병은 兵農一致的 성격을 띠었고, 이 성격을 그대로 살리면서 이들을 국가적인 통제 아래 두고자 하여 채택한 것이 唐의 府兵制라는 군사제도였다. 성종은 이러한 唐制의 채용이 중앙집권적 통치질서의 확대에 필요하다고 생각하였던 것이다.

六衛는 호족의 사병이 왕권에 거의 예속된 것으로 보이는 성종 9년, 左右衛의 설치로써 등장하였다. 이후 番上組織 등의 준비를 고려할 때 六衛는 단계적으로 설치되다가 전면적인 官制整備가 이루어진 성종 14년에 대체적인 윤곽이 완성되었다.

성종 14년 당시 六衛는 38領, 즉 保勝·精勇만으로 구성되었다. 그러던 것이 지방과 중앙을 번상하는 유동적인 농민군인 保勝·精勇만으로는 金吾·千牛·監門衛 같은 특수 임무를 띤 부대를 유지하기가 불편하였다. 이에 과거 보승·정용만으로 구성되었을 千牛·監門衛에는 새로이 海領·常領과 監門衛 각 1領을 설치하여 종래 여기에 속해 있던 보승·정용은 다른 衛로 이동시키고, 金吾衛에는 役領 1領을 추가 설치한 것으로 생각된다. 이들 六衛 特殊領은 왕실 전담 시위군인 二軍과 함께 도성의 안전과 왕실의 특수 儀仗 임무를 담당하는 상층군인으로 자리하였고, 주로 양반과 향리층에서 선발 충원되었다.

한편 성종 14년에 성립된 六衛의 보승·정용 38領과 州縣軍條에 나타나는 44道의 보승·정용은 별개로 존재한 것이 아니라, 주현군의 보승·정용이 番上하여 6위의 보승·정용을 구성하고있다. 성종대에 해체되기 시작한 兩界 이남의 지방 호족들의 사병은 州縣의 보승·정용과 중앙 6위의 보승·정용이라는 국가의 公的인 군사력으로 정비되었던 것이다.

州縣軍에는 이들 보승과 정용 외에 一品軍이 존재하였다. 1품군은, 해체된 호족의 사병 가운데 番上하며 군역을 제공할 수 있는 자들로 보승·정용으로 편성되고 그 외에 남은 자들로 구성되었다. 따라서 보승·정용과 1품군으로 편성되는 기준은 軍役을 부담할 수 있는 경제력에 있었다. 이 1품군과 관련하여 주목을 끄는 존재가 定宗 때 설치된 光軍이다. 이는 호족들의 사병을 국가가 직접 통제할 수 없는 상황에서 호족들을 매개로 하여 유사시에 동원하기 위해 마련한 조직이었다. 이 때는 아직 6위가 만들어지기 전으로, 호족들의 휘하에 있는 자원 가운데 전투력보다는 力役 제공이 가능한 자들이었다. 이 광군은 顯宗代에 본격적인 力役部隊로서의 1·2·3품군으로 재편되었다. 특히 광군의 후신으로 보이는 2품군의 지휘권이 鄕吏에게 있었던 점은 광군의 지휘가 호족들을 매개로 하여 이루어졌음을 확인시켜 준다. 그런데 1·2·3품군 가운데 2·3품군은 경제적 기반이 열악한 관계로 국가의 軍役 파악 대상에서도 벗어나 있었고, 주로 1품군이 담당하는 이외의 일에 동원되었다. 그러나 고려 후기에 이르면 중앙집권력의 강화와 고려 농민사회의 성장, 여기에 몽골의 침략이라는 외적인 요인이 작용하여 1·2·3품군 모두가 軍役體系에 포함되기에 이른다.

州縣軍의 가장 중요한 임무는 上京侍衛로서, 구체적으로는 扈駕儀衛, 外國使臣 迎送, 都城巡檢이었다. 주현군의 보승·정용은 6위의 보승·정용으로 3년마다 번상하여 이러한 상경시위를 하는 외에, 非番中인 州縣의 보승·정용일 때도 유사시에는 외적을 막는

데 동원되기도 하였다. 주현의 보승·정용의 번상으로 구성된 6위의 보승·정용은 田柴科 軍人田의 지급 대상자는 되지 못했지만 전시과와는 별도의 군인전이 인정되었다. 즉 2군 및 6위의 특수령에게 지급된 군인전은 佃戶들이 경작하고 이들이 국가에 내는 租를 대신 받을 수 있는 收租權을 매개로 한 군인전이었음에 비해, 6위 보승·정용의 군인전은 그들이 소유한 民田 위에 설정된 군인전이었다.

州鎭軍은 지방행정구획의 하나인 鎭에 설치된 군사로, 주로 兩界 지역에 설치되었다. 鎭은 통일신라시대로부터 군사적 거점에 설치되었는데, 태조 왕건은 즉위 초부터 이 鎭의 설치에 관심이 많았다. 이에 중앙의 직접적인 지휘 아래 놓인 鎭은 태조 이후 계속적으로 증가되었다. 이렇게 증가된 鎭은 점차 지방제도의 정비와 함께 고려의 정상적인 행정구획으로 자리를 잡았다. 成宗 14년, 穆宗 8년, 顯宗 9년 2월에 4都護 8牧 56知州郡使 28鎭將 20縣令이 설치되면서 鎭은 도호부 아래의 행정구획으로 자리하고 동시에 일괄적인 체계를 갖춘 州鎭軍이 성립되었다.

兩界는 행정구획상 州, 鎭, 縣으로 구성되는데, 州·鎭이 행정구획의 기본단위가 되고 安北都護府와 安邊都護府가 각기의 鎭을 관할하였다. 州鎭軍에는 中郎將·郎將·別將·校尉·隊正·行軍의 지휘계통과 精勇·抄軍·左軍·右軍·保昌·神騎·步班·白丁의 여러 部隊가 있었다. 이들 중 神騎·步班·白丁은 鎭城의 상비군이 아니라 위급할 때 동원하는 예비부대였다. 神騎와 步班, 특히 神騎는 명칭으로 알 수 있듯이 馬와 관계되는 부대로, 말을 준비할 능력을 가진 부유층으로 편성되었다.

주현군의 보승·정용은 6위의 보승·정용으로 번상되었을 뿐 아니라 이 州鎭軍의 보승·정용으로 番上되었다. 물론 주현군의 보승·정용이 곧바로 주진군의 보승·정용으로 번상되는 것이 아니라, 주현군의 보승·정용이 6위의 보승·정용으로 번상되고 그 다음 6위의 보승·정용에서 주진군의 보승·정용으로 번상되었다.

州鎭軍은 국경방어 외에도 城의 축조와 수리, 무기 준비, 군사훈련, 교대로 행해졌을 근무, 특히 戍所에의 差遣 등 여러 가지 일을 담당하였다. 뿐만 아니라 양계지역에 軍需를 확보하기 위해 설치된 屯田 경작에 종사하기도 하였다.

2군6위제를 근간으로 하는 고려 군제는 전시과의 동요로 무너지게 된다. 전시과 군인전은 군반씨족을 포함한 2군 및 전시과 지급 규정에서 명기된 6위의 役領 등에게도 주어지고 있었다. 그런데 고려의 전시과체제는 文宗代 이후 田地의 항상적 부족에 직면하였고, 당연히 그 피해는 전시과를 지급받고 있던 군인들에게도 미쳤다. 그 영향은 우선 군반씨족이 제대로 유지되지 못하는 현상으로 나타났고, 군반씨족의 유명무실화는 2군의 부실화를 초래했다. 또한 양반 및 향리 자제 가운데에서 충원된 6위 특수령도 그 구성에 커다란 타격을 받았다.

여기에 農民番上軍의 苦役化가 진행되어 군역의 기피현상이 나타났다. 6위의 보승·정용은 본래 자신의 民田을 군인전으로 인정받아 이것을 토대로 군역에 드는 제반 경비를 자변하여 왔다. 6위의 보승·정용은 애초에 군역을 감당할 수 있는 경제력을 가진 자들로 충원되었기 때문에 그들의 경제력의 원천인 소유 토지에 문제가 발생하지 않는 한, 軍役戶로서 유지되는 데는 큰 지장이 없었다. 그러나 전시과체제가 붕괴되면서 지배층의 토지 겸병 및 침탈이 가속화되고, 이에 따라 6위 보승·정용의 토지가 잠식당하여 군역을 감당하기가 점차 어려워지게 되었다. 이는 군역의 기피를 가져오고, 이에 국가는 軍額의 항상적인 부족이라는 상황에 직면하였다.

肅宗代에 여진을 정벌하기 위하여 별도 조직으로 別武班이 만들어진 것은 국가 국방력의 근간이 되는 2군6위제가 이미 제 기능을 하지 못하게 되었음을 의미한다. 이러한 상황은 武臣亂의 발생으로 더욱 심화되어 국가의 公兵은 자취를 감추고 오직 私兵만이 횡행하기에 이르게 된다. 武臣亂下에서 완전히 무너진 국가의 公的인 군사제도는 몽골의 침략으로 또 한 번 타격을 받게 되었다. 필요에 따라 무차별적인 징병이 이루어지고 필요에 따라 사병이 조직되는 비정상적인 상황이 2군6위제를 대신하게 된 것이다. 이에 따라 고려 중기 이후 고려 군제는 초기와는 달리 6위의 보승·정용에게 적용되었던 부병제적 요소가 모든 농민층으로 확대되면서 國民皆兵制라는 형태로 자리를 잡게 되고 이는 조선왕조로 그대로 계승되었다. 이 같은 새로운 변화에 영향을 미친 또 하나의 중요한 요소가 고려 중기 이후 농민층의 성장으로, 이는 전 농민의 군역부담을 가능케 해 주었다.

이렇게 해서 고려 통일 이전에 등장하여 고려 군제에 접목되었던 군반씨족적 요소는 후대로 갈수록 점차 사라지게 되었다. 이와 함께 군역의 대상자가 일부 농민에서 전 농민층으로 확산되어 갔다. 이것은 농민층의 경제적 기반이 성장 확대되었음을 의미한다. 조선 초의 國民皆兵制는 이러한 농민층의 성장을 배경으로 해서 등장한 역사적 산물이었다.

부록

新羅 六頭品 및 重位制에 대한 검토

1. 머리말

신라의 世襲身分制인 骨品制에 관해서는 많은 연구가 이루어지면서[1] 그 구체적 내용이 여러 측면에서 해명되어 신라사회의 신분구성상의 특징을 비교적 소상히 파악할 수 있게 되었다.

그러나 眞骨과 聖骨의 兩骨에 대해서는 여전히 모두를 만족시킬 수 있는 이해가 부족하며,[2] 이에 관해서는 앞으로 천착되어야 할 여지가 많다고 하겠다. 그러나 兩骨 이하 여섯 頭品 중 특히 제1위를 차지하는 六頭品에 대해서는 일찍이 상세한 파악이 이루어져[3] 신라 골품제의 연구만이 아니라 新羅史 연구에 기초적인 지식으로 활용되어 왔다.

하지만 신라사의 연구가 진척됨에 따라 기존의 연구에서 육두품

---

1) 이에 대해서는 李基東, 1984,「新羅 骨品制 硏究의 現況과 그 課題」,『新羅骨品制 社會와 花郎徒』참조.

2) 聖骨·眞骨에 대한 학계의 연구성과는 李基白·李基東,『韓國史講座 -古代編』, 212~214쪽 참조.

3) 李基白, 1971,「新羅六頭品硏究」,『省谷論叢』2/1974,『新羅政治思想史硏究』.

신분 또는 육두품 가문으로 추정된 것 가운데 육두품으로 보기에는 조심스러운 부분들이 발견되고 있다. 그리고 육두품 姓氏로 이해되어 온 것 가운데에도 육두품 이외의 신분으로 보이는 이들이 있어, 동일 성씨라는 점에 입각하여 그 신분을 육두품으로 추정하는 데 어려움이 따르고 있다.

한편 신라의 골품제는 육두품을 기준으로 크게 양분된 인상을 주는데, 이는 어떤 의미에서 육두품 이하 신분에서는 신분상승이 가능하지 않았을까 하는 전망을 갖게 한다. 이것이 사실로 입증된다면, 각 頭品 간에는 엄격한 구분이 있어서 신분상승이 허락되지 않았다[4]는 기존의 이해가 재고될 것이며, 이를 통해 신라 골품제도에 대한 새로운 검토의 여지가 생길 수 있을 것이다.

여기에서는 신라 육두품 연구 이후 새로이 밝혀진 사실을 바탕으로 하여 육두품 신분에 대한 이해의 폭을 넓히고, 나아가 두품간 신분이동의 가능성을 살펴보고자 한다.

2. 六頭品 소속 가문에 대한 재검토

신라 육두품에 관한 연구에서 부딪히는 문제로서 먼저 육두품에 속하는 가문을 찾아내는 작업의 어려움을 들 수 있다.[5] 실제로 육

---

4) 官等에서 발견되는 重位制度는 각 골품들 사이에서 신분상승이 허용될 수 없음을 보여주는 근거로 이해되었다(邊太燮, 1956, 「新羅官等의 性格」, 『歷史敎育』 1). 그러나 다른 한편으로 중위제도는 관등체계의 복잡한 양상 내지 미숙성을 반영한 것이라고 생각해 볼 수도 있으므로, 6두품 이하의 관등의 중위제도를 신분이동의 폐쇄성이라는 측면에서만 보는 것은 좀더 생각할 여지가 있다고 보인다.

5) 李基白, 1974, 「新羅六頭品硏究」, 『新羅政治思想史硏究』, 57~63쪽.

두품에 속하는 가문을 찾아내는 것은 제한된 자료로 인해 매우 어려운 작업이다. 여기에서는 몇 가지 기준에 바탕하여 육두품 가문으로 제시된 여러 姓이 과연 사실에 상부하는지에 특별히 주목해 보고자 한다.

1) 薛氏

「新羅 六頭品 研究」에서는 薛氏를 육두품으로 추정하고 있는데,[6] 여기에는 좀더 신중을 기해야 할 문제가 있다고 하겠다.

신라 골품제에 대하여 불만을 토로하고 唐으로 간 薛罽頭의 경우,[7] 진골귀족이 아닌 것은 틀림없지만 沙湌 薛烏儒, 阿湌 薛秀眞의 관등[8]이 진골의 관등이 아니라고 이들 모두를 육두품으로 추정하는 것은 너무 성급한 결론이 아닐까.[9] 설계두가 진골이 아니므로 같은 설씨인 이들도 진골이 아닐 것이라는 추정은 설조유, 설수진의 관등이 각각 8관등, 6관등에 머물렀던 점에 의해 보강되고 있다. 그러나 문제는 그렇게 간단하지 않다.

만일 같은 설씨이면서 육두품이 아닌 다른 인물, 예를 들어 설씨로서 진골이거나 육두품이 아닌 인물이 있다면, 설계두가 진골이 아니고 설조유·설수진이 각각 8관등과 6관등에 있다는 사실을 근거로 설씨를 육두품으로 추정하는 데에 논리상 문제가 발생하기 때문이다.[10]

---

6) 李基白, 1974, 「新羅六頭品研究」, 『新羅政治思想史研究』, 40쪽.
7) 『三國史記』 권47, 列傳7 薛罽頭.
8) 『三國史記』 권6, 本紀新羅6 文武王 10年 3月, 文武王 14年 9月.
9) 李基白, 1974, 「新羅六頭品研究」, 『新羅政治思想史研究』, 40쪽.
10) 薛罽頭가 唐으로 간 것은 官途 진출에 한계를 느꼈기 때문이기도 하겠지만, 다른 한편으로는 官途 진출에 제한을 가하는 현실이 답답하여 신

이것이 가정만으로 그치지 않는 것은 실제로 薛氏로서 진골신분인 薛原郎이 보이기 때문이다.[11]

이제까지는 薛氏를 육두품 성씨라는 추정에 의거하여 최초의 花郎인 설원랑 역시 육두품이라고 간주해 왔다.[12] 그러나 현재 花郎에 관한 연구성과에 의하면, 화랑은 진골 이상의 신분이라는 쪽으로 의견이 모아지고 있다.[13] 따라서 薛氏인 설원랑이 진골신분인 花郎인 이상, 설계두가 진골이 아니고 설수진・설조유가 6관등・8관등이라는 사실을 연관시켜 설씨를 육두품 성씨로만 보는 것은 논리적으로 충돌을 초래한다. 최초의 화랑인 설원랑이 진골 이상의 신분이 분명한 이상, 6관등과 8관등으로 나타나는 설수진, 설조유도 설계두하고만 연결시켜 생각할 수 없을 듯하다.

요컨대 이들은 설계두의 예를 통해 설씨가 육두품 성씨임을 입증하는 입론의 근거로만 이용될 수 없다. 만일 이들이 진골인 설원랑과 관계 된다면 이들이 가지고 있는 阿湌, 沙湌의 관등은 얼마든지

라를 벗어나려 한 것으로도 이해할 수 있다. 그러나 薛氏 가운데 진골이 확인되고, 설계두가 진골이 아님이 확실하다면, 설씨 안에는 이미 진골과 최소한 육두품인 설씨가 존재했다는 이야기가 된다. 그럴 경우 같은 성씨 내에서 신분 분화가 진전되고 있다는 주장이 가능해지며, 성씨를 기준으로 한 신분추정이 절대적일 수 없게 된다.

11) 『三國遺事』 권3, 塔像 彌勒仙花 未尸郎 眞慈師. 설원랑은 『三國史記』 권32, 雜志1 樂에서 思內奇物樂을 만든 原郎徒와 연관이 있으므로 설씨 성을 가진 실존 인물임이 분명하다.

12) 李基白, 1974, 「新羅六頭品研究」, 『新羅政治思想史研究』, 40~41쪽 ; 李基東, 1974, 『新羅 骨品制社會와 花郎徒』, 335쪽. 반면 이케우치 히로시(池內宏)는 설원랑을 가공의 인물로 보았다. 池內宏, 1936, 「新羅の花郎について」, 『東洋學報』 24-1/1960, 『滿鮮史研究 - 上世2』, 527쪽.

13) 李基白・李基東, 1982, 『韓國史講座 - 古代編』, 229쪽.

과도기적인 관등일 수 있으며 이후 大阿湌 이상으로의 승급 개연
성도 존재하게 된다. 이렇게 보면 설씨를 육두품 가문이라고 획일
적으로 생각할 수 없고, 설원랑과 같은 진골신분 가문과 설계두와
같은 非眞骨 가문으로 나누어져 있다고 볼 수 있지 않을까 한다.

또 하나 간과할 수 없는 것은 非眞骨 신분의 설씨는 설계두처럼
지배신분만은 아니었을 것이라는 점이다. 즉 설계두는 진골은 아니
라 해도 衣冠子孫이었다는 데서 지배신분으로 짐작되지만[14] 薛氏
女와 그의 父의 경우는 栗里 民家의 寒門單族이어서[15] 설계두와
같은 신분층이었다고 보기 어렵다. 물론 설씨녀의 경우를 같은 육
두품 신분층 안에서의 분화작용으로 볼 수 있다는 견해[16]는 경청할
필요가 있지만, 이미 설씨 안에 진골인 설원랑과 비진골인 설계두
의 존재가 확인되는 이상 설씨녀와 그 父를 육두품 신분으로 단정
하기에는 역시 주저되는 바가 있다. 어쩌면 薛氏女와 그 父는 평민
층에 속하는 신분일 수 있으며, 궁핍한 嘉實과의 혼인[17]은 이러한
추정을 뒷받침하는 것일 수도 있다.

결국 薛氏 안에 진골인 설원랑과 비진골이지만 지배신분인 설계
두가 존재한 것은 설씨의 신분분화를 보여주는 대목이라 할 수 있
으며, 薛氏女와 그 父를 평민으로 볼 경우 설씨는 평민신분으로까
지 다양하게 신분분화를 한 것이 된다.[18]

圓光의 경우는 그 姓을 朴氏로 보는 견해[19]와 薛氏로 보는 견해

---

14) 李基白, 1974, 「新羅六頭品研究」, 『新羅政治思想史研究』, 39쪽.

15) 『三國史記』 권48, 列傳8 薛氏女.

16) 李基白, 1974, 「新羅六頭品研究」, 『新羅政治思想史研究』, 42쪽.

17) 『三國史記』 권48, 列傳8 薛氏女.

18) 이들이 같은 시기 사람이라는 점(薛原郞 : 眞平王代 사람, 薛罽頭 : 眞
平王 621년에 渡唐, 薛氏女와 그의 父 : 眞平王代 사람)도 당시 같은
성씨 안에서의 신분 분화의 정도를 짐작케 한다.

가 있는데, 薛氏로 기록된 古本殊異傳[20]이 더 신빙성을 갖는다고
할 수 있다.[21] 그런데 원광의 성이 설씨라고 할 경우 그의 신분을
육두품이라고 할 수 있을까. 진골신분이 寺主로 있던 皇龍寺[22]에
원광이 그의 말년에 寺主로 있었을 가능성이 있고,[23] 그럴 경우 그
의 신분은 진골일 가능성이 있다고 보이기 때문이다.[24]

元曉도 姓이 薛氏라는 점을 근거로 들어[25] 육두품으로 비정되고
있으나, 그가 진골신분의 공주와 관계를 맺었다는 것은 공주가 홀
로 된 처지에서 이루어진 비정상적인 관계임을 감안하더라도 엄격
한 골품제 하에서는 용납될 수 없는 것이므로 그와 그의 祖上, 그
의 後孫을 단순히 육두품이라고 규정하는 것은 검토가 필요하지
않나 생각한다. 특히 薛聰의 경우 神文王에 의해 높은 관직에 발탁

---

19) 『續高僧傳』 권13, 圓光傳.
20) 『三國遺事』 권4, 義解 圓光西學.
21) 李基白, 1974, 「新羅六頭品研究」, 『新羅政治思想史研究』, 40쪽.
22) 李基白, 1986, 「皇龍寺와 그 創建」, 『新羅思想史研究』, 58쪽.
23) 『續高僧傳』 권13, 圓光傳.
24) 圓光이 皇龍寺의 寺主로 있었다는 점이 설명되기 위해서는 皇隆寺가
   皇龍寺와 동일한 절이고, 당대 최고의 고승이 황룡사 승려였다면 寺主
   로 있었을 것이라는 점이 물론 전제되어야 한다. 그런데 원광을 황룡사
   로 맞이하여 百高座를 베풀었다는 기록이 진평왕 35년(613)조에 나오
   는 것으로 보건대(『三國史記』 권4, 新羅本紀4 眞平王 35年 7月) 이 때
   는 원광이 황룡사의 사주가 아니었을 수 있다(李基白, 1986, 「皇龍寺와
   그 創建」, 『新羅思想史研究』, 59쪽). 하지만 진평왕 35년이라면 그의
   나이가 오십대 후반 정도 될 때였고, 그가 皇隆寺[一然은 이를 皇龍寺
   의 訛傳으로 보았고(『三國遺事』 권4, 義解 圓光西學), 이병도는 皇龍
   寺의 異寫라 보았다(1987, 『譯註原文三國遺事』, 명문당, 379쪽)]에서
   입적하였다는 사실을 염두에 두면(『古本殊異本』에는 84세, 『三國遺
   史』에는 80여 세, 『續高僧傳』에는 99세로 나와 있다) 그가 말년에 황룡
   사의 사주로 있었을 가능성이 전혀 없다고는 할 수 없다.
25) 『三國遺事』 권4, 義解 元曉不羈.

되었다고 하는데,[26] 그 관직이 어느 정도였는지는 자세하지 않지만 그의 母의 신분을 생각한다면 어쩌면 진골신분이 임명된 관직에 등용되었다고도 추측해 볼 수 있다.

이 밖에 확인되는 薛支, 薛休의 경우도 같은 맥락에서 육두품으로만 단정할 수 없을 듯하다.[27]

한편 薛氏의 기원을 金剛山에서 내려와 習比部 薛氏의 祖가 된 明活山 高耶村長 虎珍에게서 구하지 않고, 육두품으로 추정되는 원효가 押督國의 후신인 押梁郡에 살았던 데 근거하여 압독국 왕족에서 그 기원을 구하는 시각도 있다. 이 견해는 타당성이 없는 것은 아나나[28] 진골인 설씨가 있는 점으로 미루어 압독국의 왕족에서 설씨가 유래했다고 보기보다는 이들이 본래의 설씨에 새로이 포함된 설씨가 아닌가 하는 생각이 든다. 그리고 본래의 설씨에 포함될 때도 그들 모두가 설씨 가운데 최고의 신분으로 편제된 것이 아니라, 그 영향력의 다소에 따라 다양한 신분으로 자리하게 된 것이 아닌가 생각된다.

2) 崔氏

崔氏를 육두품 가문으로 보는 가장 유력한 근거는 崔氏의 대표적인 인물인 崔致遠에서 찾아진다. 최치원은 육두품을 得難이라고 하면서 五·四頭品은 족히 말할 것도 없다고 한 바 있다.[29] 기록에 따르면 그는 마지막 관등이 阿湌,[30] 관직이 守兵部侍郎 瑞書院學

26) 『三國史記』권46, 列傳6 薛聰.
27) 『三國史記』권2, 新羅本紀 伐休尼師今 7年 8月 ;『三國史記』권2, 新羅本紀 奈解尼師今 19年 7月.
28) 李基白, 1974, 「新羅六頭品研究」,『新羅政治思想史研究』, 42~43쪽.
29) 「聖住寺朗慧和尙碑」,『朝鮮金石總覽(上)』, 74쪽.

士에 이른 것으로 되어 있다.31) 이 기록에 의해 그와 崔氏가 육두
품으로 지목되었고, 그의 이러한 신분적 한계는 말년의 방랑생활을
합리적으로 설명하는 요소가 되기도 하였다.32)

그러나 최치원과 그의 家系를 육두품으로 보고 이를 확대하여
최씨 전체를 육두품 성씨로 추정하는 데에는 역시 생각해 볼 대목
이 있다. 최치원을 포함하여 그와 직접 관련된 家系가 육두품일 가
능성은 크지만, 최치원의 관등이 阿湌이었다는 점이 최씨가 진골이
아니라는 결정적인 근거가 될 수 없음은 물론이다. 따라서 최치원
을 육두품으로 간주하고 이에 입각하여 崔氏를 육두품 성씨로 보
는 것은 완전한 입론의 토대를 갖춘 것이라고 할 수 없다. 더욱이
최치원에 앞서는 崔有德의 관등이 角干이었다는 기록33)은, 崔氏가
전부 육두품이라는 결정적인 증거가 없는 상황에서 이를 단순히 惠
恭王代의 96角干類에 해당하는 존칭이거나 後代 遠孫들의 家系造
作이라고만34) 볼 수 없게 한다.

角干이라고 분명히 명시된 진골신분의 崔有德이 확인되는 이상,
최치원의 경우를 가지고 모든 최씨를 육두품으로 간주하는 것은 문
제가 있지 않을까. 예컨대 金憲昌의 난 때 활약한 崔雄의 관등이
級湌이었고35) 최치원의 관등이 阿湌이었다는 것은 崔有德이 육두
품이라는 적극적 근거가 될 수 없고, 따라서 신라 崔氏를 육두품
신분으로 일원화하는 데에는 재고의 여지가 있다. 이 같은 측면이

30) 『三國史記』 권11, 新羅本紀 眞聖王 8年 2月.

31) 「鳳巖寺智證大師碑」, 『朝鮮金石總覽(上)』, 88쪽.

32) 李基白, 1974, 「新羅六頭品研究」, 『新羅政治思想史研究』, 47쪽.

33) 『三國遺事』 권3, 塔像 有德寺.

34) 李基白, 1974, 「新羅六頭品研究」, 『新羅政治思想史研究』, 47쪽.

35) 『三國史記』 권10, 新羅本紀 憲德王 14年 3月.

긍정적으로 인정될 수 있다면, 신라의 崔氏에는 적어도 진골의 신분과 육두품 신분이 있었다고 할 수 있겠다. 이 점은 앞의 薛氏와 마찬가지로 같은 성씨 안에 여러 신분이 존재했을 가능성을 보여주는 것으로 매우 주목되는 사실이다.

이 때 嘴山珍支村의 智伯虎에 기원을 둔 本彼部 崔氏에서 시작된 崔氏가 眞骨 최씨,36) 고구려계 귀족에서 시작된 최씨37)가 진골 이외로 나타나는 최씨가 아닌가 추측되지만38) 단정할 수는 없다.39) 그런데 고구려계가 진골 최씨에 편입되지 못하고 육두품에 소속되었다고 하여, 육두품 최씨가 이 때 처음 등장한 것은 아닐 것이다. 골품제가 형성될 때 최씨 가운데 일부는 진골로 편제되었다고 하더라도, 이후 시간의 경과와 함께 최씨 안에서 신분 분화가 진행되었을 것이므로 고구려계 귀족이 최씨에 포함되었을 때에는 이미 그 안에 다양한 신분의 최씨가 있었을 것이다. 특히 최치원의 경우 그 출신지가 古郡山列島라는 견해가 있는데,40) 이것이 사실이라면 그가 본래부터 육두품이었는 지에 대해서도 검토해 볼 여지가 있다고 하겠다.

36) 角干 崔有德의 경우.
37) 「雙谿寺 眞鑑禪師碑」, 『朝鮮金石總覽(上)』, 67쪽.
38) 崔致遠의 경우.
39) 薛氏의 경우도 본래 眞骨 薛氏는 薛原郎의 계통을 이은 것으로 볼 수 있으며, 압독국 귀족에서 비롯된 薛氏는 육두품으로 볼 수 있지 않을까 한다.
40) 李相斐, 1983, 「文昌侯 崔致遠의 出生地小考」, 『문리연구』 창간호, 원광대 문리과대학, 20쪽. 이 밖에 최치원의 출생지를 湖南 沃溝로 보기도 한다(崔三龍, 1985, 「崔孤雲傳의 出生譚考 - 崔致遠의 出生과 관련하여 - 」, 『干雲朴炳采博士還曆紀念論叢』, 830~831쪽 ; 金仁宗, 1989, 「孤雲의 生涯」, 『孤雲 崔致遠』, 19~20쪽). 徐有榘도 일찍이 『校印 桂苑筆耕』 序에서 최치원을 호남 옥구인으로 지목한 바 있다.

崔仁沆, 崔承祐의 경우[41] 역시 崔有德이 진골일 가능성이 있는
이상 그 신분을 육두품으로 단언할 수는 없다. 崔承老의 父인 崔殷
誠의 경우[42] 최씨가 육두품 가문이라는 추측에 입각해서 보면 육
두품으로 이해되나 어디에도 그가 육두품이라는 확고한 근거는 없
다. 단 신라 말에 보이는 그들의 정치적 행보를 감안하면, 이들의
신분은 육두품에 해당하는 것으로 볼 수 있다. 그렇다고 해서 이들
의 예가 모든 최씨가 육두품이었다는 증거로 될 수 없음은 앞서 언
급한 바와 같다.

3) 金氏

金氏에는 신라 왕족 金氏, 金官加耶의 후손 金氏, 고구려 왕족
金氏가 있으며 모두 眞骨이다.[43] 그러나 김씨 가운데는 같은 씨족
이라 하더라도 진골 이외의 신분이 있었음이 확인된다.

진골 이외의 육두품 신분의 김씨로는 먼저 金範淸과 朗慧和尙의
父子를 들 수 있다.[44] 이들 부자는 무열왕의 후손이므로 진골신분
이어야 하나 金範淸은 김헌창의 난으로 인하여 진골에서 육두품으
로 강등되었다.[45] 이러한 金範淸과 朗慧和尙 부자의 존재는 같은
씨족의 김씨라도 같은 신분일 수 없음을 보여주는 예가 된다.

金巖을 포함한 金庾信의 후손도 육두품으로 강등된 것으로 보이

---

41) 「太子寺 朗空大師碑 後記」, 『朝鮮金石總覽(上)』, 188쪽.

42) 『三國遺事』 권3, 塔像 三所觀音 衆生寺.

43) 李基白, 1974, 「新羅六頭品硏究」, 『新羅政治思想史硏究』, 50쪽.

44) 「聖住寺 朗慧和尙碑」, 『朝鮮金石總覽(上)』, 74쪽.

45) 金杜珍, 1973, 「朗慧와 그의 禪思想」, 『歷史學報』 57, 26~27쪽 ; 武田
幸男, 1975, 「新羅骨品制の再檢討」, 『東洋文化硏究所紀要』 67, 193~
194쪽.

는 데, 무열왕계 김씨 가운데 일부가 육두품으로 강등된 사실과 함께 加耶 출신 김씨 왕족 중에서도 육두품이 존재하게 되었음을 보여준다.

이처럼 김씨 안에서도 진골 이외의 육두품 신분이 존재하였다는 것은, 그 안에 다양한 신분층이 있었던 것으로 추정되는 薛氏 등의 예와 함께 같은 성씨라도 모두 같은 신분으로 볼 수 없다는 입론을 보다 강화시켜 준다고 할 수 있다.46) 즉 신라 사회 구성원의 각 신분은 골품제가 성립될 때나 신라 사회 안에 새로 편제될 때 정해지기도 했지만, 확정된 신분이라도 강등 등의 경우를 통해 낮은 신분으로 분화되어 나갔음을 추측해 볼 수 있다. 일정 기간 관직을 얻지 못할 경우에도 그 신분을 유지할 수 없었을 것이고, 점차 그 신분이 낮아져 평민신분에까지 이르는 경우도 있었다고 생각된다.47) 薛氏 姓 안에서 보이는 다양한 신분은 바로 그 같은 결과가 아닌가 추측된다.

4) 기타 육두품 성씨

(1) 强首

强首는 加耶 출신으로 中原京에 거주하였다. 그의 姓이 명확하지 않은 상태이므로 그를 任氏로 보기는 매우 어려운 일이지만,48) 그가 육두품이라는 사실만은 확실하다. 단 그가 육두품이라고 해서

---

46) 여기에서 같은 성씨 안에서 정치적 이유나 그 밖의 여러 요인으로 인하여 진행된 신분 분화를 전망해 볼 수 있다.

47) 李鍾旭, 1983, 「新羅中古時代의 骨品制」, 『歷史學報』 99・100, 58~62쪽.

48) 李基白, 1974, 「新羅六頭品研究」, 『新羅政治思想史研究』, 44쪽.

그의 가문이 반드시 육두품이었다는 단정을 내릴 수 없다. 그와 관련된 자들은 육두품 이상의 신분일 가능성은 희박하지만, 薛氏의 예에서도 확인되듯이 육두품보다 낮은 신분에 속하는 자들이 없다고는 속단할 수 없다. 그것은 任那 왕족이 육두품으로 편제된 후 그들 모두가 육두품이라는 신분을 계속 유지해 나가기는 다른 姓氏에서와 마찬가지로 현실적으로 힘들었다고 보이기 때문이다.

(2) 李氏

李氏로는 景德王代의 인물인 李純을 시작으로[49] 閔哀王代에 활약한 李順行,[50] 景德王代에 學生으로 唐에 들어간 李同,[51] 敬順王代에 後周에 갔다가 倉御部員外郞에서 侍御史를 받아 겸한 李忠式,[52] 역시 敬順王代에 執事侍郞 金㫒과 함께 副使로 간 司賓卿 李儒,[53] 그리고 慶州 大尉 李正言과 고려 태조 왕건의 비가 된 그의 딸 神成王后가 보인다.[54]

기존의 연구에서는 李儒가 육두품이 아니면 취임할 수 없는 司賓卿에 올랐다는 사실을 토대로 李氏를 육두품으로 보았다.[55] 그러나 이 역시 모든 李氏를 육두품으로 단정하기는 어려울 듯하다. 분명 육두품인 이씨가 있었겠지만, 육두품이 아닌 李氏도 있었을 것이기 때문이다. 즉 신분의 傍系化가 진행되고 개인적 능력 차이

---

49) 『三國史記』 권9, 新羅本紀 景德王 22年 8月.
50) 『三國史記』 권10, 新羅本紀 閔哀王 元年 12月.
51) 『三國史記』 권11, 新羅本紀 景文王 9年 7月.
52) 『三國史記』 권12, 新羅本紀 景哀王 4年 2月.
53) 『三國史記』 권12, 新羅本紀 景順王 6年 4月.
54) 『三國遺事』 권2, 紀異 金傅大王.
55) 李基白, 1974, 「新羅六頭品硏究」, 『新羅政治思想史硏究』, 46쪽.

로 인해 관직에 나가지 않으면서 자연히 사회적 신분도 떨어진 이
들도 있었을 것이다.[56) 薛氏, 崔氏, 金氏의 신분이 육두품만으로
확인되지 않는 것은 이 점에서 시사적이며, 李氏의 경우도 충분히
그 가능성이 있다고 전망된다. 따라서 李氏 안에는 진골을 위시한
다양한 신분층이 있을 수 있고, 李氏姓을 六頭品으로만 볼 수 없을
것이다.

(3) 張氏

張氏로서 그 신분이 육두품으로 짐작되는 최초의 인물이 張雄이
다.[57) 그는 憲德王 14년 김헌창의 난을 진압하기 위하여 출동한 중
앙군의 部隊長으로 활약하고 있는데, 一吉湌이라는 그의 관등으로
미루어 육두품이었다고 추측된다.[58) 一吉湌이란 관등이 그의 최종
관등이었는지는 단정할 수 없으나, 張氏는 육두품 이상의 신분을
가졌다고는 생각되지 않으므로 그를 포함한 張氏를 육두품으로 이
해하였다. 張雄 이후 백여 년 뒤에 활약한 兵部侍郎 張芬도 그의
관직으로 미루어 육두품으로 추정하였다.[59) 이 두 사람의 예를 통
해 통해 張氏가 육두품 성씨라는 견해는 충분히 타당성을 가진 것
으로 판단되어 왔다.[60)

그러나 이들의 예만 가지고 張氏를 모두 육두품으로 볼 수는 없
다. 海島 출신의 張保皐와 그의 일족으로 생각되는 張弁과 張建榮
의 예가 이를 뒷받침해 준다.[61) 비록 장보고가 청해진을 설치한 후

---

56) 李鍾旭, 1983, 「新羅中古時代의 骨品制」, 『歷史學報』 99・100, 62쪽.
57) 李基白, 1974, 「新羅六頭品研究」, 『新羅政治思想史研究』, 50쪽.
58) 『三國史記』 권10, 本紀新羅 憲德王 14年 3月.
59) 『三國史記』 권12, 本紀新羅 景哀王 4年 2月.
60) 李基白, 1974, 「新羅六頭品研究」, 『新羅政治思想史研究』, 50쪽.

清海鎭大使로서 강력한 군사적 기반을 구축하고 해상무역을 통해 얻은 경제적 실력을 바탕으로 王位繼承亂에까지 가담하여 興德王을 즉위시키고 자신의 여동생을 왕후로 옹립시키려 하였지만, 그의 최초의 신분은 海島人이라는 데서 알 수 있듯이 결코 높지 않았다.[62] 이는 모든 張氏가 육두품은 아니었다는 사실을 보여주는 것으로서 그 안에 신분 분화가 이루어져 상이한 신분층이 존재하였음을 뒷받침해 준다.

이상 六頭品 姓氏에 대한 검토를 통해 이끌어 낼 수 있는 결론은 기존의 연구에서와 같이 薛·金·李·崔·張氏 등의 성씨가 결코 육두품으로 고정된 성씨가 아니었을 것이라는 점이다. 육두품으로 추정된 성씨 안에 육두품 이외의 신분을 가진 자들이 존재하였다는 사실은, 家門·家系別로 신분을 규명하는 노력이 절대 무의미한 것은 아니지만 이 기준을 姓氏 전체로 확대 적용하는 데에 신중을 기할 필요성이 있음을 보여준다.

따라서 앞으로는 신분을 분석할 때 家門·家系別로 접근하여 이를 姓氏 전체로 확대 적용하기보다는 확고한 근거를 토대로 하여 이를 규명해 나가는 작업이 필요할 것이다. 그리고 처음에는 같은 신분이었다고 하더라도 여러 요인으로 인해 사회적 신분의 격이 떨어지거나 신분의 상승이 이루어지는 경우가 있을 것이므로, 이 점을 염두에 두고 身分을 규명해 나가야 할 것이다.

---

61) 李基白, 1974, 「新羅六頭品研究」, 『新羅政治思想史研究』, 50쪽 ; 『三國史記』 권10, 新羅本紀 閔哀王 元年 12月.

62) 『三國史記』 권11, 新羅本紀 文聖王 7年 3月 ; 『三國遺事』 2, 神武大王 閣長 弓巴.

5) 六姓과 六頭品과의 관계

「新羅 六頭品 研究」에서는 出自와 姓氏가 확실하지 않으나 육두품을 이해하는 데 도움을 줄 수 있는 중요한 인물로서 餘三과 祿眞을 들고, 이들의 성씨가 육두품 소속의 가문 분석을 통해 이미 육두품으로 판명된 여러 가문 중의 어느 하나에 해당하든지[63] 아니면 이들 외의 어떤 다른 가문에 속했을 것이라 보았다.[64] 그러나 姓 미상인 餘三과 祿眞을 육두품으로 볼 수 있는 적극적인 근거는 발견하기 힘들다.

「新羅 六頭品 研究」에서는 祿眞의 관직이 執事侍郎이므로 대부분의 侍郎의 관등이 阿湌이듯이 그의 관등 역시 아찬일 것으로 추측하였다. 그리고 祿眞이 김헌창의 난에서 공을 세워 왕으로부터 大阿湌을 수여받았으나 사양하여 받지 않은 것은 그가 육두품이었기 때문이고, 그가 육두품이라는 점은 그의 父가 一吉湌이라는 사실과도 부합한다고 보았다.

하지만 주지하듯이 신라는 엄격한 신분질서를 가진 골품제 사회로서, 관등의 승진은 골품제에 의해 규제되었고 특히 大阿湌 이상의 관등은 진골 이상만이 오르도록 되어 있었다. 왕이 이러한 신분질서를 무시하고 대아찬의 位를 받을 수 없는 祿眞에게 이를 수여했다고는 생각할 수 없다. 그리고 녹진이 대아찬에 나가지 않은 것도 스스로 육두품이라는 한계를 알고 사양했다고 보기는 어렵다.[65] 祿眞에게 대아찬의 관등이 주어졌다면, 이는 실제로 그가 이 관등을 받았는가와는 상관없이 그의 신분이 대아찬이라는 관등에 나아

---

63) 물론 이들 가문이 육두품일 수만은 없다는 것은 이미 언급한 바와 같다.

64) 李基白, 1974, 「新羅六頭品研究」, 『新羅政治思想史研究』, 53쪽.

65) 李基白, 1974, 「新羅六頭品研究」, 『新羅政治思想史研究』, 53쪽.

갈 수 있는 진골신분이란 사실을 보여주는 것이다. 그러므로 녹진
의 신분에 관한 한 진골임이 분명하다고 하겠다.

餘三에 대해서는, 그의 관등이 阿湌이고 그와 元聖王과의 관계
가 祿眞과 忠恭 角干과의 관계를 방불케 하는 바가 있어 그를 육
두품으로 추정하는 견해가 있다.[66] 그러나 녹진의 신분을 진골로
볼 수 있고, 餘三과 元聖王과의 관계를 祿眞과 忠恭 角干과의 관
계에서 구한다면, 餘三의 신분을 육두품으로만 볼 수 없다고 하겠
다.

그리고 「新羅 六頭品 硏究」에서는 薛·崔·李氏를 모두 육두품
으로 규정한 후 六姓 가운데 이들 三姓이 육두품이라면 나머지 裵
·鄭·孫氏의 三姓도 육두품이라고 볼 수 있다고 하고 있다.[67] 그
러나 薛·崔·金氏의 경우 이들을 육두품 가문으로만 볼 수 없는
예가 나타난 점을 고려하면, 이러한 주장에 대해서는 검토가 필요
하다.

沙梁部 鄭氏의 祖上은 突山 高墟村 村長 蘇伐都利이며[68] 鄭氏
로 확인되는 구체적인 인물로는 鄭恭과 鄭年이 있다. 鄭恭에 대해
서는 비교적 자세한 이야기가 전하는데,[69] 이야기에 윤색과 과장이
많기는 하지만[70] 麟德 2년(665년, 문무왕 5년)이라면 鄭氏 가문의
존재에 대해서는 의심할 수 없다. 비록 설화적인 내용이기는 하지
만 鄭恭이 왕의 사신으로서 唐나라에 갔다든지, 본국에 해를 끼치

---

66) 李基白, 1974, 「新羅六頭品硏究」, 『新羅政治思想史硏究』, 54쪽.

67) 李基白, 1974, 「新羅六頭品硏究」, 『新羅政治思想史硏究』, 54쪽.

68) 『三國遺事』 권1, 紀異 新羅始祖 赫居世王. 『三國史記』에는 觜山 珍支
    村 本彼部로 되어 있다(『三國史記』 권1, 新羅本紀).

69) 『三國遺事』 권5, 神呪 惠通降龍.

70) 李基白, 1974, 「新羅六頭品硏究」, 『新羅政治思想史硏究』, 55쪽.

는 용71)을 제거했다든지, 왕의 葬路를 내는 데 맞서 王命을 거역하
는 등의 행동으로 미루어 보건대 육두품 내지 그 이상의 유력 신분
이었던 것으로 짐작된다. 반면 장보고와 함께 활동한 鄭年의 경우,
장보고와 마찬가지로 海島人으로 보는 견해가 타당성을 가지므
로72) 海島人인 그의 신분은 육두품에 미치지 못했던 것이 거의 확
실하다. 따라서 확인되는 범위 내에서 보건대 鄭氏 안에는 육두품
내지 그 이상의 신분을 가진 인물과, 육두품 이하의 인물이 포함되
어 있었다. 그렇다면 鄭氏라는 姓만 가지고 이들을 모두 육두품 가
문으로 보는 것은 역시 신중을 기해야 할 것이다.

牟梁部(또는 漸梁部) 孫氏의 祖上은 茂山 大樹村 村長 俱禮馬
이며73) 구체적인 인물로는 진평왕 후비 僧滿夫人 孫氏74)와 神文
王 3년 波珍飡을 지낸 孫文,75) 興德王代의 牟梁里人 孫順76)이 확
인된다. 여기에서 승만부인 孫氏나 孫文의 경우는 왕의 후비라는
위치와 제4등급인 관등을 통해 보건대 진골신분임이 확실하나, 모
량리인 孫順은 부친 사후 부인과 함께 남의 집에 품을 팔아 노모를
봉양하였던 점으로 보건대 평민신분으로 짐작된다. 이 역시 孫氏를
하나의 신분으로 고정시켜 보기 어렵다는 사실을 보여주는 것으로

---

71) 정체는 분명하지 않으나 체제유지에 부정적인 존재였을 것으로 생각된
　　다. 이를 제거할 정도의 실력자라면 유력한 인물일 것이다.
72) 金庠基, 1934, 「古代의 貿易形態와 羅末의 海上活動에 대하여」, 『震檀
　　學報』 1·2, 110쪽 ; 1948, 『東方文化交流史論攷』, 20쪽.
73) 『三國遺事』 권1, 紀異 新羅始祖 赫居世王.
74) 『三國遺事』 권1, 王曆.
75) 『三國史記』 권8, 新羅本紀 神文王 3年 5月. 孫文의 경우 姓으로 보지
　　않는 견해도 있다(李基白, 1974, 「新羅六頭品研究」, 『新羅政治思想史
　　研究』, 55쪽).
76) 『三國遺事』 권5, 孝善 孫順埋兒.

서, 신라 성씨 안에는 이미 다양한 신분 분화가 진행되고 있음을 시사해 준다.

漢祇部 裵氏의 祖上은 金山加利村 村長 祇沱이다.[77] 대표적인 裵氏로는 興德王 사후 悌隆의 일파로 王位繼承戰에서 활약한 裵萱伯이 있다. 그의 관등은 阿湌인 듯하지만[78] '悌隆의 下'라는 것이 그의 신분을 육두품으로 규정해 주는 결정적인 근거가 될 수 있을지는 단정할 수 없다.[79] 裵氏는 그 밖의 인물이 확인되고 않아 성씨 안의 신분 분화 양상을 살피기 어렵지만, 다른 예와 비교해 볼 때 역시 신분 분화가 이루어졌을 것으로 짐작된다.[80]

이상의 검토를 통해 신라 六姓 가운데 三姓인 薛・崔・李氏와 마찬가지로 鄭・孫・裵氏도 육두품 가문만은 아닐 수 있음이 확인되었다. 이는 성씨별 신분구분이 절대적인 잣대가 될 수 없음을 보여주는 것으로서, 신라 신분제 연구에서 유의하여야 할 대목이다.

한편 신라 六姓을 검토하면서 주목해야 할 점은, 이들 성씨 안에는 육두품 및 그 이하의 신분층도 나타나지만 진골신분으로 추정되는 인물도 발견된다는 사실이다.

지금까지는 신라 육두품이 斯盧部族을 형성한 氏族長 家族, 즉

---

77)『三國遺事』권1, 紀異 新羅始祖 赫居世王.
78) 李基白, 1974,「新羅六頭品研究」,『新羅政治思想史研究』, 55쪽.
79) 같은 진골이라도 王 밑의 신하는 '下'라고 표현될 수밖에 없기 때문이다.
80) 하나의 추측이지만 六姓氏는 신라 국가형성의 핵심세력이라는 점에서 혹시 眞骨로 편입되지 않았나 한다. 물론 그 가운데에서 유력한 세력만이 진골로 편입되고, 시간이 지남에 따라 진골로 편입된 자들 안에서도 점차 신분 분화가 이루어졌을 것이다. 김씨의 전면적인 부상은 상대적으로 다른 성씨의 몰락을 초래하여 진골 안에는 김씨 외에 다른 성씨가 존재하기 어려워지게 된 것은 아닐까 하는 생각이 든다.

六姓이 主가 되고 이후 국가의 팽창 과정에서 병합된 인근 주변 세력의 지배자들이 여기에 흡수되어 이루어진 것으로 생각되었다.[81] 그러나 당연히 육두품으로 여겨져 온 六姓 안에 진골신분과 육두품 신분 및 그 이하의 신분까지 자리하고 있다는 사실은, 국가형성의 주된 세력이었던 여섯 씨족장 부족의 신분을 육두품으로만 고정시켜 보아서는 안 될 것이라는 전망을 갖게 한다. 신라 국가형성시 주된 지배세력이 된 씨족장 가족은 모두 진골신분이었다고 확언할 수는 없으나, 신라 골품제의 특성상 頭品에서 骨品으로 상승하기는 어려우므로 처음에 지배적인 씨족장의 직계가족만큼은 진골로 편성된 것은 아니었는가 하는 추측도 가능하다.

이러한 시각은 골품제 편성시 신라 국가의 형성에 주된 세력이 된 유력 씨족장을 위시하여 이들과 가까운 자들에게는 진골신분이 수여되고 씨족장과의 혈연적 거리에 따라 육두품 이하의 신분이 주어졌을 것이라는 전망을 갖게 한다. 현실적으로 같은 성씨 안에 眞骨 및 非眞骨 신분이 다양하게 확인되는 점은 이 같은 이해를 뒷받침해 주는 근거가 될 수 있지 않을까. 진골로 편입되었을 유력 씨족장 및 그의 측근들은 신라 사회의 발전과 함께 신분 분화를 겪었을 것이고, 이는 육두품 이하로 편입된 씨족 구성원들에 사이에서도 공통된 현상이었을 것이다.

단 六姓 중 씨족장 및 그와 밀접한 일족이 진골로 편입되었을 것이라는 추정은 진골의 면모가 완전히 파악되지 못하고 있는 현재로서는 주저되는 점이 적지 않다. 그러나 六姓의 유력 씨족장 세력은 신라 건국에서 핵심적인 역할을 담당하였고, 그 중요성은 후대에 진골로 편입된 加耶 왕족 출신에 조금도 떨어지지 않는다. 그렇다

---

81) 李基白, 1974, 「新羅六頭品研究」, 『新羅政治思想史研究』, 57쪽.

면 골품제 편성시 六姓 가운데 유력 씨족장 세력을 진골로 편입시
켰을 것이라는 추측도 전혀 불가능한 접근은 아닐 것이다.

3. 六頭品 이하 신분의 유동성

신라사회는 엄격한 골품제에 입각하여 차별적인 신분제도를 지
속시켜 온 사회다. 신라의 골품제도는 삼국통일 후 兩骨 중 聖骨이
소멸함으로써 眞骨만 남고 삼두품 이하는 평민과 다를 바가 없어
짐에 따라 진골·육두품·오두품·사두품·평민으로 정리되었으
나, 그 신분적 차별성은 변함이 없었다. 특히 신라의 진골신분이 폐
쇄적인 신분이었다는 점에 대해서는 이론의 여지가 없다. 이는 관
등의 승진에서 大阿湌 이상은 반드시 진골 이상만이 올라갈 수 있
도록 한 규정에서도 분명하다.[82]

그러나 평민의 경우 頭品 신분으로의 상승이 어려웠다고 하더라
도, 진골 이하의 육두품·오두품·사두품의 경우 각각의 신분 내에
서 진골귀족과 똑같은 엄격한 신분적 폐쇄성이 관철되었는지에 대
해서는 재검토할 필요가 있을 것이다. 만일 육두품 이하 신분에서
이들 두품 신분 사이에 어떤 신분적 상승이라는 요소가 찾아진다
면, 과거 골품제 연구에서 천명된 각 신분 간의 폐쇄성, 특히 육두
품·오두품·사두품의 각각의 신분들이 관등 승진에 제한을 받았
고 그 신분이 고정 불변의 것이었다고 본 이해는 재고를 요하게 될
것이다. 즉 차별적 신분제도인 골품제도 안에서도 진골 이상으로의
신분 상승은 제한되었지만 그 이하의 지배신분에서는 신분 간에 상
승할 수 있는 길이 열려져 있었다고 볼 수도 있는 것이다. 이하에서

---

82) 『三國史記』 권38, 志7 雜 職官(上).

는 신라 사회의 두품 간의 신분 상승 가능성을 살펴봄으로써 폐쇄적 신분제로 이해되어 온 골품제의 성격을 재조명해 보고자 한다.

1) 得難의 의미

崔致遠이 지은 聖住寺 朗慧和尙碑文에는 육두품을 '得難'이라 지칭하는 대목이 나온다.[83] 得難이란 貴姓을 얻기 어렵다는 뜻이니, 육두품은 얻기 어려운 貴姓임을 알 수 있다. 그런데 육두품이 얻기 어려운 貴姓의 존재라는 데 대해서는 문자적인 여운이 남는다. 주지하듯이 신라의 골품제도 아래서는 출생과 함께 신분이 결정되므로 주어지는 것이지 결코 얻어지는 것은 아니다. 이것은 성골과 진골은 물론이고 육두품 이하에도 적용되는 골품제도의 가장 중요한 원리다. 따라서 이 점에 유의한다면 육두품을 얻기 어려운 것이라고 표현한 데 대해 미묘한 의문이 생긴다.

물론 육두품을 드문 존재라는 의미에서 '得難'이라고 썼을 가능성도 있으나, 굳이 '구하기는 쉬우나 얻기는 어렵다'라고 언급한 것으로 보건대 육두품은 힘들기는 하지만 구함에 의해서도 얻어지는 신분이라고 해석될 수도 있다. 즉 '得難'이라는 표현은, 육두품 이하의 신분이 신분상승을 통해 힘겹게 얻을 수 있는 것이라는 관점에서 검토해 볼 가능성을 보여준다. 혹 육두품 이하 신분 간에 頭品의 이동 자료가 있다면, 이는 신라 골품제 안에서의 폐쇄적인 성격의 극복과 관련하여 적극적으로 해석되어야 한다고 생각된다.

---

83) 「聖住寺 朗慧和尙碑」, 『朝鮮金石總覽(上)』, 74쪽, "國有五品曰聖而曰
眞骨曰得難 言貴姓之難得 文賦云(或)求易而得難 從言六頭品 數多爲
貴猶一命至九 其四五品不足言".

2) 第一骨과 第二骨

『新唐書』新羅傳에는 그 族이 第一骨, 第二骨이라 이름하여 스스로를 구별하고 있다고 되어 있다.[84] 『신당서』 신라전의 기사는 신라 惠恭王 때 唐의 사절로 新羅를 방문한 顧愔의 新羅記가 중요 자료가 되었으므로 이 기록은 통일신라에 관한 것이라고 하겠다.[85] 그렇다면 이 사료에서 말하는 第一骨이란 당연히 眞骨일 것이다. 그리고 第二骨은 육두품이라는 의견도 있지만[86] "官에는 宰相, 侍從, 司農卿, 太府卿 등 무릇 17관등이 있는데 第二骨도 될 수 있다"는 기사가 바로 딸려 나오는 것으로 보아 五·四頭品까지 포함시킴이 옳을 것이다.[87] 만약 그렇다면 六·五·四頭品을 第二骨이라는 하나의 범주 안에 포함시켰다는 이야기가 되는데, 이는 第二骨의 신분 간에는 그렇게 엄격한 구분이 존재하지는 않았을 것이란 느낌을 준다.[88]

물론 車服志 등을 보면 신분별 차별이 철저하고,[89] 또 각 신분별로 올라갈 수 있는 관직의 한계도 분명히 정해져 있으므로[90] 六·

---

84) 『新唐書』 권220, 列傳145 東夷 新羅, "其族名第一骨第二骨自別 兄弟 女姑姨從姉妹 皆聘爲妻 王族爲第一骨 妻亦其族 生子皆爲第一骨 不 娶第二骨女 雖娶常爲妾媵 官有宰相侍中司農卿太府令 凡十有七等 第二骨得爲之".

85) 李基白, 1974, 「新羅六頭品硏究」, 『新羅政治思想史硏究』; 「36. 聖住寺 朗慧和尙碑」, 『朝鮮金石總覽(上)』, 74쪽.

86) 今西龍, 1933, 「新羅骨品考」, 『新羅史硏究』, 198쪽.

87) 李基白, 1974, 「新羅六頭品硏究」, 『新羅政治思想史硏究』, 36쪽.

88) 第二骨 사이에는 신분제 원칙에 비추어 혼인에 제한이 있었을 것이나 후대로 내려가면서 第二骨 사이의 혼인이라는 예외적 현상이 증가했을 것으로 보기도 한다. 李基白, 1974, 「新羅六頭品硏究」, 『新羅政治思想史硏究』, 37쪽.

89) 『三國史記』 권33, 志2 車服 屋舍.

五・四頭品이 第二骨의 범주에 함께 들어 있다고 하더라도 이들 신분 간의 구분이 헐거웠다고는 할 수 없다. 그러나 각 신분 간에 제한된 규정이 엄격히 지켜졌다는 것과 이들 두품 사이에 신분상승이 제한되었다는 것은 별개의 문제다. 요컨대 第二骨 사이에서 신분이동이 가능했을 것이라는 전망은, 각 두품 간의 여러 제한이 지켜지지 않았다는 뜻이 아니라 두품 간의 신분상승이 완전히 폐쇄되어 있지 않았다는 뜻이다.

후대로 내려가면 각 두품 간에 지켜졌던 갖가지 규제도 지켜지지 않게 되고 이에 따라 두품 간의 혼인은 물론 차별적 제한은 거의 무의미해졌을 것으로 보인다.[91] 여하튼 육・오・사두품을 第二骨로 표현한 것은 육두품이 '得難'이라는 지적과 아울러 고려할 때, 육・오・사두품 사이에서의 신분상승의 가능성을 보여준다고 생각된다.

3) 官等昇級의 제한과 重位制度의 의미

신라 官等制는 대아찬 이상은 진골만이 될 수 있다고 명기하고 있으나, 그 밖의 六官等 이하에 대해서는 두품 제한에 관한 규정을 두고 있지 않다.[92] 이는 적극적으로 생각하면, 六官等 이하의 관등은 모든 신분에 대해 개방되어 있었다는 것으로 해석할 수 있으며 따라서 두품 간의 신분이동의 가능성을 뒷받침해 준다.

그러나 17관등 안의 重位制에 대한 기존의 이해에 따르면 이러

---

90) 『三國史記』 권38, 志2 職官(上).

91) 李基白, 1974, 「新羅六頭品研究」, 『新羅政治思想史研究』, 37쪽.

92) 『三國史記』 권38, 志7 雜 職官(上), "一曰伊伐湌 …… 五曰大阿湌 從此至伊伐湌 唯眞骨受之 他宗則不".

한 두품 간 신분이동의 가능성은 부정된다.[93] 즉 六官等과 十官等에 설치된 重位制[94]는 육두품과 오두품이 그 이상의 관등에 오를 수 없는 한계를 보완하기 위한 편법으로서 만들어진 것이므로, 결국 重位制는 각 신분의 엄격한 고정성을 보여주는 것으로 이해되었던 것이다.

주지하듯이 신라 관등에 重位가 마련된 것은 6관등인 阿湌, 10관등인 大奈麻, 11관등인 奈麻다. 이 가운데 11관등인 奈麻의 重位는 오류라고 규정되어 왔다.[95] 반면 重位制가 인정되는 6관등과 10관등은 각각 육두품과 오두품의 관등 상한선으로 이해되어 신라 골품제의 엄격한 신분 고정성을 뒷받침해 왔던 것이다. 특히 육두품과 오두품의 重位官等에 있는 자들은 분명한 육두품과 오두품으로 인정된 반면, 重位制度가 비진골에게 적용된 별도의 조치이므로 진골에게는 적용되지 않는 것으로 이해되어 왔다.

중위제가 진골에게 적용되지 않았다는 것에 대해서는 職官志 武官條에 의해 설명되어 왔다. 이에 따르면, 大官大監의 경우 진골은 舍知에서 阿湌으로 임명되지만 次官인 경우는 奈麻에서 四重阿湌이 임명되어 진골은 阿湌重位를 필요하지 않는 것으로 이해되었다.[96]

그러나 문제는 그렇게 간단하지 않다. 大官大監은 卿에 해당하

---

93) 重位制度에 대해서는 邊太燮, 1956, 「新羅官等의 性格」, 『歷史敎育』 1.

94) 六官等의 重阿湌 - 四重阿湌. 十官等의 重奈麻 - 七重奈麻.

95) 邊太燮, 1956, 「新羅官等의 性格」, 『歷史敎育』 1, 70~75쪽.

96) 邊太燮, 1956, 「新羅官等의 性格」, 『歷史敎育』 1, 65쪽. 따라서 관등이 重阿湌, 三重阿湌, 四重阿湌으로 나타나는 이들의 신분을 六頭品으로 보아 왔다. 邊太燮, 위의 글, 62쪽 ; 李基白, 1974, 「新羅六頭品硏究」, 『新羅政治思想史硏究』, 51쪽.

는 것으로 卿의 경우 그 位는 奈麻에서 阿飡으로 임명되는데,[97] 三
重阿飡인 金言이 卿에 해당하는 內省侍郎을 역임하고 있다.[98] 卿
에 해당하는 內省侍郎은 奈麻에서 阿飡 사이에서만 임명될 수 있
으므로 엄밀히 따지면 三重阿飡 金言은 여기에 임명될 수 없다. 그
럼에도 불구하고 그가 삼중아찬으로 卿에 해당하는 내성시랑을 지
냈다는 사실은 卿의 職의 上限인 阿飡 位가 삼중아찬을 포함한 총
칭임을 알 수 있게 해준다. 실제로 職官志를 통하여 '至阿飡'은 '至
四重阿飡'의 의미를 지니고 있다.[99] 그렇다면 大官大監의 경우 진
골은 位가 舍知에서 阿飡에 이르는 이로 삼는다는 데서의 '阿飡'을,
바로 뒤에 진골이 아닌 次品의 경우는 나마에서 사중아찬으로 임
명한다는 문구가 있다고 해서 여기에 구애되어 이를 사중아찬이 아
니라고 할 수는 없다. 즉 職官志 안의 至阿飡이 至四重阿飡의 의
미로 쓰이고 있는 이상, 진골의 경우만 至阿飡을 至四重阿飡이 아
니라고 할 수 없다. 그렇다면 진골의 경우도 重阿飡, 三重阿飡, 四
重阿飡을 거치지 않았다고 할 수 없는 것이고, 重阿飡을 지냈다고
해서 그의 신분이 반드시 진골이 아닌 육두품이라고 단정할 수는
없다.[100]

　진골도 중위제도를 거쳤을 개연성이 전혀 없다고 할 수 없는 입

---

97) 大官大監의 경우에 한해서는 次品 즉 육두품에 한하여 奈麻에서 四重
　　阿飡이 임명된다.『三國史記』권40, 雜志9 職官(下) 武官. 그러나 內省
　　侍郎의 경우에는 이에 대한 名文이 없으므로 육두품에 한하여 奈麻에
　　서 四重阿飡이 역시 卿에 임명된다고 할 수 없다.
98)『三國史記』권10, 新羅本紀 元聖王 7年.
99) 邊太燮, 1956,「新羅官等의 性格」,『歷史敎育』1, 66쪽.
100) 따라서 重阿飡인 金志誠과 그의 일가(「甘山寺 彌勒菩薩造像記」,『朝
　　鮮金石總覽(上)』, 34~35쪽) 및 重阿飡인 金堅其(皇龍寺 九層塔誌)
　　역시 꼭 육두품이라고는 단정할 수 없다.

장에서 더욱 주목되는 것은 10관등과 11관등 모두 중위제가 있다는 점이다. 기존의 이해에서는 11관등의 중위제는 오류일 것이라 하여 취하지 않았으나, 위에서 살핀 대로 진골도 중위제를 거쳤을 가능성이 있고, 또한 중위제가 비진골의 관등의 上限 한계를 별도로 대우하기 위하여 만든 것이 아닐 가능성이 전혀 없는 것도 아닌 이상, 6관등의 중위제와 10관등의 중위제만을 인정하여 이를 육두품과 오두품의 넘을 수 없는 벽으로 간주하는 것은 재고의 여지가 있다.

만일 중위제가 관등의 上限을 보완하기 위한 조처라면 오두품 밑의 사두품에도 관등의 상한인 大舍에 중위제가 설치되어야 육두품·오두품과 비교할 때 형평이 맞을 것으로 보이는데, 유독 사두품만 중위제가 마련되어 있지 않다는 것은 비록 이들이 하위의 신분이더라도 석연치 않다. 이러한 몇 가지 의문점은 과거 중위제도에 입각하여 신라의 각 신분 간의 이동이 엄격히 제한된 것으로 이해해 온 기존의 시각에 대해 검증의 필요성을 제기해 줄 수 있다고 생각된다. 중위제도가 각 두품의 신분의 고정성을 절대적으로 뒷받침해 주는 것이 못 된다면, 진골만이 승급 가능하다고 명시한 오관등 이상 외에서는 사두품이 오두품으로, 오두품이 육두품으로 신분 상승할 가능성을 생각해 볼 수 있지 않을까 한다. 더욱이 관직의 경우 次官인 卿에는 육두품에서 오두품이 제한 없이 임명될 수 있고 大舍에는 오두품과 사두품이 역시 같이 임명될 수 있었다는 것은, 육·오·사두품이 엄격히 구별 고정된 신분이라면 불가능한 것으로 여겨지므로, 이런 점들 역시 육·오·사두품 간의 신분이동에 대한 긍정적인 근거가 될 수 있을 것이다.

또한 신라 말의 사회불만세력으로서 육두품이 주로 거론되고 이들의 골품체제에 대한 도전이 골품제의 와해에 일정한 역할을 수행한 것으로 평가되고 있다.[101] 그런데 신라가 각 두품 간에 엄격한 차별이 있어 승진 이동이 불가능한 사회였다면, 신라 말 사회불만 세력으로는 육두품만이 아니라 오·사두품 역시 불만세력으로 부각되어야 할 것이다. 특히 육두품보다는 오·사두품 하급관리의 수가 많았을 것이므로 이들의 불만은 육두품의 그것보다 더욱 심각하였을 것이다. 따라서 오·사두품 역시 체제유지를 위해 중요한 회유대상이 되었을 것임에도 불구하고, 신라 하대에 국가의 주 관심은 이들 오·사두품의 불만 및 그에 대한 대책보다 육두품 쪽에 집중되어 나타나고 있다.[102] 이는 오·사두품이 육두품으로 상승하는 길이 혹 열려 있었던 것은 아닌가 하는 추측을 하게 한다. 이러한 측면은 곧 두품 간에 상위 두품으로의 이동 가능성을 뒷받침해 준다고 하겠다.

　이상 몇 가지 점에서 두품 간의 신분 상승 가능성을 생각해 보았는데, 이는 신분 상승의 구체적인 사례 없이는 탁상공론으로 그칠 가능성이 크다. 이 점에서 시사적인 것은 漢祗部人 夫道의 경우와 海島人 張保皐의 경우다. 漢祗部인 夫道는 골품제 성립 이전의 경우이기는 하지만 매우 빈한한 처지에서 아찬 관등으로까지 승급하고 있다.[103] 신분에 관한 개념과 그 상승에 대한 제한이 沾解王 때라고 해서 결코 무시되었다고는 생각할 수 없다. 따라서 夫道의 관등이 아찬에까지 이를 수 있었던 점은 후대 육두품 이하 신분에서의 신분 상승 가능성과 연관지어 볼 때 상당히 시사적이다. 張保皐

---

101) 李基白, 1974, 「新羅六頭品硏究」, 『新羅政治思想史硏究』, 62쪽.

102) 申瀅植, 1969, 「宿衛學生考 - 羅末麗初 知識人의 動向에 대한 一齣 -」, 『歷史敎育』 11·12합, 83쪽.

103) 『三國史記』 권2, 新羅本紀 沾解王 5年. 夫道의 경우, 阿飡을 관등이라 기보다는 관직으로 이해하고 있다. 李鍾旭, 1983, 「新羅中古時代의 骨品制」, 『歷史學報』 99·100, 40쪽.

의 경우는 육두품으로 보기 어려운 海島人이었으나 후에 왕위계승을 둘러싼 난의 배후 조정세력이 되었음을 볼 때, 신라 하대에서의 골품제 이완 현상을 감안하더라도 그 신분 상승의 가능성을 충분히 엿볼 수 있다.[104]

骨身分으로의 상승은 거의 불가능했지만 두품 신분 사이에서 신분 상승의 여지가 인정된다면, 신라 골품제도를 좀더 새로운 시각으로 볼 수 있지 않을까? 엄격히 고정되어 신분 상승이란 측면에서 신분 간의 이동은 불가능했다고 이해해 온 골품제에 대해, 두품 신분 간의 상승에 대한 가능성은 고대적 신분제인 골품제를 극복할 계기가 이미 그 안에 제한적으로나마 자리하였음을 확인시켜 준다는 점에서 그 의의가 있다고 하겠다.[105]

4. 맺음말

신라 육두품 및 두품 간의 신분 이동 가능성에 대한 고찰은 몇 가지 측면에서 기존의 이해와는 상이한 결과를 보여주었다. 薛氏, 崔氏, 金氏, 張氏 등에서는 그 안에 육두품 외에 다른 신분이 존재

---

104) 장보고의 일족인 張弁, 張建榮과 海島人 崔致遠도 두품 간의 신분이동에 어느 정도 시사적인 인물이 아닌가 한다.

105) 물론 신라 하대에 重奈麻制度의 존재가 무의미해지고 奈麻位에서 級湌 이상으로의 비약이 허용되기도 하고(邊太燮, 1956, 「新羅官等의 性格」, 『歷史敎育』1, 80쪽) 육·오·사두품 간의 한계가 흐려지는 현상이 증가하는 것(李基白, 1974, 「新羅六頭品研究」, 『新羅政治思想史研究』, 37쪽)을 골품제가 이완된 현상의 결과로 볼 수 있다. 그러나 두품 이하 신분 사이에서의 신분변화 현상은 신라 하대의 골품제 이완으로 비로소 시작된 것이 아니라 이미 골품제 안에 자리하고 있었던 것이 아닐까 한다.

하였음이 확인되었으며, 육두품으로 간주되어 온 그 밖의 姓들도 육두품이 확실하다는 절대적인 근거를 찾을 수 없었다. 이는 이들 성씨가 곧 육두품으로 고정된 성씨가 아니었음을 뜻한다. 따라서 성씨별로 신분을 일률적으로 규정하는 것에 대해서는 보다 신중한 태도가 요구된다 하겠다.

신라 六姓 중 三姓인 薛·崔·李氏를 육두품으로만 볼 수 없다면 이들을 육두품으로 보고 나머지 孫·鄭·裵氏 역시 육두품으로 추정한 기존의 견해 역시 검토의 여지가 있다. 이들 孫·鄭·裵氏 안에도 역시 육두품이라고만 확신할 수 없는 예들이 보이기 때문이다. 결국 육두품 姓氏가 절대적으로 확인될 수 없는 이상, 姓氏를 신분 판단의 기준으로 활용하는 문제는 앞으로 재고되어야 할 것이다.

姓氏를 알 수 없는 祿眞과 餘三을 육두품으로 단정하는 견해에 대해서도 재검토가 필요한데, 특히 녹진의 경우 진골임이 분명하다. 이 경우 녹진을 육두품으로 보고 육두품과 상대등과의 접근이라는 신라 下代史에 대한 이해는 일부 보강할 필요가 있을 것이다.

한편 육두품 문제와 관련하여 육두품 이하의 지배신분은 그 안에 신분 상승의 가능성을 가지고 있음을 전망해 보았다. 이 문제는 전망 그 자체로 그칠 수도 있으나, 만일 이러한 견해가 인정된다면 엄격한 고대적 신분제인 골품제 내에도 극복의 계기가 포함되어 있음을 확인한 점에서 의의가 있다고 하겠다.

참고문헌

1) 資料

『高麗史』　　　　　　　　　　『高麗史節要』
『高麗圖經』　　　　　　　　　『高麗名賢集』
『三國史記』　　　　　　　　　『三國遺事』
『朝鮮王朝實錄』　　　　　　　『三峰集』
『東文選』　　　　　　　　　　『東國文獻備考』
『朝鮮金石總覽』　　　　　　　『海東金石苑』
『磻溪隨錄』　　　　　　　　　『宋史』
『彙纂麗史』　　　　　　　　　『增補文獻備考』
『大典會通』　　　　　　　　　『資治通鑑』
『韓國中世社會史資料集』

2) 單行本

姜恩景, 1998,『高麗後期 戶長層의 變動 硏究』, 연세대학교 박사학위
　　　논문.
姜晉哲, 1980,『高麗土地制度史硏究』, 고려대학교출판부.
姜晉哲, 1989,『韓國中世土地所有硏究』, 일조각.
高麗史硏究會, 1969,『高麗史兵志譯註』, 京仁文化社.
高柄翊, 1970,『東亞交涉史硏究』, 서울대출판부.

국사편찬위원회 편, 1973,『韓國史』4·5·6·7·8.

權寧國, 1995,『高麗後期 軍事制度研究』, 서울대학교 박사학위논문.

金甲童, 1990,『羅末麗初豪族과 社會變動研究』, 고려대학교출판부.

金光哲, 1990,『高麗後期世族研究』, 동아대출판부.

金基燮, 1993,『高麗前期 田丁制研究』, 부산대학교 박사학위논문.

金基興, 1993,『三國 및 統一新羅 稅制의 研究』, 역사비평사.

金南奎, 1989,『高麗兩界地方史研究』, 새문사.

金塘澤, 1987,『高麗武人政權研究』, 새문사.

金庠基, 1961,『高麗時代史』, 東國文化社.

都賢喆, 1997,『麗末鮮初 新·舊法派 士大夫의 政治 改革思想 研究』,
        연세대학교 박사학위논문.

閔丙河, 1990,『高麗武臣政權研究』, 성균관대출판부.

閔賢九, 1983,『朝鮮初期의 軍事制度와 政治』, 韓國研究院.

朴時亨, 1961,『朝鮮土地制度史』, 과학원출판사.

朴龍雲, 1985·1987,『高麗時代史』(上·下), 일지사.

朴鍾進, 1992,『高麗時代賦稅制度研究』, 서울대학교 박사학위논문.

白南雲, 1937,『朝鮮封建社會經濟史』, 改造社.

邊太燮, 1971,『高麗政治制度史研究』, 일조각.

邊太燮, 1982,『高麗史의 研究』, 三英社.

邊太燮, 1986,『高麗史의 諸問題』, 三英社.

安秉佑, 1994,『高麗前期財政構造研究』, 서울대학교 박사학위논문.

吳宗祿, 1992,『朝鮮初期 兩界의 軍事制度와 國防體制』, 고려대학교
        박사학위논문.

육군본부 편, 1968,『韓國軍制史 - 朝鮮前期編』.

육군본부 편, 1983,『高麗軍制史』.

尹龍爀, 1991,『高麗對蒙抗爭史研究』, 일지사.

尹薰杓, 1997,『麗末鮮初 軍制改革의 推移』, 연세대학교 박사학위논문.

李基白, 1968,『高麗兵制史研究』, 일조각.

李基白, 1969, 『高麗史兵志譯註』, 고려사연구회.

李基白, 1974, 『新羅政治社會史研究』, 일조각.

李基白, 1978, 『韓國史學의 方向』, 일조각.

李基白 편, 1981, 『高麗光宗研究』, 일조각.

李基白, 1986, 『新羅思想史研究』, 일조각.

李基白, 1990, 『高麗貴族社會의 形成』, 일조각.

李基白 외, 1993, 『崔承老 上書文 研究』, 일조각.

李文基, 1997, 『新羅兵制史研究』, 일조각.

李丙燾, 1962, 『韓國史 - 中世篇』, 震檀學會.

李丙燾, 1980, 『高麗時代의 研究』, 아세아문화사.

李成茂, 1980, 『朝鮮初期兩班研究』, 일조각.

李佑成, 1974, 『高麗社會 諸階層의 研究』, 성균관대학교 박사학위논문.

李鍾英, 1990, 『朝鮮前期社會經濟史研究』, 연세대학교 박사학위논문.

李泰鎭, 1989, 『韓國社會史研究』, 지식산업사.

李惠玉, 1984, 『高麗時代稅制研究』, 이화여자대학교 박사학위논문.

李熙德, 1984, 『高麗儒教政治思想의 研究』, 일조각.

李熙德, 1994, 『韓國古代自然觀과 王道政治』, 韓國研究院.

張東翼, 1992, 『麗元關係史研究』, 부산대학교 박사학위논문.

鄭景鉉, 1992, 『高麗前期 二軍六衛制研究』, 서울대학교 박사학위논문.

車文燮, 1979, 『朝鮮時代軍制研究』, 단국대출판부.

千寬宇, 1977, 『近世朝鮮史研究』, 일조각.

河炫綱, 1970, 『高麗 地方制度의 研究』, 韓國研究院.

河炫綱, 1988, 『韓國中世史論』, 신구문화사.

河炫綱, 1988, 『韓國中世史研究』, 일조각.

韓國歷史研究會 편, 1994, 『14世紀 高麗의 政治와 社會』, 민음사.

韓永愚, 1981, 『朝鮮前期史學史研究』, 서울대출판부.

許興植, 1981, 『高麗社會史研究』, 아세아문화사.

洪承基, 1983, 『高麗貴族社會와 奴婢』, 일조각.

旗田巍, 1972,『朝鮮中世社會史の研究』, 法政大學出版局.
內藤雋輔, 1961,『朝鮮史研究』, 京都大學 東洋史研究會.
周藤吉之, 1980,『高麗朝官僚制の研究』, 法政大學出版局.

3) 論文

姜晉哲, 1963,「高麗初期의 軍人田」,『淑明女子大學校論文集』3.
姜晉哲, 1965,「高麗時代 土地制度」,『韓國文化史大系(Ⅱ)』, 고려대
　　　　민족문화연구소.
姜晉哲, 1965,「高麗前期의 公田 私田과 그의 差率收租에 대하여」,
　　　　『歷史學報』29.
姜晉哲, 1970,「高麗田柴科體制下의 農民의 性格」, 한국경제사학회
　　　　편,『韓國史時代區分論』.
姜晉哲, 1980,「始定田柴科」,『高麗土地制度史研究』, 고려대출판부.
姜晉哲, 1980,「軍人田」,『高麗土地制度史研究』, 고려대출판부.
姜晉哲, 1980,「兩班功蔭田柴科」,『高麗土地制度史研究』, 고려대출판
　　　　부.
姜晉哲, 1981,「韓國史의 普遍性과 特殊性」, 한국사연구회 편,『韓國史
　　　　研究入門』, 지식산업사.
姜喜雄, 1977,「高麗 惠宗朝 王位繼承亂의 新解釋」,『韓國學報』7.
權寧國, 1992,「武臣執權期地方軍制의 變化」,『國史館論叢』31.
權寧國, 1994,「高麗末 中央軍制의 變化」,『史學研究』47.
權寧國, 1994,「高麗末 地方軍制의 變化」,『韓國中世史研究』창간호.
權寧國, 1994,「元干涉期 高麗軍制의 變化」, 한국역사연구회 14세기고
　　　　려사회성격연구반 편,『14世紀 高麗의 政治와 社會』, 민음사.
金甲童, 1985,「高麗建國期의 淸州勢力과 王建」,『韓國史研究』48.
金甲童, 1996,「高麗時代의 都領」,『韓國中世史研究』3.
金光洙, 1969,「高麗時代 胥吏職」,『韓國史研究』4.

金光洙, 1969, 「高麗時代 同正職」, 『歷史敎育』 11·12.

金光洙, 1972, 「羅末麗初의 地方學校問題」, 『韓國史硏究』 23.

金光洙, 1973, 「高麗太祖의 三韓功臣」, 『史學志』 7.

金光洙, 1977, 「高麗 建國期의 浿西豪族과 對女眞關係」, 『史叢』 21·22.

金光洙, 1977, 「高麗前期 對女眞交涉과 北方開拓問題」, 『東洋學』 7.

金光洙, 1979, 「羅末麗初의 豪族과 官班」, 『韓國史硏究』 23.

金光洙, 1980, 「高麗時代의 權務職」, 『韓國史硏究』 30.

金光洙, 1984, 「高麗 官班體制의 變化와 兩班戶籍整理」, 『歷史敎育』 35.

金洛晋, 1995, 「牽龍軍과 武臣亂」, 『高麗武人政權硏究』, 서강대출판부.

金南奎, 1978, 「軍事制度」, 『韓國史論』 2.

金南奎, 1983, 「高麗의 水軍制度」, 육군본부 편, 『高麗軍制史』.

金塘澤, 1981, 「崔承老의 上書文에 보이는 光宗代의 後生과 景宗元年 田柴科」, 이기백 편, 『高麗光宗硏究』, 일조각.

金塘澤, 1983, 「高麗初期 地方軍의 形成과 構造」, 육군본부 편, 『高麗軍制史』.

金塘澤, 1983, 「別武班의 設置와 軍制의 變化」, 육군본부 편, 『高麗軍制史』.

金大中, 1990, 「高麗 恭愍王代 京軍의 再建試圖」, 『軍史』 21.

金到勇, 1985, 「弓裔勢力形成考」, 『東義史學』 2.

金杜珍, 1979, 「高麗 光宗의 專制王權과 豪族」, 『韓國學報』 15.

金杜珍, 1980, 「高麗 太祖의 後三國 統一政策」, 『史學志』 14.

金文經, 1969, 「在唐 新羅人의 集落과 그 構造-入唐求法巡禮行記를 中心으로-」, 『李弘稙回甲紀念韓國史學論叢』.

金庠基, 1934, 「古代의 貿易形態와 羅末의 海上活動에 대하여」, 『震檀學報』 1·2.

金庠基, 1959, 「高麗 光宗의 治世」, 『國史上의 諸問題』 2, 국사편찬위

원회.

金庠基, 1960,「羅末 地方群雄의 對中通交 - 特히 王逢規를 中心으로 - 」,『黃義敦古稀紀念史學論叢』.

金成俊, 1959,「其人의 性格에 대한 考察」,『歷史學報』10 · 11.

金壽泰, 1989,「高麗初 忠州地方의 豪族」,『忠淸文化研究』1.

김순자, 1994,「元干涉期 民의 동향」, 한국역사연구회 14세기고려사회 성격연구반 편,『14세기 高麗의 政治와 社會』, 민음사.

金龍德, 1959,「高麗 光宗朝 科舉制度 問題」,『中央大論文集』6.

金龍善, 1981,「光宗의 改革과 歸法寺」, 이기백 편,『高麗光宗研究』, 일조각.

金毅圭, 1973,「高麗官人社會의 性格에 대한 試考」,『歷史學報』58.

金載名, 1995,「高麗時期의 軍倉」,『韓國史研究』89.

金載珍, 1959,「田結制研究」,『慶北大論文集』3.

金宗鉉, 1985,「高麗社會의 軍戶에 대한 小考」,『慶大史論』1.

金駿錫, 1981,「朝鮮前期의 社會思想」,『東方學志』29.

金駿錫, 1984,「金富軾의 儒教思想」,『韓南大論文集』14.

金哲埈, 1965,「崔承老의 時務二十八條에 대하여」,『曉城趙明基博士 華甲紀念佛教史學論叢』.

金翰奎, 1985,「南北國時代의 中國的 世界秩序와 古代國家의 幕府制」, 역사학회 편,『韓國 古代의 國家와 社會』.

金皓東, 1986,「崔殷含 · 承老 家門에 관한 研究 - 新羅六頭品家門의 高麗門閥貴族化過程의 一例 - 」,『嶠南史學』2.

盧德浩, 1983,「羅末 新羅人의 海上貿易에 관한 研究 - 張保皐를 中心으로 - 」,『史叢』27.

盧重國, 1987,「法興王代의 國家體制 强化」,『統一期의 新羅社會研究』, 동국대 신라문화연구소.

馬宗樂, 1990,「高麗時代의 軍人과 軍人田」,『白山學報』36.

閔丙河, 1963,「高麗時代의 地方制度와 土豪勢力」,『成均館大學校論

文集』8.

閔賢九, 1972, 「高麗의 祿科田」, 『歷史學報』 53・54.

閔賢九, 1982, 「韓國 軍制史 研究의 回顧와 展望」, 『史叢』 26.

閔賢九, 1985, 「高麗後期의 班主制」, 『千寬宇還曆紀念韓國史學論叢』.

朴貞秀, 1985, 「高麗前期 官服制研究」, 『考古歷史學志』 창간호.

朴晉勳, 1996, 「高麗末 急進改革派 奴婢辨正策의 推移」, 연세대학교 석사학위논문.

朴菖熙, 1973, 「高麗時代 官僚制에 대한 考察」, 『歷史學報』 58.

朴菖熙, 1977, 「高麗時代 貴族制社會說에 대한 再檢討」, 『白山學報』 23.

朴漢卨, 1965, 「王建世系의 貿易活動에 대하여 - 그들의 出身究明을 中心으로」, 『史叢』 10.

朴漢卨, 1969, 「王建 및 그 先世의 姓名尊稱에 대하여」, 『史學研究』 21.

朴漢卨, 1973, 「高麗太祖 世系의 錯譜에 대하여」, 『史叢』 17・18.

朴漢卨, 1977, 「高麗王室의 起源」, 『史叢』 21・22.

朴漢卨, 1980, 「高麗太祖의 後三國統一政策」, 『史學志』 14.

朴興秀, 1974, 「韓國古代의 量田法과 量田尺에 관한 研究」, 『한불연구』 1.

邊太燮, 1961, 「高麗朝 文班과 武班」, 『史學研究』 11.

邊太燮, 1962, 「高麗의 貴族社會」, 『史學研究』 13.

邊太燮, 1965, 「高麗武班研究 - 武臣亂前의 武班을 中心으로 - 」, 『亞細亞研究』 8 - 1.

邊太燮, 1977, 「高麗史 高麗史節要의 史論」, 『史叢』 21・22.

宋寅州, 1992, 「元壓制下 高麗王朝의 軍事組織과 그 性格」, 『歷史敎育論集』 16.

宋寅州, 1995, 「高麗時代의 牽龍軍」, 『大邱史學』 49.

宋寅州, 1996, 「高麗時代의 禁軍」, 『韓國中世史研究』 3.

申安湜, 1989,「高麗中期의 別抄軍」,『建大史學』7.

申虎澈, 1983,「高麗時代의 土地相續에 대한 再檢討」,『歷史學報』98.

申虎澈, 1985,「後百濟 甄萱研究 - 甄萱關係文獻의 豫備的 檢討」,『百濟論叢』1.

安秉佑, 1984,「高麗의 屯田에 관한 一考察」,『韓國史論』10.

吳英善, 1992,「高麗前期 軍人層의 構成과 圍宿軍의 性格」,『韓國史論』28.

吳一純, 1985,「高麗前期 部曲民에 대한 一考察」,『學林』7.

吳宗綠, 1986,「高麗末의 都巡問使」,『震檀學報』62.

吳宗綠, 1991,「高麗後期 軍事指揮體系」,『國史館論叢』24.

兪炳基, 1984,「高麗初 豪族의 動向과 王權强化策 - 光宗의 王權强化策을 中心으로 - 」,『全州史學』1.

尹庚子, 1968,「高麗王室의 婚姻形態」,『淑大史論』3.

尹薰杓, 1997,「高麗時代 軍制史 研究의 現況과 課題」,『軍史』34.

尹熙勉, 1982,「新羅下代의 城主 將軍 - 眞寶城主 洪術과 載岩城將軍 善弼을 中心으로 - 」,『韓國史研究』39.

李基東, 1976,「新羅下代의 浿江鎭 - 高麗王朝 成立과 關聯하여 - 」,『韓國學報』4.

李基白, 1956,「高麗京軍考」,『李丙燾華甲紀念論叢』.

李基白, 1958,「高麗初期 兵制에 관한 後代 諸說의 檢討」,『亞細亞研究』1-2.

李基白, 1958,「高麗太祖時의 鎭」,『歷史學報』10.

李基白, 1960,「高麗軍人考」,『震檀學報』21.

李基白, 1960,「高麗 二軍六衛 形成에 대한 再考」,『黃義敦先生古稀記念史學論叢』.

李基白, 1965,「高麗光軍考」,『歷史學報』27.

李基白, 1965,「高麗州縣軍考」,『歷史學報』29.

李基白, 1965,「高麗 地方制度의 整備와 州縣軍의 成立」,『趙明基博

士華甲紀念佛教史學論叢』.

李基白, 1967,「高麗史 兵志의 檢討」,『震檀學報』31.

李基白, 1968,「高麗 軍班制下의 軍人」,『高麗兵制史硏究』, 일조각.

李基白, 1968,「高麗軍役考」,『高麗兵制史硏究』, 일조각.

李基白, 1968,「高麗 府兵制說의 批判」,『高麗兵制史硏究』, 일조각.

李基白, 1968,「高麗 兩界의 州鎭軍」,『高麗兵制史硏究』, 일조각.

李基白, 1969,「高麗 末期의 翼軍」,『李弘稙博士回甲紀念韓國史學論叢』.

李基白, 1968,「高麗別武班考」,『金載元博士回甲論叢』.

李基白, 1970,「韓國史의 時代區分問題」, 한국경제사학회 편,『韓國史時代區分論』.

李基白, 1973,「高麗社會에서의 身分의 世襲과 變動」,『韓國의 傳統과 變遷』, 고려대 아세아문제연구소.

李基白, 1974,「高麗 成宗代 政治的 支配勢力」, 국사편찬위원회 편,『韓國史 4』.

李基白, 1974,「高麗 中央官僚의 貴族的 性格」, 국사편찬위원회 편,『韓國史 4』.

李基白, 1974,「科擧制와 支配勢力」, 국사편찬위원회 편,『韓國史 4』.

李基白, 1974,「新羅 私兵考」,『新羅政治社會史硏究』, 일조각.

李基白, 1975,「軍事組織」, 국사편찬위원회 편,『韓國史 5』.

李基白, 1977,「韓國의 傳統社會와 兵制」,『韓國學報』6.

李明植, 1988,「新羅統一期의 軍事組織」,『韓國古代史硏究』1.

李文基, 1986,「新羅六停軍團의 運營」,『大邱史學』29.

李成茂, 1978,「高麗・朝鮮初期의 土地所有權에 대한 諸說의 檢討」,『省谷論叢』9.

李成茂, 1981,「公田・私田・民田의 槪念」,『韓㳓劤博士停年紀念史學論叢』.

李昇漢, 1993,「高麗肅宗代 降魔軍組織의 政治的 背景」,『歷史學報』

137.

李佑成, 1961,「高麗 百姓考」,『歷史學報』14.

李佑成, 1962,「閑人 白丁의 新解釋」,『歷史學報』19.

李佑成, 1965,「高麗의 永業田」,『歷史學報』28.

李仁在, 1993,「高麗末 按廉使와 都觀察黜陟使」,『歷史研究』2.

李仁哲, 1988,「新羅法幢軍團과 그 性格」,『韓國史研究』48.

李仁哲, 1995,「高麗 前期의 軍人田」,『軍史』30.

李鍾旭, 1981,「高麗初 940年代의 王位 繼承戰과 그 政治的 性格」, 이
　　　　기백 편,『高麗光宗研究』, 일조각.

李貞薫, 1995,「高麗前期 三省制와 政事堂 研究」, 연세대학교 석사학
　　　　위논문.

李惠玉, 1982,「高麗初期 西京勢力에 대한 一考察」,『韓國學報』26.

李惠玉, 1993,「高麗前期의 軍役制」,『國史館論叢』46.

李義權, 1983,「高麗의 財産相續에 관한 一考察」,『韓國史研究』41.

李熙德, 1969,「高麗祿俸制의 研究」,『李弘植博士回甲紀念韓國史學論
　　　　叢』.

李熙德, 1988,「高麗時代 儒教의 役割」,『韓國史論』18.

李熙德, 1995,「董仲舒의 災異說과 高麗時代의 政治」,『黃元九教授停
　　　　年紀念論叢 東아시아의 人間像』.

李熙德, 1997, 正道와 天災地變 - 高麗史 權敬中傳의 檢討 - 」,『韓國
　　　　史研究』99 · 100.

張德順, 1964,「高麗國祖說話考」,『東亞文化』5.

張東翼, 1986,「高麗前期의 選軍」, 邊太燮 편,『高麗史의 諸問題』, 삼
　　　　영사.

全基雄, 1985,「高麗 景宗代의 政治構造와 始定田柴科의 成立基盤」,
　　　　『震檀學報』59.

全基雄, 1985,「高麗 光宗代의 文武官僚層과 後生讒賊」,『釜大史學』
　　　　9.

鄭敬淑, 1985,「新羅時代의 將軍의 成立과 變遷」,『韓國史研究』48.

鄭景鉉, 1988,「高麗前期 武職體系의 成立」,『韓國史論』19.

鄭景鉉, 1990,「高麗太祖의 一利川 戰役」,『韓國史研究』68.

鄭景鉉, 1991,「韓國 軍事史研究의 方法論的 反省」,『軍史』23.

鄭景鉉, 1993,「高麗前期의 保勝軍과 精勇軍」,『韓國史研究』81.

鄭龍範, 1991,「高麗前期 選軍制의 運營과 變質」,『釜大私學』17.

鄭容淑, 1984,「高麗初期 婚姻政策의 推移와 王室族內婚의 成立」,
　　　『韓國學報』37.

鄭容淑, 1987,「高麗王室 族內婚의 展開와 變質」,『李丙燾九旬紀念韓
　　　國史學論叢』.

趙仁成, 1981,「高麗 兩界 州鎭의 防戍軍과 州鎭軍」, 이기백 편,『高麗
　　　光宗研究』, 일조각.

趙仁成, 1983,「高麗兩界의 國防體制」, 육군본부 편,『高麗軍制史』.

朱甫暾, 1987,「新羅中古期 六停에 대한 몇 가지 問題」,『新羅文化』3
　　　・4.

陳元英, 1994,「高麗前期 校尉 隊正에 관한一考察」,『史學志』27.

千寬宇, 1956,「麗末鮮初의 閑良」,『李丙燾博士華甲紀念論叢』.

千寬宇, 1958,「閑人考」,『社會科學』2.

崔圭成, 1986,「弓裔政權의 支持勢力」,『東國史學』19・20.

崔源植, 1987,「軍事力의 增强과 軍事的 基盤」,『統一期의 新羅社會
　　　研究』, 동국대 신라문화연구소.

崔載晉, 1995,「高麗末 軍制의 運營에 관하여」,『東西史學』1.

河炫綱, 1962,「高麗地方制度의 一研究」,『史學研究』13・14.

河炫綱, 1964,「高麗政治機構의 一側面」,『史學會誌』6.

河炫綱, 1965,「高麗食邑考」,『歷史學報』26.

河炫綱, 1966,「韓國의 奴隸制社會와 封建制社會의 問題」, 역사학회
　　　편,『韓國史의 反省』, 신구문화사.

河炫綱, 1967,「高麗西京考」,『歷史學報』35・36.

河炫綱, 1968,「高麗 惠宗代의 政變」,『史學硏究』20.

河炫綱, 1968,「高麗前期 王室婚姻에 대하여」,『梨大史苑』7.

河炫綱, 1969,「高麗太祖와 開城」,『李弘稙博士回甲紀念韓國史學論叢』.

河炫綱, 1970,「高麗國初 權力構造의 性格」,『史學會誌』1.

河炫綱, 1970,「高麗西京의 行政構造」,『韓國史硏究』5.

河炫綱, 1975,「高麗初期 崔承老의 政治思想硏究」,『梨大史苑』12.

河炫綱, 1977,「高麗 王室의 成立과 豪族聯合政權」, 국사편찬위원회 편,『韓國史 4』.

河炫綱, 1977,「高麗初期의 地方統治」,『高麗地方制度의 硏究』, 한국연구원.

河炫綱, 1974,「豪族과 王權」, 국사편찬위원회 편,『韓國史 4』.

河炫綱, 1981,「高麗 毅宗代의 性格」,『東方學志』26.

河炫綱, 1990,「李承休의 史學思想硏究」,『東方學志』69.

河炫綱, 1993,「地方 統治組織과 그 構造」, 국사편찬위원회 편,『韓國史 13』.

韓永愚, 1979,「高麗史 高麗史節要의 比較硏究」,『震檀學報』48.

韓沽劤, 1958,「麗代 足丁考」,『歷史學報』10.

韓沽劤, 1961,「麗初 其人選上規制」,『歷史學報』14.

洪承基, 1983,「高麗初期 中央軍의 組織과 役割」, 육군본부 편,『高麗軍制史』.

洪承基, 1994,「高麗初期 京軍의 二元的構成論에 대하여」,『李基白古稀紀念韓國史學論叢(上)』.

黃善榮, 1987,「高麗初期 公服制의 成立」,『釜大史學』12.

江原正昭, 1963,「高麗の州縣軍に關する一考察」,『朝鮮學報』28.

江原正昭, 1964,「新羅末高麗初期の豪族」,『歷史學硏究』287.

京俊彦, 1979,「新羅の法幢について」,『朝鮮史硏究會會報』.

今西龍, 1933, 「慈覺大師入唐求法巡禮行記を讀んで」, 『新羅史研究』, 近澤書店.

旗田巍, 1972, 「高麗の事審官」, 『韓國中世社會史の研究』, 法政大學出版局.

金鍾國, 1958, 「高麗の府兵について」, 『立正史學』 23.

金鍾國, 1961, 「高麗王朝成立過程の研究 - 特に豪族問題を中心として」, 『立正史學』 25.

內藤雋輔, 1934, 「高麗兵制管見」, 『靑丘學報』 15 · 16.

內藤雋輔, 1928, 「新羅人の海上活動について」, 『大谷學報』 9-1/1961, 『朝鮮史研究』, 京都大東洋學研究會.

內藤雋輔, 1955, 「唐代中國における朝鮮人の活動について」, 『岡山史學』 1/1961, 『朝鮮史研究』, 京都大東洋學研究會.

藤田亮策, 1953, 「新羅九州五京攷」, 『朝鮮學報』 5.

末松保和, 1932, 「新羅の軍戶幢について」, 『史學雜誌』 43-12.

末松保和, 1954, 「新羅幢停考」, 『新羅史の諸問題』, 東洋文庫.

末松保和, 1959, 「高麗の四十二都府について」, 『朝鮮學報』 14.

末松保和, 1962, 「高麗式目形止案について」, 『朝鮮學報』 23.

末松保和, 1962, 「朝鮮古代國家の軍事組織」, 『古代史講座 5』, 學生社.

末松保和, 1962, 「朝鮮三國 · 高麗の軍事組織」, 『古代史講座 5』, 學生社.

武田幸男, 1963, 「高麗時代の百姓」, 『朝鮮學報』 23.

武田幸男, 1964, 「高麗時代の鄕職」, 『東洋學報』 47 - 2.

武田幸男, 1967, 「高麗時代の口分田と永業田」, 『社會經濟史學』 33 - 7.

武田幸男, 1971, 「高麗田丁の再檢討」, 『韓國史研究會論文集』 8.

武田幸男, 1984, 「中古新羅の軍事的基盤 - 法幢軍團とその展開」, 『西島定生還曆紀念 東アジア史における國家と農民』.

浜口重國, 1930, 「府兵制より新兵制へ」, 『史學雜誌』 41 - 11.

深谷敏鐵, 1960,「高麗足丁半丁考」,『朝鮮學報』15.

深谷敏鐵, 1982,「高麗足丁半丁再考」,『朝鮮學報』102.

有井智德, 1958,「高麗初期における公田制」,『朝鮮學報』13.

李成市, 1979,「新羅六停の再檢討」,『朝鮮學報』92.

井上秀雄, 1957,「新羅軍制考」,『朝鮮學報』19.

周藤吉之, 1977,「高麗前期の鈴轄巡檢と牽龍 - 宋の鈴轄巡檢牽龍官と
　　　　の關連において」,『東洋大學大學院紀要』13.

Abstract

A Study of Military System
in the Early Period of Goryeo Dynasty

Hong, Won-Kee

This thesis has examined that *Goryeo Gyeonggun*(高麗京軍) had dualistic character of *Gunbansijok*(軍班氏族) as well as of *Nongminbubyeong*(農民府兵) in the light of the formation process of *Gyeonggun* in the beginning of Goryeo Dynasty, the relationship between *Hojok*(豪族) and the royal authority during that same period, and the payment regulation of *Jeonsigwa Guninjeon*(田柴科 軍人田).

The Central Military(中央軍) in the Goryeo Dynasty consisted of *Igun*(二軍) and *Yukwi*(六衛). They were formed in close relation to *Hojok* which had private soldiers as well as their own sphere of influence. It was an urgent task to weaken *Hojok's* power and to secure the royal authority in the Goryeo Dynasty. *Taejo*(太祖) was a *Hojok* residing in *Songak*(松嶽) and the vicinity of *Yeseonggang*(禮成江). He needed the Royal guards(親衛軍), so he made his own private soldiers the Royal guards. *Gwangjong*(光宗) and *Seongjong*(成宗) made those Royal guards who were registered as public soldiers *Hyangli*(鄕里) to increase their power, Thus the number of those soldiers' decreased quite a bit. Those registered soldiers were identified with *Siwigun*(侍衛軍) and the Royal guards and they consisted of *Igun* which was *Gunbansijok*. These *Igun* succeeded the tradition of *Siwigun* in the beginning of Goryeo Dynasty and was appointed to keep the palace. They kept the safety of the dynasty and protected the royal authority from the rebellious party of the dynasty.

Yukwi also was very close to the weakening policy of *Hojok* power. By the time of *Seongjong*, most private so as well as the safety of the Capitol(王權). This newly added special military outfit of *Yukwi* took the place of the armed force of farmers and provided a continuous guard. They were chosen among *Yangban* (兩班) and *Hyangli*(鄕吏).

Juhyeongun(州縣軍) consisted of *Boseung · Jeongyong*(保勝 · 精勇) and *Ilpumgun*(一品軍). It was made of an armed force of farmers(農民軍). When private soldiers assembled, first of all those who could take turns and offer their military service became *Boseung · Jeongyong*. The rest of the people became *Ilpumgun*. *Ipumgun*(二品軍) and *Sampumgun*(三品軍) were soldiers whose financial foundation was not strong and they die menial work except for the assignment of *Ilpumgun*.

Jujingun(州鎭軍) were soldiers stationed in *Jin*(鎭) which were local administrative districts. It was mainly positioned in *Yanggye* (兩界). Since United Shilla Dynasty(統一新羅時代), *Jin* was installed in strategic positions and directly governed by the central power. *Jujingun* fortified the frontier. Besides, it took care of building and mending of fortresses, preparation of arms, military drills, sentry duty and farming *Dunjeon*(屯田) which was installed to provide for military supplies.

Goryeo military system based on *Igun* and *Yukwi* destroyed by the instability of *Junsigwa* after the middle period of Goryeo Dynasty. Because of a lack of land for *Jeonsigwa Guninjeon*, *Gunbansijok* became little more than a mere name. That resulted in flimsiness of *Igun*. Moreover *Yukwi Teuksulyeong*(六衛特殊領) incurred a great blow to its structure since its members were recruited among the descendants of *Yangban* and *Hyangli*. This situation worsened because of *Musinlan*(武臣亂), so public solderers disappeared and the country was only infested with private soldiers. Also the invasion of Mongolia brought indiscriminate recruitment depending on the need of the nation. This abnormal labor mobilization replaced *Igun* and *Yukwi*. The Goryeo military system based on *Igun* and *Yukwi* which consisted of more sufficient farmers became Universal Conscription System since the middle years of the Goryeo Dynasty. It was a consequence of spreading the elements of *Bubyeongje*(府兵制) applied to *Yukwi Boseung・Jeongyong*. Universal Conscription System was continued by the Joseon(朝鮮) Dynasty as it was.

찾아보기

【ㄱ】

嘉實 221
角干 224
杆天軍 64, 192
監門軍 26, 61, 63, 80, 87, 103, 107, 108
監門衛 95, 96, 97, 98, 99, 103, 105, 107,
　　113, 130, 154, 157, 160, 163
姜邯贊 182
强首 227
姜晉哲 14, 15, 167
開京 97, 124, 169
改定田柴科 61, 77, 88, 191
車服志 238
牽龍軍 179
卿 241, 242
京軍 27, 61, 63, 64, 68, 72, 86, 98, 103,
　　107, 110, 111, 112, 128, 143, 146,
　　147, 155, 160, 166, 167, 168, 200
京軍永業田 100
京畿 123
慶尙道 121
更定田柴科 26, 61, 63, 81, 94, 97, 105,
　　107
景宗 51, 77, 119, 175
高句麗王族 金氏 226
古郡山列島 225
『高麗圖經』 127, 201, 203

『高麗史』 66
『高麗史』兵志 序文 194
『高麗史』兵志 州縣軍條 序文 120,
　　127, 194
『高麗式目形止案』 140
高麗中央軍 191
古本殊異傳 222
顧惜 238
骨身分 244
鵲岩鎭 131
骨品制 217, 235, 237
恭愍王敎書의 選軍給田說 195
公兵 70, 73, 78, 92, 93, 94, 95, 103, 118
恭讓王 163
功蔭田柴 112
工匠 141
公田 157, 158
控鶴軍 179
科擧制度 48
光軍 109, 125, 128
光軍司 125
光宗 48, 49, 50, 51, 71, 77, 91, 117,
　　118, 164, 175
校尉 137
交州道 121
口分田 108
九誓幢 30, 31
96角干類 224

國民皆兵制 102, 173, 183
軍民無別 101, 195, 196, 201
軍民一致 196, 197, 198
軍班氏族 57, 58, 61, 63, 64, 69, 75, 79, 80, 81, 106, 110, 111, 112, 159, 164, 171, 178, 181, 182, 191, 192, 193, 194, 200
軍班氏族制 165, 196, 199, 207
軍班氏族制說 11, 13, 17, 25, 59, 63, 86, 111, 165, 170, 185, 192, 195
軍部 164
軍役 80, 92, 102, 103, 157, 164, 173
軍役忌避 180
軍役의 苦役化 180
軍役의 世襲 200
軍役戶 92, 180
軍人階級 194
軍人服色 54
軍人田 28, 129, 175
軍籍者 78, 79
軍籍者 鄕里放還措置 56, 78, 79, 81
軍戶 183, 204
軍戶連立 196, 200
弓裔 68
貴姓 237
均田 75, 92
近仗 83
금관가야계 김씨 226
禁軍 179
金山加利村 村長 祇沱 234
金吾衛 95, 97, 103, 105, 107
級湌 224
基幹軍 159
奇軍 109
騎馬兵 181
金範淸 226

金昢 228
金氏 226
金巖 226
金言 241
金庚信 226

【ㄴ】

郎將 137
朗慧和尙 226
奈麻 240, 241
內省侍郎 241
內巡檢軍 179
奴婢按檢法 48
祿眞 231
農民軍 106, 165
農民番上軍 75, 97, 104, 105, 106, 179, 200
農民番上制 118

【ㄷ】

隊 137
大官大監 240
大奈麻 240
大都護 132
大舍 242
大阿湌 221, 231, 236
大醫丞 149
隊正 137, 141
都房六番 201
都城巡檢 127
都知 179
都護府 133, 136
突山 高墟村 村長 蘇伐都利 232
東界 143

東界州鎭軍 141, 142
東界行軍 141
頭品 235
屯田 149
屯田軍 149, 150
得難 223, 237, 239

【ㅁ】

馬軍 26, 28, 43, 61, 64, 88, 99, 107, 192
望 111
望軍丁人 111, 113, 170
名田 157
明活山 高耶村長 虎珍 223
募軍 196, 199
牟梁里人 孫順 233
牟梁部 孫氏 233
募兵制 75
穆宗 133, 153, 154, 176
茂山 大樹村 村長 俱禮馬 233
武臣亂 182
무열왕계 김씨 227
武裝都市 134
文宗 156
未及此年科等者 87
民田 98, 100, 150, 157, 182

【ㅂ】

朴述熙 40, 45, 65, 66
防戍의 役 146
裵氏 234
裵萱伯 234
白甲 179
百官公服制 48
白丁 137, 141, 151

百戶 162
蕃兵 43, 192
藩兵 68
番上農民軍 170
番上侍衛軍 100, 111, 112, 202
番上組織 95, 103
別武班 101, 180
別將 137
兵 197
兵農一致 15, 74, 93, 157, 165, 199, 202
兵亡而徵兵 197
兵部 164
步軍 61, 88, 99, 107, 192
步班 137, 141, 151
保勝 60, 95, 96
保勝·精勇 118, 120, 144, 148, 154,
       158, 167, 177
保昌 137, 141, 143, 150
補天軍 64
服色 區別措置 77
本彼部 崔氏 225
赴京侍衛軍 111
府兵 16, 102
府兵·衛兵制度 160
府兵制 11, 15, 70, 74, 75, 80, 92, 93,
       94, 102, 172, 194, 196, 197, 200
府兵制說 11, 17, 111, 165, 194, 196,
       198, 199
北界 137, 143
北界州鎭軍 140, 141
北鎭 189
非番農民軍 170, 202
非番上 六衛軍 198, 201
非番在鄕軍 158, 160

【ㅅ】

沙工 141
沙梁部 鄭氏 232
斯盧部族 234
私兵 32, 38, 41, 43, 51, 55, 68, 70, 71,
　　73, 75, 91, 101, 115, 118, 125, 144,
　　171, 174, 181, 183, 204
44道 120
4衛42領 123
四重阿湌 241
沙湌 220
『三國史記』 66
『三國遺事』 66
三軍 65, 66
三軍體制 67
三頭品 236
38領 161
三衛 147
三重阿湌 241
三品軍 125
上京侍衛 126, 127
常領 80, 87, 96, 97, 99, 103, 105, 107,
　　108, 154, 157, 160, 163
上府 74
常備軍 141
上層軍人 60, 103, 106, 107, 108, 110,
　　175, 176
鉎川軍 141
西京 141
徐兢 202
西海道 122
選軍給田 93, 196, 198, 199
選軍別監 104, 108
先鋒軍 158
薛闍頭 219

薛秀眞 219
薛氏 219
薛氏女 221
薛原郎 220
薛鳥儒 219
薛支 223
薛聰 222
薛休 223
聖骨 217, 236
成宗 53, 54, 55, 58, 59, 70, 76, 78, 94,
　　96, 117, 118, 132, 157, 175
成衆愛馬 179
孫文 233
『宋史』 127, 203
宋人의 見聞錄 195
肅宗 168, 180
巡檢軍 179
徇軍部 164
스에마스 야스카즈(末松保和) 30, 123,
　　168
習比部 薛氏 223
僧滿夫人 孫氏 233
侍衛軍 35, 50, 51, 77, 78, 81, 83, 84,
　　156
侍衛軍 鄕里放還 78, 80
始定田柴科 87
神劒 공격 65
神騎 137, 141, 151
『新唐書』新羅傳 238
新羅官等制 239
新羅記 238
新羅下代의 軍制 30
神文王 222
身分分化 221
神成王后 228
神虎衛 95, 103

十官等 240
十將 104
十停 30, 31
十七官等 239

【ㅇ】

阿湌 220, 224, 232, 240, 241
阿湌重位 240
安邊都護府 136
安北都護府 136
押督國 223
押梁郡 223
兩界 136
兩界州鎭軍 141
兩界地域 100, 131, 134, 148, 149
楊廣道 121
餘軍 202
麗末改革論者의 府兵制說 195, 199
餘三 231, 232
役軍 26, 61, 87, 107
役領 80, 96, 97, 99, 103, 105, 107, 108,
    130, 154, 157, 160, 163, 177
役分田 38, 76, 84, 85, 87, 176, 191
力役 95
力役部隊 100, 125
寧塞 141
寧塞軍 143, 144, 150
禮安鎭 131
五·四頭品 238
五州誓 30
王建 35, 38, 63, 69, 89, 96, 176, 185
王建의 中央軍 191
王建의 直屬軍 186, 190, 191, 192
王規 46
王武 66

王昭 46
王順式 40, 68
王式廉 47, 132
王堯 46, 47
王位繼承亂 230
王寵之 158, 159
요석공주 222
龍虎軍 59, 153, 154
右綱 64, 67, 192
右軍 137, 141, 143
右衛 67
祐天軍 64, 192
圓光 221
元聖王 232
元定兩班軍閑人雜類 141
元曉 222
柳馨遠 59, 80
六官等 239
六軍 147
六軍三衛 147
六頭品 217, 218, 224, 238
六頭品 金氏 226
六頭品 姓氏 218
六頭品 崔氏 225
六十 104
六衛 20, 21, 58, 59, 60, 79, 89, 91, 92,
    94, 94, 95, 96, 100, 101, 103, 104,
    106, 107, 108, 144, 153, 156, 157,
    158, 160, 161, 172, 197, 200
六衛 保勝·精勇 181, 182, 197, 200
六衛 42領 64, 162, 95, 96, 103, 123, 192
六衛 38領 96, 175, 97, 120, 123, 154
六衛體制 118, 120
六衛 特殊領 80, 175, 178
六停 30
鷹揚軍 59, 153, 154

衣冠子孫　221
二軍　20, 21, 25, 34, 55, 58, 60, 73, 79,
　　80, 81, 82, 84, 87, 88, 93, 100, 103,
　　104, 108, 153, 154, 156, 157, 159,
　　161, 164, 166, 181, 197, 198
二軍三領　64, 192
二軍六衛　13, 18, 156, 206
李基白　13, 58, 185, 192, 197, 203
李同　228
二·三品軍　125, 126, 128
李純　228
李順行　228
李氏　228
李儒　228
李正言　228
李忠式　228
二品軍　125
一吉飡　229, 231
一利川戰鬪　64, 67
昵於鎭　131
一·二·三軍　92, 95, 100, 101, 125,
　　196, 198, 200, 201, 202
一品軍　61, 124, 125, 126, 128, 130, 193
任氏　227

【ㅈ】

子弟衛　179
雜色軍　162
張建榮　229
張東翼　110, 112
張弁　229
張保皐　229, 243
張芬　229
張氏　229
張雄　229

全羅道　122
專門軍人　25, 69, 70, 71, 93, 158, 159,
　　165, 200, 204
專門軍戶　204, 205, 206
田柴科　25, 72, 108, 174, 175
田柴科軍人田　19, 26, 29, 38, 61, 63,
　　72, 86, 108, 176
田柴科制度　119, 180, 182
田匠　141
折衝府　74, 75, 94, 119, 120
鄭恭　232
正軍訪丁人　95, 112
鄭年　232, 233
征戍의 役　128
鄭氏　232
精勇　60, 95, 96, 137, 143, 150
定宗　47, 125, 159
諸城軍　43, 68, 192
諸衛　104, 156, 158, 159, 170
第二骨　238
第一骨　238
趙浚　196, 197, 199
左綱　64, 67, 192
左軍　137, 141, 143
左右綱軍　43, 192
左右衛　77, 94, 95, 103, 118
左衛　67
州　136
州鎭　137, 141
州鎭軍　61, 131, 134, 137, 143, 144, 146,
　　148, 149, 150
州鎭入居軍人　146, 150
州縣軍　60, 103, 106, 111, 120, 121, 124,
　　125, 126, 133, 137, 144, 146, 148,
　　150, 160, 161, 168, 170, 200
中軍　43, 64, 192, 193

中禁 179
中郎將 137
中府 74
重阿湌 241
中央軍 63
重位制 239, 240
地方軍府 94, 120
至四重阿湌 241
至阿湌 241
支天軍 64, 192
直屬軍 185, 190
鎭 131, 133, 134, 136, 144, 147, 148
眞骨 217, 219, 220, 226, 231, 236, 238, 239
眞骨 崔氏 225
鎭頭 133
鎭城 141

崔齊顔 158
崔致遠 223, 224, 237
築城 134
忠恭 角干 232
忠勇衛 179
嘴山珍支村 智伯虎 225
親衛軍 34, 37, 44, 47, 50, 52, 54, 55, 57, 76, 79, 83, 84, 108, 110, 156, 158, 171, 175, 181

【ㅊ】

天武軍 64, 192
千牛衛 95, 97, 103, 105, 107, 113
千戶 162
沾解王 243
靑州人一千戶 204
抄軍 137, 141, 143, 150
抄精勇 137, 143
村留 二·三品軍 61, 193
崔承老 145, 226
崔承老 時務策 56, 78
崔承祐 226
崔氏 223
崔雄 224
崔有德 224, 226
崔殷誠 226
崔仁渷 226

【ㅌ】

泰封 37
太史丞 149
投化 141
特殊軍 106
特殊領 103, 105, 108, 110, 124, 129, 154

【ㅍ】

八衛 156, 163
폐쇄적 신분제 237

【ㅎ】

下府 74
下層軍人 104
閑人田 112
漢祇部 裵氏 234
漢祇部人夫道 243
合軍 141
海島人 230, 233
海領 80, 87, 96, 97, 99, 103, 105, 107, 108, 154, 157, 160, 163
行軍 137, 141
鄕吏 111, 126

鄕吏田 112
鄕民制 196, 202
鄕兵 202
鄕職改編 53
鄕職體系 119
縣 136
顯宗 58, 60, 121, 125, 159
惠恭王 224
惠宗 45, 46, 47
扈駕儀衛 127
戶長 149
豪族 33, 39, 40, 41, 45, 49, 70, 75, 77,
　　90, 91, 92, 118, 132, 181, 190, 207

豪族肅淸 117
豪族施策 174
豪族聯合政權 115, 174
豪族直屬軍 191
婚姻政策 44
忽赤 179
洪承基 186
花郎 220
皇龍寺 222
皇甫兪義 100
後生 51
興威衛 95, 103